Implicaciones jurídico civiles de la violencia de género

Este libro ha sido sometido a evaluación por parte de nuestro Consejo Editorial.
Para mayor información, véase *www.dykinson.com/quienes_somos*.

Editorial DYKINSON, S.L.
Meléndez Valdés, 61 - 28015 Madrid
Teléfono (+34) 91544 28 46 - (+34) 91544 28 69
e-mail: *info@dykinson.com*
http://www.dykison.es / *http://www.dykinson.com*

ISBN: 979-13-7006-084-8
Depósito Legal: M-12700-2025
DOI: https://doi.org/10.14679/4182

Maquetación:
Besing Servicios Gráficos S.L.
besingsg@gmail.com

Implicaciones jurídico civiles de la violencia de género

María del Mar Heras Hernández

Ciencias Jurídicas y Sociales

Ciencias de la Salud

Ciencias Experimentales y Tecnología

Ingeniería y Arquitectura

Arte y Humanidades

A mis hijas

Índice

Presentación

La violencia de género constituye un brutal ataque contra los Derechos Humanos de mujeres, niñas y adolescentes, habiéndose articulado instrumentos jurídicos, tanto a nivel nacional como internacional, con la finalidad de erradicar la violencia de género, máxima expresión de la desigualdad más extrema entre mujeres y hombres, considerada como un atentado contra los derechos fundamentales y libertades de la mujer, su dignidad personal (art. 10 CE), su derecho a su integridad física, moral y sexual (art 15 CE), su libertad e intimidad. La violencia de género es multiforme porque abarca diversas manifestaciones a través de la violencia física, psíquica, sexual, digital, vicaria[1]y económica. Puede extenderse más allá del ámbito

1 La LO 1/2004, de 28 de diciembre, tras la reforma operada por la Disposición Final Décima LO 8/2021, de 4 de junio, dispone en su art. 1.4 que: «la violencia de género a que se refiere esta Ley también comprende la violencia que con el objetivo de causar perjuicio o daño a las mujeres se ejerza sobre sus familiares o allegados menores de edad por parte de las personas indicadas en el apartado primero». En los casos de violencia vicaria extrema, el asesino sabe que no hay manera más brutal de hacer daño a la madre que asesinando a los hijos, ya sean propios o solo de su pareja. En los supuestos más patológicos, con el propósito de incrementar el dolor de la mujer, el asesinato se ve acompañado de la ocultación de los cuerpos de los niños o las niñas, constituyendo un acto de violencia psíquica de gravísimas consecuencias. La LO 3/2007, de 22 de marzo, para la Igualdad Efectiva de Mujeres y Hombres, reconoce la igualdad de trato y oportunidades como principio vertebrador de todo el ordenamiento jurídico y que ha de ser integrado de forma transversal en la labor de aplicación e integra-

estrictamente familiar, incluso al ámbito de las relaciones laborales[2] cuando existe o ha existido una relación de pareja entre compañeros o entre un superior y su subordinada o entre empleador y empleada. Es fundamental considerar esta dimensión en el análisis jurídico que se realice para acometer esta grave problemática social.

Siguiendo la doctrina constitucional asentada en la STC (Pleno) 45/2010 de 28 de julio, (F.J. 4 b): «una agresión supone un daño mayor en la víctima cuando el agresor actúa conforme a una pauta cultural –la desigualdad en el ámbito de la pareja– generadora de gravísimos daños a sus víctimas y dota así consciente y objetivamente a su comportamiento de un efecto añadido a los propios del uso de la violencia en otro contexto. Por ello, cabe considerar que esta inserción supone una mayor lesividad para la víctima: de un lado, para su seguridad, con la disminución de las expectativas futuras de indemnidad, con el temor a ser de nuevo agredida; de otro, para su libertad, para la libre conformación de su voluntad, porque la consolidación de la discriminación agresiva del varón hacia la mujer en el ámbito de la pareja añade un efecto intimidatorio a la conducta, que restringe las posibilidades de actuación libre de la víctima; y además para su dignidad, en cuanto negadora de su igual condición de persona y en tanto que hace más perceptible ante la sociedad un menosprecio que la identifica con un grupo menospreciado. No resulta irracionable entender, en suma, que en la agresión del varón hacia la mujer que es o fue su pareja se ve peculiarmente dañada la libertad de ésta; se ve intensificado su sometimiento a la voluntad del agresor y particularmente dañada su dignidad, en cuanto persona agredida al amparo de una arraigada estructura desigualitaria que la considera como inferior, con menores competencias, capacidades y derechos a los que cualquier persona merece» (SSTC 59/2008 de 14 de mayo, F.9; 45/2009 de 19 de febrero, F.4; 127/2009 de 26 de mayo, F.4; y 41/2010 de 22 de julio, F.7)".

Aunque en las previsiones legales prevalece la perspectiva penal en los casos de violencia de género, desde la que se abordan el resto de medidas, resulta indispen-

---

ción de las normas jurídicas. Posteriormente, el art. 4.3 de la Ley 15/2007, de 12 de julio, Integral para la Igualdad de Trato y no Discriminación.

2 El Convenio sobre la violencia y el acoso, 2019 (núm. 190) se refiere a la violencia y acoso en el ámbito de las relaciones laborales, definiéndola como «el conjunto de comportamientos y prácticas inaceptables, o de amenazas de tales comportamientos y prácticas, ya sea que se manifiesten una sola vez o de manera repetida, que tengan por objeto, que causen o sean susceptibles de causar, un daño físico, psicológico, sexual o económico, e incluye la violencia y el acoso por razón de género» (art. 1. a), puntualizando que esta última expresión designa la violencia y el acoso que van dirigidos contra las personas por razón de su sexo o género, o que afectan de manera desproporcionada a personas de un sexo o género determinado, incluyendo el acoso sexual (art.1 b). Puede ocurrir que las conductas antijurídicas descritas, que se manifiestan en el contexto de las relaciones de trabajo, tengan su origen en una relación previa o actual de pareja entre compañeros o entre superior y subordinada. En tal caso, dichas conductas pueden constituir una forma de violencia de género que trasciende el ámbito estrictamente personal, con la intención de causar a la víctima un daño aún mayor.

sable destacar el papel que desempeña el Derecho civil en la determinación de las repercusiones que dicha violencia tiene en el ámbito patrimonial, personal, familiar y sucesorio. El Derecho civil, al centrarse en la protección jurídica de la persona, se ha mostrado particularmente sensible a la perspectiva de género, que ha venido impregnando progresivamente sus diversas instituciones, llevándose a cabo significativas reformas legales para la consecución del principio de igualdad real y efectiva entre mujeres y hombres, proponiendo soluciones efectivas a este grave problema social.

Entre estas reformas legales han sido cruciales, la Ley 14/1975, de 2 mayo, que reforma determinados artículos del Código civil y del Código de Comercio en relación a la situación jurídica de la mujer casada y los derechos y los deberes de los cónyuges. Asimismo, la Ley 13/1981, de 13 de mayo, modificó el Código civil en materia de filiación, patria potestad y régimen económico del matrimonio, estableciendo la cotitularidad y el ejercicio conjunto de la patria potestad por ambos progenitores respecto a los hijos menores comunes. Además, la Ley 15/2005, de 8 de julio, modificó el Código civil y la Ley de Enjuiciamiento Civil, descausalizando los procesos de separación y divorcio. Al hilo de lo anterior cabe advertir que esta descausalización no ha sido total, pues son muchas las previsiones legales que se introducen para articular medidas civiles muy concretas contra este tipo de violencia. Asimismo, se introduce un nuevo deber conyugal para reforzar el principio de igualdad efectiva entre los cónyuges. Este deber implica la corresponsabilidad en las tareas domésticas y en la prestación de cuidados y asistencia a ascendientes, descendientes y de otras personas dependientes a su cargo conforme a lo dispuesto en el art. 68 del Código civil. Especialmente relevante se muestra la reforma operada en el art.92.7 del Código civil, según la redacción dada por la Disposición Final Tercera de la Ley 16/2022, de 5 de septiembre, que reforma del Texto Refundido de la Ley Concursal. Esta modificación advierte de la improcedencia legal de conceder la guarda conjunta cuando uno de los progenitores está involucrado en un procedimiento penal por delitos de violencia de género o se tengan indicios fundados de que existe violencia de género o violencia doméstica. Se observa que, aunque la norma se refiere a ambos progenitores, en situaciones de violencia doméstica. Queda así: Se observa que, aunque la norma se refiere a ambos progenitores en situaciones de violencia doméstica, es innegable que acogerá mayoritariamente los supuestos de violencia de género.

Es importante advertir que el análisis que se realiza de las repercusiones jurídico-civiles de la violencia de género no puede partir de una visión homogénea de este fenómeno. El factor de vulnerabilidad de género interactúa con otros elementos que incrementan la vulnerabilidad de cada víctima. No todas las víctimas experimentan los mismos factores de vulnerabilidad ni sufren las mismas formas de violencia.

Además, la afectación no es uniforme para todas ellas, ni les afecta a todas por igual. Entre los factores que interactúan con el género se encuentra la avanzada edad, la minoría de edad, la racialidad, el estado de salud de las víctimas en situación de enfermedad, dependencia o discapacidad, así como la precariedad económica o la transexualidad. Dichos elementos multiplican exponencialmente los niveles de vulnerabilidad entre las víctimas de violencia de género, siendo así que todos estos supuestos han de ser tratados de manera individualizada, teniendo en cuenta la intersección de los distintos factores de vulnerabilidad.

La Ley Orgánica de Violencia de Género (LOVG) ha supuesto un avance sustancial en la lucha contra la violencia de género. Más recientemente, la Ley Orgánica 10/2022, de 6 de septiembre, de garantía integral de la libertad sexual (LOGILS) ha abordado especificamente las violencias sexuales y machistas contra las mujeres. Aunque la LOGILS centra su atención en las víctimas de violencia sexual en general, por extensión se refiere también a la violencia sexual de género, es decir, aquella que se infringe sobre la pareja o expareja, puesto que también en este ámbito se constata el prevalimiento del hombre cuando coarta la libre decisión de la mujer.

Existe una nutrida jurisprudencia en la que se reconoce la existencia del delito de abuso sexual en contextos de convivencia en la pareja[3], pues aun no existiendo una exteriorización verbal o presunta del rechazo a la relación sexual, esta se constata en un contexto fáctico que hace perceptible para el sujeto activo la falta del consentimiento libre de su compañera sentimental. En este sentido se muestra la STS (Sala de lo Penal) 288/2024 de 21 de marzo, cuando declara que: «es evidente que la existencia de maltrato en el seno de la pareja es uno de los más potentes marcadores de que el consentimiento de la relación sexual puede estar condicionado». Sin embargo, cuando el agresor es la pareja o expareja, surgen serias dificultades tanto para denunciar como para obtener una condena junto a su correspondiente responsabilidad civil. A pesar de estas dificultades resulta imprescindible articular instrumentos jurídicos eficaces a través de los cuales se garantice plenamente la indemnidad de la víctima de violencia sexual infringida por su pareja o expareja.

3 El TS ha proclamado de manera constante que la libre determinación sexual es reconocible y amparable en cualquier persona sin que desaparezca en el seno de parejas habituales o entre esposos, tal y como se declaraba ya en la STS (Sala de lo Penal) 841/2007 de 22 de octubre. En esta resolución se reconoce la posibilidad de un abuso sexual de prevalimiento entre cónyuges o entre los integrantes de una pareja con análoga relación de convivencia, entre cuyos supuestos se encuentra aquellos en los que se somete y coarta la libre disposición de la mujer a partir de un repetido escenario de violencia doméstica, por más que esta violencia no se haya producido de forma coetánea o inmediata anterior a la relación sexual. Más recientemente en la STS (Sala de lo Penal) 643/2020 de 27 de noviembre, se condena al acusado como autor de un delito continuado de abuso sexual en un contexto de maltrato habitual. Igualmente cabe citar la STS (Sala de lo Penal) 544/2022 de 1 de junio, en la que se describe un caso de maltrato habitual en un matrimonio de edad avanzada, condenándose al acusado por un único delito de abuso sexual del art. 181.1 y 3 del Código Penal.

La aportación más relevante de la LOGILS reside en el reconocimiento legal expreso del derecho de las víctimas a una reparación integral basada en una justicia restaurativa. Esta reparación no se limita únicamente a la correspondiente indemnización por daño corporal y moral, sino que también incluye la adopción de medidas para lograr su plena recuperación. Además, se considera que la compensación económica no es suficiente por sí sola, sino que debe ir acompañada de una reparación simbólica, que implica el reconocimiento social de su condición de víctima, así como la visibilización de estas conductas antijurídicas, junto al reconocimiento de los hechos por parte del agresor a través de ciertas muestras de arrepentimiento con las que se ve reforzada su credibilidad y su no revictimización.

La LOGILS introduce un desglose legal de los daños indemnizables. En particular, su art. 51 enumera distintas partidas que deben considerarse siempre a la hora de fijar la cuantía indemnizatoria a cargo del responsable civil o penal, de acuerdo con la normativa vigente. Se individualizan así distintos daños, como el daño moral, independiente del daño a la dignidad personal, así como el daño social que se produce con motivo de la exclusión y vulnerabilidad social de las víctimas. Además, como novedad importante, en este ámbito de la responsabilidad civil se aplica también la doctrina de la pérdida de oportunidad.

La especificación de tales conceptos se ha reflejado oportunamente en la LOVG mediante la incorporación de los arts. 28 bis y 28 ter de la LOVG, con motivo de la disposición final novena de la LOGILS, reconociendo el derecho de las víctimas de violencia de género a una reparación integral, para lo cual es necesario aplicar el principio de vertebración de los daños, determinando los conceptos que como mínimo han de ser indemnizados, entre los que se incluye el daño a la dignidad personal y el daño social, que con motivo de las conductas antijurídicas del agresor, se ocasiona a las víctimas. Esta especificación legal, con la que se pretende huir de la fijación de indemnizaciones globales o a tanto alzado, tendrá claramente como resultado final la elevación de las indemnizaciones y, por tanto, de su mejora, lo cual no significa que puedan hacerse siempre efectivas, particularmente, en aquellos supuestos de insolvencia del agresor[4].

Se observa la aparición de nuevas formas de violencia de género. Entre estas conductas se encuentra el «cibercontrol», que implica la continua vigilancia y seguimiento de la víctima, vulnerando su libertad e intimidad personal y alterando su vida diaria. Ante la escalada de este tipo de conductas entre jóvenes, adolescentes y niñas, conocida su vulnerabilidad digital, el Consejo de Gobierno ha aprobado recientemente el Anteproyecto de Ley Orgánica para la protección de los menores en

4 JARDÓN PARDO DE SANTAYANA, J.; "El alcance y la garantía del derecho a la reparación", Garantía y protección integral del derecho a la libertad sexual y la erradicación de todas las violencias sexuales, Ediciones Laborum, 2023, p. 165.

el ámbito digital[5], reconociéndose, como no podía ser de otra manera, su derecho al honor, a la intimidad y a la propia imagen, en un contexto de auténtica vulnerabilidad digital. Su hiper exposición en las redes sociales conlleva un altísimo riesgo de sufrir distintas formas de violencia, promovidas por el aparente anonimato de quienes las infringen. Es fundamental destacar el derecho de las víctimas digitales a la total supresión de contenidos de naturaleza sexual por parte de los operadores de internet y medios tecnológicos.

Junto a las repercusiones económicas de este tipo de violencia tiene y su incidencia en la atribución del uso de la vivienda familiar o en la necesidad de buscar alternativas habitacionales que garanticen suficientemente la seguridad de las víctimas, se procede a identificar las conductas constitutivas de violencia económica, tanto en el ámbito de la pareja como tras su ruptura, frecuentemente normalizada a la vez que invisibilizada.

La violencia tanto física como psíquica se encuentran a menudo vinculada con el abuso económico. Un ejemplo muy ilustrativo es el supuesto que ha dado origen a la STSJ País Vasco (Sala de lo Civil y Penal. Sección 1ª), número 20/2024 de 20 de febrero. En este caso el esposo aprovecha el progresivo deterioro de la salud de su esposa para gestionar su patrimonio, privándola incluso de sus necesidades más básicas, sumiéndola en una situación de sobreendeudamiento, aislándola, provocando deliberadamente que viviera en condiciones absolutamente degradantes.

Al tratamiento de la violencia económica de género le sigue el análisis de las repercusiones jurídicas que este tipo de violencias tienen, tanto en el ámbito personal como en el familiar, particularmente en orden a la facultad legal de solicitar la supresión del apellido paterno o como causa suficiente para proceder a la privación de la patria potestad, También se evalúa el régimen de custodia, visitas y comunicaciones del agresor con sus hijos menores. En el ámbito sucesorio se estudian las causas de indignidad y desheredación legalmente vinculadas a estos supuestos de violencia.

5 Entre sus principales aportaciones cabe destacar que la edad mínima para registrarse en redes sociales se eleva a los 16 años, no obstante, a la espera de articular mecanismos eficientes de verificación de la edad y se contempla la orden de alejamiento digital mediante la que se pretende modificar el Código Penal incluyendo la prohibición de acceso o comunicación a través de las redes sociales a los agresores, también en foros o cualquier tipo de plataformas de comunicación o espacios virtuales. Asimismo, se condena la «difusión de la imagen o la voz generada, modificada o recreada mediante sistemas automatizados, software, algoritmos, inteligencia artificial o cualquier otra tecnología que parezca real, simulando situaciones de contenido sexual o que resulten gravemente vejatorias. Sobre esta iniciativa legislativa véase el dictamen del Consejo Económico y Social aprobado en sesión ordinaria el día 24 de julio de 2024. El CES llama la atención en la falta de diálogo con las organizaciones sociales y económicas, el no haber contado con el trámite de consulta pública previa por haberse aprobado en Consejo de Ministros por vía de urgencia y en las dudas que surgen en torno a su coherencia y compatibilidad con la normativa comunitaria, al tiempo que se aprecian importantes omisiones que quedan por subsanar.

Por último, al hilo de la responsabilidad que asumen las distintas administraciones públicas en prevenir y erradicar esta forma de violencia, implementando medidas de protección social en aras a prestar el apoyo necesario a las víctimas de violencia de género, se realiza un breve apunte sobre el conjunto de medidas de protección social que se han articulado en favor de las víctimas en aras a lograr su recuperación y plena integración social y económica.

I
Violencia contra la mujer, Derechos humanos, inviolabilidad y dignidad de la persona. El derecho de las mujeres a vivir libres de violencia. La violencia de género en el ordenamiento jurídico español

El número de mujeres víctimas mortales de violencia de género en España durante el pasado año 2023, ha ascendido a 56 mujeres, es decir, siete mujeres más que el año anterior, según el último balance del Ministerio de Sanidad, Servicios Sociales e Igualdad, cifra a la que suma los menores de edad que han quedado huérfanos de madre. Según el INE los supuestos de violencia de género han seguido en alza durante el 2023, habiéndose registrado un incremento del 32% de menores reconocidos como víctimas de violencia de género, habiéndose incrementado también en un 12% las mujeres víctimas de violencia de género durante el pasado año. En concreto, se han registrado 36.582 mujeres y más de 1.800 menores. El número de hombres denunciados asciende a 36.434, un 9% más que en el año 2022, según la Estadística de violencia doméstica y de género publicadas por el INE el pasado 17 de mayo. Según los datos que publica la Delegación de Gobierno contra la violencia de género del Ministerio de Igualdad a 18 de octubre de 2024, el número de víctimas mortales por violencia de género en España en lo que va de año asciende a 38, de las cuales 30 no habían presentado denuncia previa.

La violencia de género no se limita exclusivamente a contextos marginales propios de entornos familiares con escasos recursos económicos o con problemas relacionados con la drogadicción o el alcoholismo, sino que se trata de un problema universal, estructural y multidimensional de primer orden, que afecta a todo tipo de mujeres, como consecuencia de la desigualdad instalada tradicionalmente en las relaciones familiares entre mujeres y hombres, reconociéndose el derecho de todas las víctimas a recibir una protección integral, tanto a nivel nacional como internacional[6]. En el término mujer se incluyen las niñas y adolescentes menores de dieciocho años[7], así como las mujeres transexuales víctimas de este tipo de violencia por el mero hecho de ser mujeres.

---

6 En cuanto al derecho de las víctimas de violencia de género a solicitar la protección internacional para la concesión del estatuto de refugiado y protección subsidiaria, la STJUE de 16 de enero de 2024 el TJUE ha dictaminado que la violencia contra las mujeres debe ser considerada como una forma de persecución, por lo que aquellas mujeres víctimas de cualquier forma de violencia, ya sea física, psíquica o sexual, que huyan de su país de origen por sufrir un crimen contra el honor, violencia sexual o por haber sido abocadas a un matrimonio forzoso deben obtener el estatuto de refugiadas en la Unión Europa. El TJUE señala que de conformidad con el Convenio de Estambul, la violencia de género debe ser considerada como una forma de persecución, ya que las mujeres pertenecen en su conjunto a un grupo social, en el sentido que marca la condiciones para la concesión del estatuto de refugiadas, tienen derecho a la protección subsidiaria también en caso de amenaza real de que puedan ser asesinadas o de que un miembro de su familia o de su comunidad cometa actos de violencia contra ellas debido a la presunta transgresión de normas culturales, religiosas o tradicionales. El caso versa sobre una ciudadana turca perteneciente al grupo étnico kurdo, divorciada, musulmana suní que llega a Bulgaria en junio de 2018. Posteriormente se reúne con un miembro de su familia en Berlín (Alemania) en donde solicita protección internacional, volviendo a quedar bajo la tutela de las autoridades búlgaras a efectos de la solicitud de protección internacional tras la adopción de la resolución adoptada por las autoridades alemanas. Durante las entrevistas que se le realizan, manifiesta que fue obligada a casarse a la edad de dieciséis años y que había tenido tres hijas. Durante su vida conyugal la golpeaba sin que su familia biológica la prestara ayuda, por lo que se vio obligada a huir de su domicilio conyugal en septiembre de 2016. Declaró su temor a que su familia la matara en caso de regresar nuevamente a Turquía.

7 Tal y como se expresa en el art. 3.f del Convenio del Consejo de Europa sobre prevención y lucha contra la violencia contra las mujeres y la violencia doméstica, conocido como Convenio de Estambul.

Para ilustrar con cifras el fenómeno de la violencia sobre la mujer, según el informe anual del CGPJ del año 2023, el número de mujeres víctimas de violencia de género mayores de edad asciende a 27.114, 63,8%; el número de españolas menores de edad es de 431 (1,0%); el número de mujeres extranjeras mayores de edad asciende a 14.457 (34,0%) y el número de menores extranjeras es de 476 (1,1%), sobre un total de víctimas de violencia de género que asciende a 42.478. Llama la atención el hecho de que no existan datos específicos en relación con las mujeres víctimas de violencia de género mayores de 65 años. Otro dato interesante que se extrae de dicho informe se refiere al tipo de delitos cometidos. Según este informe, el tipo de delito instruido más numeroso, según la precalificación inicial, es el delito de lesiones y malos tratos tipificado en el art. 153 CP (49 %), seguido del delito de lesiones y malos tratos tipificado en el art. 173.2 CP (13,7%); también los delitos de lesiones y malos tratos del art. 148 y ss., (3,8) y los delitos contra la libertad (5,5%), sobre un total de 221.223 delitos, entre los que se encuentran el quebrantamiento de condena, delitos contra la integridad moral, contra la intimidad personal y la propia imagen, delitos contra los derechos y deberes familiares, contra la libertad e indemnidad sexual, homicidio, aborto, lesiones al feto y otros. Mientras, los asuntos civiles que ingresan en el JVM se mantienen en una baja proporción respecto a las denuncias penales presentadas, haciendo un total de 25.632 entre asuntos y medidas civiles.

La igualdad de género constituye un valor fundamental reconocido en el art. 2 del Tratado de la Unión Europea[8], destacado también en el art. 23 de la Carta Europea de Derechos Fundamentales. La violencia de género constituye un brutal ataque contra los Derechos Humanos y las libertades fundamentales[9], contraria a la dignidad de la mujer como persona, considerada como la expresión más cruenta de la discriminación y de la situación de desigualdad, como consecuencia de las relaciones de dominación entre hombres y mujeres, con la que se limita el reconocimiento y el ejercicio de sus derechos y libertades fundamentales.

El II Plan Nacional de Derechos Humanos 2023-2027 (6 de junio de 2023), dedica su Eje 3 a la Igualdad de Mujeres y Hombres como garantía de los Derechos Humanos. En él se declara que, aunque son evidentes los logros alcanzados hacia una mayor equidad de género, las mujeres de todo el mundo siguen enfrentándose a situaciones que comprometen y limitan sus derechos, entre otros, «su derecho a vivir una vida libre de violencia«. En el mismo se pone de manifiesto que las recomendaciones hechas para España, aprobadas por el Comité de las Partes del Convenio de Estambul, en su reunión de 5 de diciembre de 2020, señalan algunos retos a conseguir, entre los que destaca la necesidad de acometer todas las formas de violencia y, especialmente la prevención y respuesta a las violencias sexuales, que finalmente se ha reflejado en la Ley Orgánica 10/2022, de 6 de septiembre, de garantía integral de la libertad sexual.

I. INSTRUMENTOS JURÍDICOS PARA LA ERRADICACIÓN DE LA VIOLENCIA SOBRE LA MUJER A NIVEL INTERNACIONAL Y EUROPEO

Entre las principales aportaciones a nivel internacional para la protección de los derechos de las mujeres y la eliminación de la violencia que les afecta, cabe referirse

8 Tratado de la Unión Europea, de 2 de octubre de 2000, Diario Oficial de la Unión Europea 2010/ C 83/02. https://www.boe.es/doue/2010/083/Z00013-00046.pdf.

9 España ha ratificado los principales Tratados y Convenios Internacionales de Derechos Humanos que establecen la obligación de actuar frente a todas las formas de violencia contra las mujeres, como la Convención para la eliminación de todas las formas de discriminación contra la mujer de Naciones Unidas, hecha en Nueva York, el 18 de diciembre de 1979. Instrumento de ratificación de 16 de diciembre de 1983; el Convenio número 197, del Consejo de Europa, hecho en Varsovia el 16 de mayo de 2005 y, finalmente el Convenio del Consejo de Europa, hecho en Estambul, el 11 de mayo de 2011, sobre prevención y lucha contra la violencia contra la mujer y la violencia doméstica (Convenio de Estambul). En este Convenio se establece la obligación de las administraciones públicas de actuar desde el enfoque de género frente a la violencia contra las mujeres, que define de manera amplia como: «todos los actos de violencia basados en el género que implican o pueden implicar para las mujeres daños o sufrimientos de naturaleza física, sexual, psicológica o económica, incluidas las amenazas de realizar dichos actos, la coacción o la privación arbitraria de libertad, en la vida pública o privada».

necesariamente al Convenio de Estambul[10]. En su art. 3 se define la violencia de género como: «toda violencia contra una mujer porque es una mujer o que afecte a las mujeres de manera desproporcionada» y «género» como «los papeles, comportamientos, actividades y atribuciones socialmente construidos que una sociedad concreta considera propios de mujeres o de hombres».

En el ámbito de la Organización de los Estados Americanos, la Convención Interamericana para prevenir, sancionar y erradicar la violencia contra la mujer «Convención de Belem do para», constituye una significativa contribución en la protección de los derechos de la mujer y en la erradicación de las distintas formas de violencia que pueden afectarlas, afirmando que la violencia contra la mujer trasciende a todos los sectores de la sociedad independientemente de su clase, raza o grupo étnico, nivel de ingresos, cultura, nivel educacional, edad o religión y afecta negativamente sus propias bases.

Dada la enorme dimensión que alcanza el fenómeno de la violencia contra la mujer, la Comisión Europea ha incorporado la erradicación de la violencia de género como una prioridad en la Estrategia para la Igualdad de Género 2020–2025, mediante un conjunto de propuestas concretas para garantizar una prevención eficaz de la violencia de género y de la violencia doméstica, como la conclusión de la adhesión de la Unión al Convenio de Estambul y la garantía de su rápida ratificación y aplicación por parte de los Estados miembros de la Unión, mediante Resolución del Parlamento Europeo sobre la propuesta de Decisión del Consejo relativo a la celebración por la Unión Europea del Convenio del Consejo de Europa sobre prevención y lucha contra las mujeres y la violencia doméstica de 15 de febrero de 2023. En ella, la «violencia contra las mujeres» se define como una violación de los Derechos Humanos que afecta a distintos Derechos fundamentales consagrados en instrumentos internacionales y europeos de Derechos humanos. Concretamente este tipo de violencia afecta a distintos derechos consagrados en la Carta Europea de Derechos de la Unión Europea, de 2 de octubre de 2000[11], como el derecho a la dignidad humana (art. 2); el derecho a la vida (art. 2); el derecho a la integridad de la persona (art. 3); la prohibición de la tortura y de los tratos inhumanos o degradantes (artículo 4); el derecho a la libertad y a la seguridad (artículo 6); el derecho a no ser discriminada por razón del sexo (artículo 21) o el derecho a la tutela judicial efectiva y a un juez imparcial.

Según la citada Resolución del Parlamento Europeo, «se considera que una de cada tres mujeres en la Unión –62 millones de mujeres–, han sufrido violencia física

10 Convenio del Consejo de Europa sobre prevención y lucha contra la violencia contra las mujeres y la violencia doméstica, conocido como Convenio de Estambul.

11 Diario Oficial de la Unión Europea (DOUE) 2010/ C 83/02. https://www.boe.es/doue/2010/083/Z00389-00403.pdf.

o sexual, y que más de la mitad de las mujeres de la Unión (el 55 %) han experimentado acoso sexual al menos una vez desde que tenían quince años; que la Agencia de los Derechos Fundamentales de la Unión Europea (FRA) está realizando una nueva encuesta para actualizar estos datos; que el coste estimado de la violencia de género y la violencia ejercida por la pareja en la Unión Europea ha aumentado recientemente en torno a un tercio, y el coste de la violencia de género se estima en 366. 000 millones de euros al año; que todavía hay muchos tipos y aspectos de la violencia de género sobre los que los datos siguen siendo insuficientes; que, en su índice de igualdad de género de 2022, el Instituto Europeo de la Igualdad de Género constataba que los datos siguen sin reflejar la verdadera dimensión de la violencia de género en la Unión».

Por su parte, la Resolución de 6 de octubre de 2021 del Parlamento Europeo sobre el impacto de la violencia de pareja y derecho de custodia de mujeres y los niños, subraya en su apartado A), «que la violencia de género en todas sus formas constituye una forma extrema de discriminación contra las mujeres y una violación de los derechos humanos derivada de la desigualdad de género, que contribuye a perpetuar y reforzar; que el origen de este tipo de violencia son los estereotipos de género sobre las funciones y las capacidades de las mujeres y los hombres, así como las relaciones de poder desiguales en las sociedades, algo que esta violencia perpetúa; que dicha violencia sigue estando muy extendida y afecta a las mujeres de todos los niveles sociales, independientemente de la edad, la educación, los ingresos, la posición social o el país de origen o residencia, y constituye uno de los obstáculos más graves para lograr la plena igualdad, que las mujeres y los niños de toda la Unión no gozan de la misma protección contra la violencia de género debido a las diferencias en las políticas y la legislación de los Estados miembros».

2. LA VIOLENCIA DE GÉNERO EN EL ORDENAMIENTO JURÍDICO ESPAÑOL. LA LO 1/2004, DE 28 DE DICIEMBRE, LEY ORGÁNICA DE MEDIDAS DE PROTECCIÓN INTEGRAL CONTRA LA VIOLENCIA DE GÉNERO E INICIATIVAS LEGALES AUTONÓMICAS. LAS DISTINTAS MANIFESTACIONES DE LA VIOLENCIA DE GÉNERO

A nivel nacional, la Ley Orgánica 1/ 2024, de 28 de diciembre, ha articulado un conjunto de medidas de prevención, detección e intervención contra la violencia de género, de naturaleza muy variada, adaptándose a la realidad del momento a través de distintas reformas operadas en la Ley, constituyéndose en el marco normativo general de protección contra la violencia de género. En el artículo 1 de la LOVG, esta particular forma de violencia se define como «todo acto de violencia física y psicológica, incluidas las agresiones a la libertad sexual, las amenazas, las coacciones o la privación arbitraria de libertad», que se ejerce sobre las mujeres «*por parte de quienes sean o hayan sido sus cónyuges o de quienes estén o hayan estado ligados a ellas por relaciones similares de afectividad, aun sin convivencia*» (artículo 1). Este tipo de violencia abarca un amplio elenco de conductas u omisiones, así como todo tipo de prácticas antijurídicas[12].

Una violencia basada en una arraigada discriminación entre mujeres y hombres[13] en base a la posición de inferioridad que la mujer ha venido ocupando tradicionalmente, encontrando su manifestación más cruenta en la violencia que se imprime, tanto sobre la pareja como sobre la expareja, conviviente o ex conviviente, incluso aun sin haber existido convivencia, como sucede en las relaciones de noviazgo, así como sobre los hijos comunes o hijos solo de la víctima con quienes se convive. La violencia de género se distingue de la violencia intrafamiliar en tanto esta última alcanza a otros miembros del núcleo familiar. Este tipo de violencia se infringe por la pareja o expareja de forma silente, vergonzante y sumisa, a menudo invisibilizada por las personas más cercanas a las propias víctimas.

Particularmente ilustrativo se muestra el art. 54 del Decreto Legislativo 1/2023, de 16 de marzo, por el que se aprueba el Texto Refundido de la Ley para la Igualdad de Mujeres y Hombres y Vidas Libres de Violencia Machista contra las Mujeres de la Comunidad Autónoma del País Vasco, bajo la rúbrica «Definición, tipología y principios» dispone en este sentido que: «La violencia se puede ejercer tanto por acción como por omisión, y los medios para ejercerla pueden ser físicos, psicológicos o económicos, incluidas las amenazas, intimidaciones y coacciones, que tengan como resultado un daño, sufrimiento o perjuicio físico, sexual, psicológico, social, socioeconómico o patrimonial»[14].

---

12 Resulta imprescindible referirse a la Ley 4/2015, de 27 de abril, del Estatuto de la víctima del delito, en la que se consagran un conjunto de derechos a favor de las víctimas. Esta Ley ha sido desarrollada por el Real Decreto 1109/2015, de 11 de noviembre, por el que se regula la actuación de las Oficinas de Asistencia a las Víctimas del Delito, cuya principal competencia reside en valorar las necesidades específicas de cada víctima.

13 Basta recordar la obligación de la esposa de obedecer al marido, de seguir su domicilio y su nacionalidad, tal y como se contemplaba no mucho tiempo atrás en el Código civil.

14 Las distintas CCAA han promulgado distintas leyes para la prevención, erradicación y protección integral de las víctimas de violencia de género dentro de las competencias que les han sido atribuidas, poniendo de manifiesto la preocupación que hay detrás de todas ellas por erradicar esta forma de violencia, seguramente con la intención de incidir y ampliar su ámbito de protección, definiendo y visibilizando otras formas concretas desde la que este tipo de violencia se manifiesta. Además del mencionado Decreto Legislativo 1/2023, de 16 de marzo, por el que se aprueba el Texto Refundido de la Ley para la Igualdad de Mujeres y Hombres y Vidas Libres de Violencia Machista contra las Mujeres de la Comunidad Autónoma del País Vasco, hasta el momento la más reciente, cabe referirse a las siguientes leyes autonómicas:

Tras la promulgación de la LO 8/2015, de 22 de julio, de Modificación del Sistema de Protección a la Infancia y a la Adolescencia, los hijos de las mujeres víctimas de violencia de género pasan a tener la condición de víctimas de este tipo de violencia[15]. Su exposición a esta forma de violencia en el hogar, precisamente, el lugar donde deberían estar más protegidos y seguros, les convierte siempre en víctimas de este tipo de violencia. El maltrato a la madre es siempre una forma de maltrato hacia los hijos. El artículo 1.4 LOVG, incluye expresamente como acto de violencia de género: «la violencia que con el objetivo de causar perjuicio o daño a las mujeres se ejerza sobre sus familiares o allegados menores de edad por parte de

---

- Comunidad Autónoma de la Rioja, Ley 11/2022, de 20 de septiembre, contra la Violencia de Género en la Rioja.
- Andalucía, la Ley 13/2007, de 26 de noviembre, de medidas de prevención y protección integral contra la violencia de género, modificada por la Ley 7/2018, de 30 de julio, por la que se modifica la Ley 13/2007, 26 noviembre, de medidas de Prevención y Protección integral contra la violencia de género.
- Aragón la Ley 4/2007, de 22 de marzo, de Prevención y Protección integral a las mujeres víctimas de violencia en Aragón.
- Cantabria, la Ley 1/2004, de 1 de abril, Integral para la Prevención de la violencia contra las mujeres y Protección a sus víctimas, modificada por la Ley 8/2010, de 23 de diciembre, de garantía de derechos y atención a la infancia y la adolescencia.
- Castilla la Mancha, Ley 4/2018, de 8 de octubre, para una Sociedad Libre de Violencia de género en Castilla La Mancha.
- Castilla León, Ley 13/2010, de 9 de diciembre, contra la Violencia de Género en Castilla León.
- Cataluña, Ley 5/2008, de 24 de abril, sobre el Derecho de las mujeres a erradicar la violencia machista, modificada por la Ley 17/2020, de 22 de diciembre.
- Comunidad Valenciana, La Ley 7/2012, de 23 de noviembre, Integral contra la violencia sobre la mujer en el ámbito de la Comunidad Valenciana.
- Extremadura, la Ley 8/2001, de 23 de marzo, de Igualdad de Mujeres y Hombres y contra la violencia de género en Extremadura.
- Galicia, la Ley 11/2007, de 27 de julio, de Prevención y Tratamiento Integral de la violencia de género, modificada por Ley 15/2021, de 3 de diciembre y Ley 14/2021, de 20 de julio.
- Islas Baleares, la Ley 11/2016, de 28 de julio, de Igualdad de Mujeres y Hombres en la Comunidad Autónoma de las Islas Baleares, Título V dedicado a la violencia machista.
- Islas Canarias, Ley 16/2003, de 8 de abril, de Prevención y Protección Integral de las mujeres contra la violencia de género, modificada por Ley 1/2017.
- Comunidad de Madrid, Ley 5/2005, de 20 de diciembre, Integral contra la Violencia de Género de la Comunidad de Madrid, modificada por Ley 3/2018, de 22 de junio.

15 El artículo 1.2 de la Ley Orgánica 1/2004, de 28 de diciembre, de Medidas de Protección Integral contra la Violencia de Género, dispone: «Artículo 1. Objeto de la Ley: 2. Por esta ley se establecen medidas de protección integral cuya finalidad es prevenir, sancionar y erradicar esta violencia y prestar asistencia a las mujeres, a sus hijos menores y a los menores sujetos a su tutela, o guarda y custodia, víctimas de esta violencia». Este reconocimiento legal expreso de los menores como víctimas directas de violencia de género, ha tenido lugar con motivo de la modificación operada en la norma señalada por la D.F.3ª de la Ley Orgánica 8/2015, de 22 de julio, de Modificación del Sistema de Protección a la Infancia y Adolescencia.

quienes sean o hayan sido sus cónyuges o de quienes estén o hayan estado ligados a ellas por relaciones similares de afectividad, aun sin convivencia». No en vano, el centro neurálgico de todas las reformas operadas en la protección de menores se ha centrado en la priorización legal de la protección de su interés general ante las crisis de pareja desde la consideración de: «la conveniencia de que su vida y desarrollo tenga lugar en un entorno familiar adecuado y libre de violencia»[16].

Esta particular forma de violencia adopta diversas manifestaciones según su naturaleza, contenido y el medio por el cual se ejerce. Entre estas manifestaciones se encuentra la violencia física, psíquica, sexual[17], económica, digital y vicaria[18]. Al ejercerse desde el ámbito de la pareja, expareja, conviviente o ex conviviente, es decir, desde el ámbito estrictamente privado y/o familiar, se aprecian múltiples dificultades para desenmascarar la conducta del maltratador, que puede ser evidente y plenamente constatable o manifestarse de manera sutil[19]. Se añaden las dificultades para denunciar a sus maltratadores, no solo por el menoscabo moral que padecen, por el miedo a ser cuestionadas y a sufrir nuevas represalias de consecuencias aún más graves para ellas y sus hijos, sino también por la falta de confianza en la protección que institucionalmente se les dispensa y la dependencia económica, uno de los principales motivos por el que no pueden romper con la situación de violencia[20].

Presupuesto el derecho de las víctimas de violencia de género a recibir una protección integral, también desde el ámbito del Derecho civil, nuestro estudio se siste-

---

16 Art. 2.2.c) LOPJM.

17 Para la prevención de la violencia sexual y garantizar una respuesta adecuada, integral, coordinada que proporciona atención, protección, justicia y reparación a las víctimas se aprueba la LO 10/2022, de 6 de septiembre, de garantía integral de la libertad sexual. En el ámbito de aplicación de esta Ley se incluye la violencia sexual que se infringe en el ámbito de la pareja o exparejas, siendo especialmente significativo el reconocimiento explícito del derecho de las víctimas a la reparación, tal y cómo se recoge en los arts. 52 y 52 de esta Ley.

18 En momentos de crisis en la pareja, pero, sobre todo, tras su ruptura, los hijos/as se convierten en un instrumento muy poderoso para dominar a la madre o para seguir ejerciendo sobre ella malos tratos. En los casos más patológicos esta instrumentalización desemboca en el asesinato de los menores, a modo de estocada final, con la intención de dañar definitivamente y para siempre a la madre.

19 Como la utilización de la técnica conocida como gaslighting o "luz de gas" que consiste en la manipulación que se imprime el agresor de forma incesante sobre la víctima para que dude de sus propias percepciones, criterios, capacidades e incluso de la realidad que está viviendo, provocando confusión, dudas y, en consecuencia, un menoscabo emocional permanente.

20 Así se hace constar en el Real Decreto-ley 9/2018, de 3 de agosto, de medidas urgentes para el desarrollo del Pacto de Estado contra la violencia de género. Cabe recordar en este punto que el art.18.4 del Convenio del Consejo de Europa sobre prevención y lucha contra la violencia contra la mujer y la violencia doméstica, hecho en Estambul el 11 de mayo de 20111, exige no supeditar la protección de las víctimas de violencia de género al ejercicio por parte de aquéllas de acciones legales ni a la declaración contra el autor.

matiza a través de tres recorridos fundamentales: El análisis de las repercusiones de este tipo de violencia en el ámbito patrimonial, en el ámbito familiar y por último en el ámbito personal y sucesorio. Asimismo, se hace un apunte final en torno a las prestaciones sociales en favor de las víctimas de violencia de género refiriéndonos, de modo particular, a la pensión de viudedad y de orfandad, así como a la pérdida de la condición de beneficiario de las prestaciones por causa de muerte respecto al condenado por un delito de homicidio cuando la víctima fuera la causante de la prestación. Debe tenerse en cuenta que una de las principales aportaciones que se introducen con motivo de la Ley 26/2015, de 28 de julio, de modificación del sistema de protección a la infancia y a la adolescencia, es el reconocimiento a los menores que quedan huérfanos de madre, víctima de violencia de género, del derecho al incremento previsto reglamentariamente para los casos de orfandad absoluta, cuando el progenitor hubiera sido condenado por sentencia firme por un delito de homicidio doloso y no tuviera derecho o hubiese perdido la pensión de viudedad. Se pretende mitigar la situación de vulnerabilidad en la que se encontraban los huérfanos de madre en supuestos de violencia de género con resultado muerte y la difícil situación en la que estos quedaban por tener un padre en prisión y una pensión de orfandad mínima. Asimismo, se establece legalmente la suspensión cautelar de las prestaciones de muerte y supervivencia que hubieran sido reconocidas, cuando recaiga resolución judicial de la que se deriven indicios racionales de que el sujeto investigado es responsable de un delito doloso de homicidio en cualquiera de sus formas, si la víctima fuera el sujeto causante de la prestación, con efectos del día primero del mes siguiente a aquel en que le sea comunicada tal circunstancia (art.232 TRLGSS).

3. VIOLENCIA DE GÉNERO EN EL ÁMBITO DIGITAL. EL DERECHO DE LA VÍCTIMA A LA SUPRESIÓN DE CONTENIDOS APLICADOS A BUSCADORES EN INTERNET Y MEDIOS DE DIFUSIÓN PÚBLICOS

La violencia digital contra la pareja o expareja se ha convertido en una de las principales fuentes de victimización de las mujeres. A través de internet y las TIC, WhatsApp, correos, Facebook, Instagram, se infringe todo tipo de violencia contra la mujer, a través de insultos, conductas de acoso y todo tipo de humillaciones y vejaciones por parte de sus parejas o exparejas. Muchas de estas conductas antijurídicas tienen un contenido sexual a través de propuestas, conversaciones, preguntas, intercambio o distribución de videos o imágenes de contenido sexual a terceros, conductas estrechamente vinculadas con una cultura basada en modelos que discriminan a la mujer. La distribución de imágenes y videos de contenido sexual al grupo de amistades o de trabajo de la víctima le genera un grave daño personal, emocional, social y profesional, con efectos muy lesivos.

Este tipo de violencia afecta particularmente a niñas y adolescentes en edades comprendidas entre los 14 y los 17 años, víctimas de este tipo de violencia por parte de sus novios o exnovios[21]. Los avances de la inteligencia artificial han promovido el uso indebido de ciertas herramientas particularmente peligrosas, como los deepfakes o los deepnudes. La primera práctica consiste en la creación de videos utilizando IA para reemplazar el rostro de una persona con el video de otra. La segunda, consiste en simular imágenes de desnudos, mayoritariamente de niñas y adolescentes, siendo frecuentemente la novia o exnovia el objeto de burla y humillación, con la finalidad explícita de dañarlas, aún más si cabe, mediante la difusión de estas imágenes en el ámbito más cercano a la víctima, concretamente entre compañeros o amigos. Muchas adolescentes se han visto obligadas a denunciar este tipo de montajes, utilizados para acosarlas, chantajearlas y humillarlas.

Entre las conductas antijurídicas más habituales de violencia digital se encuentra el ciberbullying, el grooming o el sexting[22], realidades que constituyen auténticas agresiones en línea que no han sido visibilizadas legalmente sino hasta la aprobación de la LO 8/2021, de 4 de junio, de Protección Integral a la Infancia y a la Adolescencia. Esta Ley reconoce la importancia que reviste la protección de los menores frente a la violencia en el entorno digital, articulando medidas para prevenir y sancionar conductas ilícitas que afectan a su integridad física, psíquica y moral. Por su parte, la LOGILS ha hecho hincapié en la necesidad de avanzar en la prevención de este tipo de conductas en el ámbito digital y de la comunicación que comprende la difusión de actos de violencia sexual a través de medios tecnológicos, pornografía no consentida y extorsión sexual. Incide también en la necesidad de prevenir dichas conductas ilícitas a través de la formación continuada a los distintos profesionales que pueden verse involucrados en ella, siendo particularmente necesaria

---

21 También son ellas las más propensas a sufrir grooming, práctica que consiste en la manipulación y engaño de las menores ejercida por un adulto a través de internet.

22 La LO 1/2015, de 23 de noviembre, del Código Penal, tipifica el delito de sexting en el art. 197.7. Según esta disposición será castigado con una pena de prisión de 3 meses a un año o multa de 6 a 12 meses el que, sin autorización de la persona afectada, difunda, revele o ceda a terceros imágenes o grabaciones audiovisuales de aquélla que hubiera obtenido con su anuencia en un domicilio o en cualquier otro lugar fuera del alcance de la mirada de terceros, cuando la divulgación menoscabe gravemente la intimidad de esa persona. La pena se impondrá en su mitad superior cuando los hechos se cometieran por cónyuge o por persona que esté o haya estado unida a él por análoga relación de afectividad, aun sin convivencia, la víctima fuera menor de edad o una persona con discapacidad necesitada de especial atención, o los hechos se hubieran cometido con una finalidad lucrativa.

en los miembros de los servicios sanitarios, Cuerpos y Fuerzas de la Seguridad del Estado o de la Carrera judicial y Fiscal, así como de todo el personal al servicio de la Administración de Justicia, también en el ámbito de la abogacía, para crear una conciencia generalizada sobre la violencia de género en los distintos operadores jurídicos. Por otra parte, se establece la obligación de la Agencia Estatal de Protección de Datos de garantizar la disponibilidad de un cauce accesible y seguro de denuncia de la existencia de contenidos ilícitos en internet que comporten un menoscabo grave de derecho a la protección de datos personales (art. 10. 3 LOGILS).

Cabe observar aquí la importancia que tiene para las víctimas de delitos cometidos a través de internet, teléfonos móviles o cualquier otra tecnología de la información o de la comunicación, el derecho a la retirada inmediata o a la suspensión de los contenidos ilícitos. Así, entre las medidas que se articulan para garantizar el derecho a la reparación integral, se contempla explícitamente el derecho de supresión aplicado a buscadores en Internet y medios de difusión públicos (art. 28 ter. 4 *in fine* LOVG)[23]. Precisamente este ha sido también el fundamento de la incorporación del segundo apartado del art. 13 LECrim, introducido por la LOGILS, en el que se contiene todo un elenco de medidas cautelares a adoptar durante la instrucción de los delitos que se cometen a través de internet, entre las que se encuentra la retirada o interrupción provisional de los servicios que han ofrecido este tipo de contenidos ilícitos, incluso acudiendo a un bloqueo provisional de dichos contenidos cuando estos radiquen en el extranjero[24]. No cabe duda de que, en supuestos de circulación de imágenes y videos de contenido sexual remitida de forma incontrolada a una pluralidad de personas, volviéndose incluso viral, es fundamental que quede constancia del borrado definitivo, al menos en los terminales o en las páginas en las que fueron subidas, garantizándose así la inexistencia de su circulación posterior.

---

23 Este precepto dispone que: 4. Las administraciones públicas garantizarán la completa recuperación física, psíquica y social de las víctimas a través de la red de recursos de atención integral previstos en el Título II. Asimismo, con el objetivo de garantizar la recuperación simbólica, promoverán el restablecimiento de su dignidad y reputación, la superación de cualquier situación de estigmatización y el derecho de supresión aplicado a buscadores en Internet y medios de difusión públicos.

24 En el mismo se establece que: «En la instrucción de delitos cometidos a través de internet, del teléfono o de cualquier otra tecnología de la información o de la comunicación, el juzgado podrá acordar, como primeras diligencias, de oficio o a instancia de parte, las medidas cautelares consistentes en la retirada provisional de contenidos ilícitos, en la interrupción provisional de los servicios que ofrezcan dichos contenidos o en el bloqueo provisional de unos y otros cuando radiquen en el extranjero».

II
Repercusiones jurídico patriminoniales

1. LA VIOLENCIA DE GÉNERO COMO CAUSA DE REVOCACIÓN DE LAS DONACIONES OTORGADAS POR RAZÓN DE MATRIMONIO *EX* ART. 1343 DEL CÓDIGO CIVIL

Partiendo de la consideración de que matrimonio y patrimonio suelen ir de la mano, seguidamente se analiza la incidencia que la violencia de pareja tiene como posible causa de revocación de las donaciones, referidas, tanto a aquellas que se otorgan en consideración a un futuro matrimonio, como respecto a aquellas que se otorgan entre los esposos durante la vigencia del matrimonio, dado que pueden celebrar todo clase de contratos, de acuerdo con lo establecido en el art. 1323 del Código civil. Es de justicia considerar que el donatario que ha infringido violencia a su pareja, en cualquiera de sus formas, no puede seguir beneficiándose de las donaciones que le fueran otorgadas a su favor por su víctima. El régimen jurídico de la revocación de las donaciones por razón de violencia de género no consta de manera específica, por lo que resulta necesario determinar las vías que el Código civil habilita para hacer efectiva la revocación de dichas donaciones identificando ciertas disfunciones que se aprecian en el mismo.

El art. 1343 del Código civil, referido a las donaciones otorgadas por razón del matrimonio, se remite al régimen general para la revocación de las donaciones en cuanto a sus efectos, a la renuncia anticipada a la revocación cuando se fundamenta en la ingratitud del donatario, reproduciéndose las mismas dudas en cuanto al plazo de revocación por causa de incumplimiento de cargas en las donaciones modales. Se excepciona directamente como causa de revocación de este tipo de donaciones la supervivencia y superveniencia de hijos con exclusión de la aplicación de los arts. 644 a 646 del Código civil. Dicha exclusión implica, por un lado, que se refiere a donantes que no tengan hijos al tiempo de la donación; por otro, que la superveniencia de hijos no está incluida entre las causas de revocación. La inoperatividad de esta causa para este tipo de donaciones se fundamenta en la consideración de que la superveniencia de hijos es algo esperado, natural o propio de la convivencia conyugal que está a punto de iniciarse. No cabe olvidar que durante mucho tiempo tener hijos constituía uno de los fines naturales al matrimonio.

El párrafo segundo de la norma distingue las donaciones otorgadas por terceros, de las donaciones realizadas entre los contrayentes, ambas en atención al matrimonio proyectado. En relación con las donaciones otorgadas por terceros, se establece que además de las causas a las que específicamente se hubieran subordinado a la donación, se suman la causa general de revocación de las donaciones por incumplimiento de cargas, reputándose como tal, la nulidad del matrimonio, la separación o el divorcio, siempre que el hecho que origina la crisis matrimonial resulte plenamente imputable al donatario según sentencia firme.

Lo primero que llama la atención es que la revocación de las donaciones otorgadas por terceros están condicionadas a que la causa que origina la crisis matrimonial sea imputable al cónyuge donatario, en un sistema en el que, como se sabe, tras la reforma operada en los arts. 82 y 86 del Código civil, tanto la separación como el divorcio pueden solicitarse, bien de muto acuerdo, bien unilateralmente, sin que tenga que alegarse causa alguna, ni se exija la existencia de un pronunciamiento judicial que dictamine la causa que motiva la situación de crisis conyugal. Ciertamente, la Ley 15/2005, de 8 de julio, por la que se modifican el Código civil y la Ley de Enjuiciamiento Civil en materia de separación y divorcio, declara que: «se estima que el respeto al libre desarrollo de la personalidad garantizado en el art. 10 de la Constitución, justifica reconocer mayor trascendencia a la voluntad de la persona cuando ya no desea seguir vinculada con su cónyuge. Así, el ejercicio de su derecho a no continuar casado no puede hacerse depender de la demostración de la concurrencia de causa alguna, pues la causa determinante no es más que el fin de esa voluntad expresada en su solicitud, ni, desde luego, de una previa e ineludible situación de separación.». Se deja claro que, tanto el cese de la convivencia marital, como la disolución del vínculo matrimonial se deja a la plena autonomía personal de cada uno de los cónyuges, priorizándose la libertad de cada uno de ellos como valor superior del orden jurídico público familiar, dejando de lado los tintes culpabilísticos propios de la concepción de una separación o divorcio que se impone a modo de sanción frente a quien provoca esta situación[25].

En este contexto cabe plantearse cuál ha de ser la interpretación correcta que ha de darse a la norma señalada. La primera sería considerar que ha quedado vacía de contenido, pues ya no tiene sentido referirse a la separación o al divorcio causal[26]. La segunda, pasa por considerar que, pese a la obsolescencia que ciertamente muestra la norma, debe admitirse la viabilidad de revocar por esta vía este tipo de donaciones en supuestos de violencia de género. Así, desde este planteamiento, a mi juicio, y a pesar de que la norma guarda reminiscencias de un pasado en el que fueron otros los principios en los que se sostenían la separación o el divorcio, la norma merece una nueva interpretación acorde con el tiempo y la realidad social en la que se aplica, imponiéndose la necesidad de superar dicha exigencia legal[27].

Ha de tenerse en cuenta que la norma no menciona como causa de revocación para este tipo de donaciones la ingratitud por haber incurrido en causa de desheredación, por lo que parece que solo pueden revocarse por el incumplimiento de cargas, entendiéndose como tales, la nulidad, la separación o el divorcio imputable exclusivamente al donatario. Ciertamente la norma ofrece serias dudas en cuanto a cuál deba ser su interpretación, pues si la carga u obligación que se impone es mantener el matrimonio, dicha obligación va completamente en contra de la libertad personal, concretamente, de la voluntad de no querer seguir estando casado, por lo que más que tratarse de una donación modal, quizás podríamos considerarla como una donación condicional resolutoria contemplada en el art. 621 del Código civil. En todo caso, al margen de la naturaleza de este tipo de donaciones que se otorgan por tercero, lo cierto es que mantenemos la postura de que, para los supuestos de violencia de género, el

---

25 Exposición de Motivos de la Ley 15/2005, de 8 de julio, por la que se modifican el Código y la Ley de Enjuiciamiento civiles en materia de separación y divorcio.

26 DOMINGUEZ YAMASAKI, I.: «Comentario al artículo 1343 del Código civil», *Comentarios al Código civil*, T.IV, (arts. 1156 a 1582), dir. Ana Cañizares Laso, Tirant lo Blanch, Valencia, 2023, p.6121, cuando expresa que: «sin sentencia judicial que atribuya la culpa, no será de aplicación el art. 1343 CC cuando se pretendiese fundamentar en la separación o el divorcio».

27 VELA SÁNCHEZ, J.A.: «Revocación de las donaciones matrimoniales por incumplimiento de los deberes conyugales y por violencia de género en la pareja», La Ley, núm. 8581, 13 de julio de 2015, p. 4, cuando señala al respecto que: «En definitiva puede concluirse que una cosa es que el actual sistema jurídico de separación o divorcio no sea culpabilístico y otra muy diferente que no pueda hablarse de un culpable de la crisis matrimonial, por incumplimiento grave o reiterado de los deberes conyugales contemplados en los art. 67 y 68 del CC. Este comportamiento culpable debe consentir la revocación de la donación por razón del matrimonio, tanto la realizada por terceros –cuando el cónyuge donatario fuese el responsable de la separación o divorcio–, como por los propios cónyuges –cuando el otro fuese imputable por tal incumplimiento–».

tercero otorgante de la donación está legitimado para ejercitar la acción de revocación por la vía que habilita el art. 1343 del Código civil, en tanto que claramente la crisis de pareja resulta plenamente imputable a uno de los contrayentes. A mi juicio, la evidente descauzalización de los procesos de separación y divorcio no se ha producido completamente, en tanto que la violencia de género está muy presente en las distintas previsiones legales y jurisprudenciales, que de forma ineludible, la tienen en cuenta.

En relación con los efectos de la revocación de las donaciones otorgadas por terceros de forma conjunta a favor de los futuros contrayentes, la revocación solo afectará la parte del donatario que se vea directamente afectado por la revocación, invalidándose la porción de bienes o derechos que le corresponde solamente a él.

Por lo que se refiere a las donaciones por razón del matrimonio otorgadas por los propios contrayentes, estas podrán revocarse por el incumplimiento de las obligaciones que específicamente se hubiesen expresado en la propia donación, considerándose incumplimiento de cargas la mala fe de uno de los contrayentes en los supuestos de nulidad civil matrimonial. A diferencia de lo que sucede con la separación y el divorcio, nuestro Código civil contempla consecuencias jurídicas específicas cuando se acredita la mala fe de uno de los cónyuges en supuestos de nulidad civil matrimonial, como el derecho a percibir una indemnización por el cónyuge que contrajo el matrimonio de buena fe, tal y como prescribe el art. 95.2 del Código civil.

Estas donaciones serán también revocables por causa de ingratitud cuando el donatario hubiese incurrido en las causas de desheredación previstas en el art. 855 del Código civil, básicamente, el incumplimiento de los deberes conyugales; por haber sido privado de la patria potestad; por negarse injustificadamente a la prestación de alimentos o por haber atentado contra la vida del otro cónyuge. Todas ellas encajan perfectamente en los supuestos de violencia de género.

2. REVOCACIÓN DE DONACIONES INTER CONYUGALES POR CAUSA DE INGRATITUD EN LOS SUPUESTOS DE VIOLENCIA DE GÉNERO

Para revocar la donación en favor del cónyuge maltratador a instancia del donante, se acude a las siguientes vías legales: revocación por ingratitud por haber cometido cualquier tipo delito relacionado con la violencia de género, de acuerdo con lo dispuesto en el art. 648.1 del Código civil, específicamente, por haber cometido el donatario algún delito contra la persona, el honor o el patrimonio del donante. En atención a este último inciso podrán ser objeto de revocación las donaciones hechas a favor del esposo que realiza una administración irregular o fraudulenta de los intereses económicos de la donataria o que le provoca deliberadamente una situación de sobreendeudamiento. Asimismo, cabe acudir a la revocación por causa de ingratitud ante la negativa injustificada de prestar alimentos, según lo dispuesto en el art. 648.3 del Código civil, como sucede en los supuestos de violencia económica por impago de la pensión alimenticia o de las cuotas hipotecarias que gravan la vivienda familiar en donde viven los hijos menores. Por último, por haber incurrido en cualquiera de las causas de desheredación que se contemplan en el art. 855 del Código civil.

En cuanto a la causa de desheredación prevista en el art. 855.1 del Código civil, referida al incumplimiento grave y reiterado de los deberes conyugales, la gravedad ha de ser apreciada judicialmente en cada caso. En cuanto a la exigencia legal de la reiteración, esta exigencia legal debe relativizarse en los supuestos de violencia de género, siendo suficiente la concurrencia de un único episodio de violencia de género, debidamente acreditado y suficientemente grave, para admitir la causa revocatoria, teniendo en cuenta que los títulos judiciales hábiles para acreditar haber sido víctima de violencia de género pueden ser, no solo la existencia de una sentencia firme condenatoria, sino también la emisión de una orden de protección o de cualquier otra resolución judicial con la que se acredite la adopción de medidas cautelares a favor de la víctima. Asimismo, basta el informe del Ministerio Fiscal que indique la existencia de indicios de que la demandante es víctima de violencia de género. Asimismo, puede acreditarse a través de títulos no judiciales, cuando todavía no hay un procedimiento penal abierto, por ejemplo, a través de «un informe de los servicios sociales, de los servicios especializados, o de los servicios de acogida de la Administración Pública competente destinados a las víctimas de violencia de género, o por cualquier otro título, siempre que ello esté previsto en las disposiciones normativas de carácter sectorial que regulen el acceso a cada uno de los derechos y recursos», de conformidad con lo dispuesto en el art. 23 LOVG. Lo importante será que se acredite suficientemente que la revocación de la donación obedece a una causa plenamente imputable al donatario. Pero aún, es más, cabe afirmar que no es necesario que se condene penalmente al donatario por la comisión de alguno de los delitos relacionados con la violencia de género, ya que el art. 648.1 del Código civil incluye cualquier conducta reprochable socialmente que ofendan al donante y que pueda llegar a ser tipificada o proyectada como delito y que en sí misma revelen la ingratitud del donatario[28].

El plazo para ejercitar la acción de revocación por ingratitud es de un año según dispone el art. 652 del Código civil. Para los supuestos de maltrato físico o psíquico que conllevan una conducta continuada, la acción de revocación podrá ejercitarse en tanto subsista la conducta lesiva[29].

---

28 Sobre el maltrato de obra o psicológico del donante como causa de revocación BERROCAL LANZAROT, A I.: «El maltrato de obra o psicológico como causa de revocación de la donación por ingratitud», Revista Aranzadi Doctrinal num 1/2026. BIB 20151821.

29 STS 44/2023 de 18 de enero.

3. VIOLENCIA DE GÉNERO Y SOCIEDAD DE GANANCIALES

Lamentablemente no existe ninguna previsión legal que trate la incidencia que la violencia de género tiene en la disolución y liquidación del régimen económico de gananciales, ni siquiera se contempla como causa de su extinción de pleno derecho, pudiéndose plantear la posibilidad de que el maltratador participe de las adquisiciones y ganancias obtenidas por su víctima, al tiempo que no se previene ningún beneficio a favor de ella al momento de proceder a la liquidación de dicho régimen económico matrimonial.

En esta misma línea de argumentación, el art. 1392 del Código civil establece como únicas causas de la disolución de pleno derecho del régimen de gananciales la separación, la nulidad y el divorcio. Ello no obstante, se apunta la posibilidad de que al amparo de lo dispuesto en el art. 544 ter 7º LECr se adopten judicialmente las medidas cautelares necesarias a fin de evitarles un perjuicio, entre cuyas medidas se incluirían todas aquellas mediante las que se garantice que el inculpado no se aproveche de los bienes o rentas de naturaleza ganancial tras producirse la separación de la pareja, entre las que se incluyen las medidas de administración de los bienes gananciales, lo que presupone que el régimen económico no se ha extinguido, de ahí que se haya propuesto la necesidad de incorporar en sede de medidas provisionales, junto a la revocación de los consentimientos y poderes otorgados (art 102 del Código civil), otro tipo de medidas como la extinción del régimen económico como efecto propio de la admisión de la demanda, la suspensión del régimen durante la tramitación del procedimiento o la retroactividad de los efectos de la sentencia una vez sea dictada al momento de la separación de hecho que resulta constatable. Conforme a lo establecido en los arts. 95, 1392 y 1393 del Código civil, la disolución de la sociedad de gananciales se produce tras la firmeza de la sentencia de separación o divorcio[30]. Cuestión diferente es que, a efectos de la liquidación, conforme a reiterada y consolidada jurisprudencia, tras una separación de hecho definitiva y prolongada en el tiempo no pueden integrarse en la sociedad de gananciales los bienes adquiridos con el trabajo e industria de cada uno de los cónyuges sin aportación del otro, cuyas pretensiones cabe rechazar por considerarse abusivas. En este sentido se manifiesta la STS 287/2022 de 5 de abril[31]. El argumento que se esgrime para denegar la reclamación de derechos sobre bienes a cuya adquisición no se ha

30 STS 287/2022 de 5 de abril; STS 136/2020 de 2 de marzo.

31 STS 464/2022 de 6 de junio; STS 297/2019 de 28 de mayo y STS 501/2019 de 27 de septiembre, citadas a su vez por STS 136/2020 de 2 de marzo. Según esta nutrida doctrina jurisprudencial se ha admitido que cuando media una separación de hecho seria y prolongada en el tiempo no se integran en la comunidad de bienes que, conforme a las reglas del régimen económico serían gananciales, en

contribuido, se basa en la consideración «de que la voluntad de separación personal y económica que resulta del comportamiento de ambos cónyuges permite apreciar que nos encontramos ante una previa y significativa separación fáctica con desvinculación personal y patrimonial que hace de difícil justificación [la reclamación] con arreglo a criterios éticos y de buena fe».

Ante la vigencia de la sociedad de gananciales, la única solución posible hasta que no se declare judicialmente la separación, el divorcio o la nulidad del matrimonio, es acudir a la norma contenida en el art. 1393 del Código civil cuando establece la posibilidad de que se solicite judicialmente a instancia de uno de los cónyuges la disolución judicial por llevar separado de hecho más de un año por acuerdo mutuo o por abandono del hogar. También se apunta la posibilidad de acudir a la doctrina del TS sobre la disolución automática en caso de separación de hecho, en tanto que el fundamento de la sociedad de gananciales es la convivencia marital, de la misma manera que el inculpado no puede aprovecharse de ninguna adquisición en la que no participó en tanto que resulta contraria al principio de buena fe y al ejercicio no abusivo de los derechos[32]. Apunta en este sentido VELA SÁNCHEZ[33], que desde que se produce la constatación de la separación de hecho, por ejemplo, por mediar una orden de protección, no existe «ninguna convivencia entre los cónyuges que pudiese dar lugar a adquisiciones gananciales», quedando carente de contenido la presunción de ganancialidad contenida en el art. 1361 del Código civil, sin que pueda exigirse en estos casos la declaración judicial de disolución de la sociedad de gananciales conforme a lo dispuesto en el art. 1393.3º del Código civil. En conclusión, la suspensión de la convivencia conyugal no permite que el agresor reclame los bie-

---

especial cuando se trata de bienes adquiridos con el propio trabajo e industria de cada uno de los cónyuges, sin que haya aportación alguna por parte del otro.

32 En contra, en relación con el caso, se muestra la SAP Va 466/2023 de 21 de noviembre en la que, si bien se determina que la disolución de la sociedad de gananciales se produce cuando se disuelve el matrimonio conforme a la regla general que recoge el art. 1392. 1º del Código civil y en consecuencia, la regla general es que la extinción se produce en la fecha de la sentencia de divorcio, «no obstante el TS ha venido a mitigar el rigor de estas dos reglas considerando que, aunque no haya decisión judicial, en determinados casos debe considerarse extinguida la sociedad de gananciales a la fecha de inicio de la separación de hecho de los cónyuges cuando dicha separación haya dado lugar a una definitiva y prolongada ruptura de la convivencia conyugal y a una vida independiente en lo personal y en lo económico, y ello con fundamento en que la sociedad de gananciales se asiente y sólo tiene sentido en función de la existencia de una comunidad de vida que se quiebra en estos casos. En el mismo sentido y por todas, STS 6-5-2015». En el caso de la litis «no ha transcurrido un tiempo prolongado entre la separación de hecho y la sentencia de divorcio, por lo que no puede considerarse que concurra una definitiva y prolongada ruptura de la convivencia conyugal, sino un mero cese de la convivencia por salida de uno de los cónyuges de la vivienda familiar, lo que es habitual en las crisis matrimoniales como prolegómeno del proceso de divorcio. En el mismo sentido SAPVA 11-1-2021, que cita varias sentencias del Tribunal Supremo en la misma línea».

33 VELA SÁNCHEZ, A.J.: *Las consecuencias*, cit, p.193.

nes adquiridos por el otro después de producirse el cese efectivo de la convivencia, cuanto más cuando este trae su causa en la violencia ejercida.

La jurisprudencia menor ha venido pronunciándose en el sentido de considerar que la fecha de disolución de la sociedad de gananciales o bien coincide con la del auto de alejamiento con efectos automáticos a partir de dicha fecha o bien ha de reconocerse efectos retroactivos al momento en que se haya producido la separación de hecho definitiva[34], siempre y cuando se beneficie a la víctima. Cabe valorar el grave inconveniente que supone siempre para la víctima depender económicamente de su pareja cuando no puede hacerse cargo ella sola de los gastos familiares, lo que provoca que quede a expensas de la voluntad de su agresor o presunto agresor de querer sufragarlos, más aún cuando la deuda se contrae por la víctima y esta carece de recursos económicos propios[35]. En tales supuestos se encuentra legitimada para disponer de dinero ganancial por aquellas cantidades que se hayan empleado al levantamiento de cargas del matrimonio, como las cantidades pagadas en concepto de alquiler cuando haya abandonado la vivienda habitual y de contribución de las cargas de la sociedad de gananciales. Por último, nos planteamos la conveniencia de incorporar algún tipo de sanción dirigida al agresor o presunto agresor al tiempo de liquidar la sociedad de gananciales, en línea con lo dispuesto en el art. 260 del Código de las Familias de la República de Cuba, estableciendo la pérdida del derecho a la parte que le corresponde en la sociedad de gananciales en atención a la valoración que realiza el tribunal sobre la violencia ejercida y sus consecuencias[36]. Desde mi punto de vista, tal posibilidad podría plantearse en los supuestos de crímenes machistas con la finalidad de proteger los intereses económicos de los hijos que han quedado huérfanos de madre para evitar cualquier tipo de conflicto, obligados a liquidar los bienes gananciales con el asesino de su madre, incluyendo la vivienda familiar donde estos residen.

---

34 SAP Madrid (24ª Civil) 26 de abril de 2016 cuando determina que: «...si bien la disolución de la sociedad de gananciales se produce en el momento en que recae sentencia de divorcio [...] no obstante podrá retrotraerse sus efectos al momento en que haya mediado separación de hecho de forma definitiva...pues ya no existía razón de ser y fundamento de la comunidad de gananciales».

35 MONTERO CASILLAS, M.: «El régimen económico de gananciales ante las situaciones de violencia de género», Diario la Ley, Nº 6923, Sección Tribuna, 11 de abril de 2008, LALEY 15866/2008.

36 El precepto dispone: «Artículo 260. Liquidación del régimen económico del matrimonio en casos de discriminación y violencia. Si se ha dictado resolución judicial firme por actos de discriminación y violencia familiar o existen razones fundadas para suponerla durante la vigencia del matrimonio, al momento de la liquidación de la comunidad matrimonial de bienes el agresor pierde su derecho a la parte que le corresponde, en atención a la valoración que realice el tribunal sobre la violencia ejercida y sus consecuencias».

4. VIOLENCIA ECONÓMICA POR RAZÓN DE GÉNERO

El art. 3. a) del Convenio de Estambul define la violencia contra la mujer como «una violación de los derechos humanos y una forma de discriminación contra las mujeres», en la que se incluyen «todos los actos de violencia basados en el género que implican o pueden implicar para las mujeres daños o sufrimientos de naturaleza física, sexual, psicológica o económica, incluidas las amenazas de realizar estos actos, la coacción o la privación arbitraria de la libertad, en la vida pública o privada». Se incluye así la referencia a la violencia económica.

Nuestro ordenamiento jurídico no contempla de forma expresa la violencia económica como una variante más de la violencia de género. La LO 8/2021, de 4 de junio, en el contexto de la Protección Integral de la Infancia y de la Adolescencia, ha incluido la violencia económica entre los supuestos de violencia contra los menores y adolescentes. Esta Ley define la violencia como: «toda acción, omisión o trato negligente que priva a las personas menores de edad de sus derechos y bienestar, que amenaza o interfiere su ordenado desarrollo físico, psíquico o social, con independencia de su forma y medio de comisión, incluida la realizada a través de las tecnologías de la información y la comunicación, especialmente la violencia digital». De la norma se deduce que cualquier conducta u omisión que de forma deliberada o negligente prive al menor de su bienestar económico de forma injustificada e interfiera en su desarrollo físico, psíquico o social, constituye un supuesto de violencia de género, incluyendo, tanto el impago de la pensión de alimentos, como una forma más de violencia contra los menores y adolescentes[37], como el impago de las cuotas hipotecarias que gravan la vivienda familiar en la que viven.

Solo algunas Comunidades Autónomas se han referido a la violencia económica como una manifestación más de la violencia machista. Entre ellas, Ley 13/2010, de 9 de diciembre contra la violencia de género en Castilla León, en su artículo 2.2.d) define la violencia económica como «la privación intencionada y no justificada legalmente de los recursos necesarios para el bienestar físico o psicológico de las mujeres y personas dependientes de las mismas, así como en la discriminación en la disposición de los recursos compartidos en el ámbito familiar o de pareja». En atención a esta norma, se considera violencia económica, tanto las privaciones de recursos económicos intencionadas y no justificadas, como las disposiciones unilaterales que sean desproporcionadas conforme al nivel de vida familiar o utilizadas para su único beneficio, comprometiendo las condiciones de vida y el bienestar tanto de la madre como de sus hijos.

37 SOLÉ RESINA, J.: «Violencia económica contra la mujer. El impago de pensiones y la reparación integral del daño», La Ley Penal, N.º 161, Sección Estudios, marzo-abril 2023, La Ley 3448/2023. p. 2.

De forma más reciente, el art. 5.1.d) de la Ley 11/2022, de 20 de septiembre, contra la Violencia de Género de la Rioja, define la violencia económica como: «La privación intencionada y no justificada legalmente de recursos para el bienestar físico o psicológico de la mujer y de sus hijos o hijas, ya se produzca durante la convivencia o la ruptura, o la discriminación en la disposición de los recursos compartidos en el ámbito de la convivencia de pareja, o los impedimentos y obstáculos intencionados para que la víctima acceda a los recursos, formación y empleo»[38]. Se observa cómo han sido las distintas CCAA quienes han tomado la delantera a la hora de conceptuar y visualizar las distintas formas de violencia económica de género, lo que nos hace reflexionar sobre la necesidad de llevar a la práctica su reconocimiento a nivel estatal.

Conforme a todo lo anterior, la violencia económica se define como aquel conjunto de actuaciones u omisiones de muy distinta naturaleza y manifestaciones, dirigidas a controlar de forma exclusiva la economía familiar durante la convivencia en pareja o tras su ruptura, haciendo que, tanto la mujer como los hijos dependan de las decisiones que el hombre adopte en el ámbito económico, con la finalidad de ejercer un control injustificado legalmente y totalmente desproporcionado, fruto de su posición dominante en el núcleo familiar. Muchas de estas actuaciones u omisiones, cuando son particularmente graves, pueden encontrarse tipificadas penalmente, como sucede en relación con el delito de impago de las pensiones, cumplidos los requisitos del art. 227 del Código Penal; el delito de estafa tipificado en los arts. 248 y art. 250.1º y 7º (estafa procesal) del Código Penal, así como el alzamiento de bienes *ex* art. 258 del Código penal, que consiste en la ocultación de bienes en sede de un procedimiento de ejecución judicial por impago de alimentos con la finalidad de dejar desprotegido al alimentista, presupuesto el deber que incumbe al alimentante de ser veraz en cuanto a su situación patrimonial y de conservar su patrimonio para no frustrar el pago de la pensión[39].

---

38 Asimismo, cabe mencionar el art. 4. Formas de violencia machista de la Ley 5/2008, de 24 de abril, del derecho de las mujeres a erradicar la violencia machista de la Comunidad Autónoma de Cataluña cuando establece que: «Art. 4. e) Violencia económica: consiste en la privación intencionada y no justificada de recursos para el bienestar físico o psicológico de una mujer y, si procede, de sus hijos o hijas, en el impago reiterado e injustificado de pensiones alimenticias estipuladas en caso de separación o divorcio, en el hecho de obstaculizar la disposición de los recursos propios o compartidos en el ámbito familiar o de pareja y en la apropiación ilegítima de bienes de la mujer».

39 Sobre los delitos patrimoniales relacionados con el impago de pensiones alimenticias y sobre la inconveniencia de su tipificación específica en el Código Penal, MARTÍN LÓPEZ, M.T.: «Explorando la violencia económica en la pensión de alimentos», La Ley Derecho de familia, N.º 39, Sección a Fondo, Tercer trimestre de 2023, La Ley 8852/2023.

4.1. *La violencia que se ejerce sobre las mujeres mayores por interacción de una triple discriminación: de género, edad y estado de salud. La violencia de género económica ejercida sobre las mujeres mayores*

Advertido ya de que se incurre en un grave error cuando se parte de un tratamiento homogeneizado en la protección integral, específica y efectiva de las víctimas de violencia de género, es preciso detenerse en la problemática concreta que presenta este tipo de violencia respecto a las mujeres mayores, debiéndose además de insistir en el necesario avance de las políticas públicas para el tratamiento de las violencias machistas respecto a este sector particularmente vulnerable, constituyendo, a día de hoy, uno de los grandes retos por acometer. Se advierte también de la necesidad de que el tratamiento específico de la violencia de género que afecta a las mujeres mayores vaya precedido de un estudio previo detallado, específico e interseccional, tanto por lo que se refiere «al proceso de concienciación como víctimas, como a la información sobre sus derechos, los recursos de protección y los apoyos disponibles»[40]. Este tipo de violencia puede verse incrementada durante la vejez por múltiples factores, entre ellos, por el cambio sustancial producido en la pareja a partir de que se deja de estar activo profesionalmente, pues el aumento del tiempo de la convivencia en el día a día hace que sea más intensa y proclive a la aparición de múltiples conflictos que pueden desencadenar conductas basadas en el control personal, social y económico de la mujer. Este tipo de violencia tiene además condicionantes propios, como son la progresiva pérdida de amigos y familiares junto a la reducción de los apoyos sociales y morales, factores que contribuye a un aislamiento que hace más fácil infringir el maltrato, generando un sentimiento de resignación entre las víctimas[41] que les acerca aún más todavía a su agresor en un ambiente de malos tratos habituales o infringidos de forma continuada.

Apunta MÚRTULA LA FUENTE[42], que, en muchos casos, se trata de una violencia que arrastra un largo historial de conductas basadas en los malos tratos, a lo que añado, ni siquiera identificados en su inmensa mayoría en una sociedad que discriminaba claramente a la mujer, anclada en la inferioridad y subordinación al marido con el correspondiente reflejo legal que en su momento tuvo esta realidad social[43].

40 MURTULA LA FUENTE, V.: *Mujeres víctimas de violencia de género y tutela civil de sus derechos fundamentales*, Tirant lo Blanch, 2024. p. 23.

41 MURTULA LA FUENTE, V.: *Mujeres* ..., cit., p. 20.

42 MURTULA LA FUENTE, V.: «El matrimonio como factor de mayor vulnerabilidad en las mujeres víctimas de violencia de género», El derecho civil ante los retos actuales de la vulnerabilidad personal, Dir. María Victoria Mayor del Hoyo/Sofia de Salas Murillo, Aranzadi, 2024, p. 948.

43 Recuérdese, por ejemplo, que, hasta la Ley 14/1975, de 2 de mayo, sobre la reforma de determinados artículos del Código civil y del Código de Comercio sobre la situación de la mujer casada no desaparecen las licencias maritales y consiguiente reconocimiento legal de su plena capacidad para

Además, son las mujeres mayores quienes han tenido una mayor dependencia económica y emocional de sus maridos, así como una mayor presión social y familiar para desempeñar su tradicional papel de cuidadoras, creando un sentimiento de culpabilidad cuando intentan escapar de esta expectativa. Esto hace que sean particularmente resilientes a los malos tratos que tienen interiorizados.

Resulta importante destacar cómo la violencia de género afecta sobremanera a las mujeres mayores porque son ellas en quienes concurre la combinación de varios factores que agravan su situación de vulnerabilidad frente a esta particular forma de violencia. Estos factores son: el género, la edad y estado de salud en situaciones de dependencia y/o discapacidad.

Como pone de relieve la LOGILS la «Ley Orgánica adopta la interseccionalidad como concepto básico para describir las obligaciones del Estado frente a las discriminaciones y su impacto. La discriminación por motivo de género está unida de manera indivisible a otros factores de discriminación como la discapacidad, el origen racial o étnico, la orientación sexual, la identidad sexual, la clase social, la situación administrativa, el país de procedencia, la religión, la convicción u opinión o el estado civil». Se afirma que la discriminación interseccional es: «aquella que se basa en una combinación de dos o más características diferentes, por ejemplo, edad, género y discapacidad. Esta combinación crea una forma única de discriminación que sufre cada mujer y debe ser tenida en cuenta para comprender las intervenciones a desarrollar, según edades, según discapacidades o según intensidades, presencias o ausencias de determinadas variables»[44].

Lamentablemente son escasos los estudios que específicamente se centran en la repercusión que la violencia de género tiene en este concreto colectivo[45] más propenso a sufrir distintas formas de violencia[46], ya sea emocional, económica, física o sexual,

---

intervenir en el tráfico económico y jurídico. La aprobación de la Ley 11/1981, de 13 de mayo, de modificación del Código civil en materia de filiación, patria potestad y régimen económico, consagra ya el principio de cotitularidad y coejercicio de la patria potestad en igualdad de condiciones de los progenitores respecto a los hijos menores comunes.

44 SLEAP, B.: «Tenemos las mujeres los mismos derechos. ¿Qué dicen las mujeres adultas mayores sobre su derecho a la no discriminación, a la igualdad, a vivir libres de violencia, abuso y negligencia en la vejez?, Londres, HelpAge International, 2017, «https://www.helpage.org/silo/files/tenemos los-mismos-derechos-pdf», p. 5.

45 La OMS recomienda algunas medidas para subsanar la falta de datos, teniendo en cuenta que las mujeres mayores representan actualmente el 10 % de los datos totales sobre la violencia contra las mujeres. Entre estas medidas se incluye la ampliación del límite de edad para participar en las encuestas e incorporar preguntas sobre diferentes tipos de violencia. En los dos informes, *Measuring violence against older women* y *Measuring violence against women with disability*, se hace hincapié en que las mujeres mayores, las mujeres con discapacidad y las organizaciones que las representan deben participar en todas las fases y aspectos del diseño y la ejecución de las encuestas, a fin de garantizar que estas sean apropiadas y fáciles de utilizar. Formatos tales como Braille o EasyRead pueden ampliar la accesibilidad.

46 El derecho a la igualdad jurídica real y efectiva de las personas mayores en el ámbito de las actuaciones procesales ha sido el fundamento de la incorporación del apartado 3 bis del art. 7 LEC, así

además de enfrentarse a riesgos específicos relacionados con su concreto estado de salud, en situaciones de enfermedad, dependencia o discapacidad psíquica, vinculadas con la avanzada edad, entre los que puede mencionarse la falta de atenciones o la retirada de medicamentos o de dispositivos de asistencia.

Se afirma que la violencia sobre las mujeres mayores de sesenta y cinco años es una violencia oculta y a la vez ocultada[47]. Oculta porque las víctimas no han sido capaces de tomar conciencia de lo que es violencia de género, incapaces de identificar determinadas conductas por encontrarse sumidas en la cultura de los cuidados de los hijos, de los padres e incluso de los nietos que, en muchos casos, supone una sobrecarga de trabajo a la vez que una notable pérdida de su autonomía personal, así como de oportunidades para promover su propio desarrollo personal. Ocultada, no solo por los escasos estudios que existen sobre las repercusiones que la violencia de género tiene sobre este colectivo, sino porque se ha constatado el bajo porcentaje de mujeres al acceso a los apoyos institucionales, a los servicios sociales en general, así como a los servicios especializados de atención a la violencia de género. A todo ello se suma la tendencia generalizada a la invisibilización de este problema social en las políticas tanto públicas como privadas[48].

---

como del apartado 3 bis del art. 183, ambos de la LEC, con motivo de la reforma operada por el Real Decreto Ley 6/2023, de 19 de diciembre, por el que se aprueban las medidas urgentes para la ejecución del Plan de Recuperación, Transformación y Resiliencia en materia de servicio público de justicia, función pública, régimen local y mecenazgo. En el apartado tercero del art. 7 bis, relativo a los ajustes para personas con discapacidad y personas mayores, se dispone que en los procesos en los que participen personas mayores que lo soliciten y, en todo caso, personas mayores de ochenta años o más, se realizarán las adaptaciones y los ajustes que sean necesarios para garantizar su participación en condiciones de igualdad. Se consideran personas mayores las personas con sesenta y cinco años o más. Para las personas a partir de los ochenta años, estas adaptaciones y ajustes se realizarán a petición de la persona interesada o de oficio por el propio tribunal. Las adaptaciones se realizarán en todas las fases y actuaciones procesales en las que resulte necesario, incluyendo los actos de comunicación, y podrán venir referidas a la comunicación, la comprensión y la interacción con el entorno. Es sabido que las personas mayores tienen derecho a entender y ser entendidas en cualquier actuación que deba llevarse a cabo, pudiendo estar acompañadas de una persona de su elección desde el primer contacto con las autoridades y funcionarios.

El art. 183.3.bis LEC dispone que: «Art. 183. 3 bis. Solicitud de nuevo señalamiento de vista u otros actos procesales. Si una de las partes o de las personas que han de intervenir en la vista es una persona con una edad de ochenta años o más, podrá solicitar y así se acordará por el letrado o la letrada de la Administración de Justicia que se practique el señalamiento en las primeras horas de audiencia o bien en las últimas, en función de las necesidades de la persona afectada».

Ambas medidas forman parte del proceso de concienciación judicial para lograr una justicia inclusiva, atenta a las necesidades tanto de las personas de edad avanzada como de las personas con discapacidad.

47 HERNANDO GÓMEZ, M, LAESPADA MARTÍNEZ, M.T.: «Víctimas de violencia de género mayores de sesenta y cinco años: análisis interseccional de vulnerabilidades y nuevas formas de maltrato», Zerbitzuan: Gizarte zerbitzuetarako aldizkaria/Revista de servicios sociales, N.º 75, 2021, pp. 6-7.

48 HERNANDO GÓMEZ, M, LAESPADA MARTÍNEZ, M.T. cit, p. 8.

Uno de los mecanismos más frecuentes a través del cual se infringe violencia de género se manifiesta mediante el control económico no justificado que se ejerce por las parejas a través de distintas formas de abusos patrimoniales propiciados, como hemos dicho, por la edad, el estado de salud o la situación de dependencia económica. Como apuntábamos, son muchas las mujeres mayores que han dependido económicamente de sus maridos a lo largo de toda su vida asumiendo más intensamente los roles tradicionales de género, de gran impacto, tanto en el ámbito de sus relaciones de pareja como en sus relaciones con los hijos, lo que les coloca en la posición de asumir mayores riesgos de padecer violencia económica[49].

El *Estudio sobre las mujeres mayores de 65 años víctimas de violencia de género* realizado por la Delegación del Gobierno sobre violencia de género en 2019[50], apunta algunas de las principales conductas constitutivas de violencia económica que consisten en impedir a la mujer tomar decisiones relacionadas con la economía familiar; la realización de compras de manera independiente; no facilitarles dinero para sufragar los gastos de la casa, apropiarse de su dinero y/o los bienes recibidos incluso por vía de herencia o realizar maniobras de descapitalización o despatrimonialización. La descripción enunciativa de este tipo de conductas nos da buena muestra de algunos de los supuestos de violencia económica ejercida sobre las parejas, exparejas, hijos e hijas, con evidentes elementos en común en relación con aquellas mujeres en quienes concurre la interacción entre sexismo y edadismo[51].

4.2. *La violencia económica sobre las parejas, exparejas, hijos e hijas*

La violencia económica sobre la pareja es una manifestación más de violencia de género[52] que puede persistir tras la ruptura de la convivencia, dado que cuando hay

---

49 La brecha de desigualdad económica entre mujeres y hombres es todavía hoy una realidad. En España, la tasa de actividad de las mujeres en el cuarto trimestre de 2022 se sitúa en 10 puntos por debajo de la de los hombres, y la tasa de paro es 3,3 puntos superior. La brecha salarial por cómputo anual en 2020, según datos del Instituto Nacional de Estadística, es del 18,7%: las mujeres cobran de media 22.467,5€ frente a los 27.642,5€ de los varones. Además, la pensión media total de las mujeres en el mes de diciembre de 2022 ha sido de 887,4€ al mes, lo que supone un 67% de la pensión media de los hombres.

50 Este informe ha sido promovido y coordinado por la Delegación del Gobierno para la Violencia de Género y realizado por Cruz Roja Española (Juan Aycart, Susana Gende y Graciela Malgesini, Silvina Monteros, y Margarita Nebreda) con apoyo de la Universidad Carlos III de Madrid (Pilar Gil, Aurea Gránea y Pilar Romera).

51 DAMONTI, P, ITURBIDE RODRIGO, R, AMIGOT LEACHE, P, *Violencia contra las mujeres mayores. Interacción del sexismo y edadismo*, Instituto Navarro para la Igualdad, Pamplona, noviembre, 2018.

52 Se apunta a que en el ámbito familiar la violencia económica no tiene porque ser constitutiva de violencia de género ya que puede producirse entre otros miembros de la familia, como por ejemplo,

hijos menores comunes al matrimonio, la vinculación económica con la pareja se mantiene de forma indefinida, siendo una de sus principales manifestaciones el impago de la pensión de alimentos por parte del progenitor no custodio, obligando a la madre a costear en exclusiva las necesidades básicas de la familia. No cabe olvidar que la realidad, todavía imperante, es que son las madres quienes asumen mayoritariamente los cuidados de los hijos, y que, en general, quienes tienen salarios más bajos por elegir jornadas de trabajo reducidas que les permitan conciliar la crianza y cuidado de los hijos con el desempeño de su trabajo o profesión, teniendo muchas más probabilidades de tener peores condiciones económicas tras producirse la ruptura de la pareja.

En estos últimos años estamos asistiendo al reconocimiento normativo y jurisprudencial, de que la violencia económica está tomando un mayor calado social y mediático[53], a través del cual se muestra su naturaleza multiforme al englobar un conjunto de comportamientos diversos, que han pasado desapercibidos, e incluso no han podido ser identificados hasta hace relativamente poco tiempo. La violencia económica sobre la pareja o expareja no se contempla en la LOVG, si bien ha sido reconocida legalmente en algunas normativas autonómicas[54], sin que haya habido modificaciones en el Código Penal para una tipificación autónoma. La enumeración de conductas u omisiones constitutivas de violencia económica en el ámbito familiar puede ser muy amplia y variada, aunque lamentablemente muchas de ellas, han pasado inadvertidas y ni siquiera hoy resultan plenamente identificables en una sociedad como la nuestra, en la que persiste un rol social muy arraigado por el que se asigna todavía al hombre la función de mantener económicamente a la familia.

---

entre ascendientes y descendientes, pero resulta muy habitual que se produzca en el ámbito de la pareja o ex pareja, adquiriendo una evidente perspectiva de género, aunque no de forma excluyente. En este sentido, TENA PIAZUELO, I, «Violencia económica por deudas de alimentos y su incidencia en las relaciones parentales", Revista de Derecho Civil, vol. XI, núm. 2 (abril-junio), 2024, p. 44.

53 CASADO CASADO, B.: «Violencia económica y relaciones en pareja. Los efectos de una violencia soterrada (1)», Actualidad Civil, Nº 1, Sección Familia y Sucesiones, enero, 2024, LA LEY 2835/2024, p.1.

54 La Ley andaluza 7/2018 de 30 de julio, de modificación de la Ley 13/2007 de 26 de noviembre, de medidas de prevención y protección integral contra la violencia de género. En su art. 3.3. d) la define como: «la privación intencionada y no justificada legalmente de recursos, incluidos los patrimoniales, para el bienestar físico y psicológico de la víctima, de sus hijos e hijas o de las personas de ellas dependientes, o la discriminación de recursos que les correspondan legalmente o el imposibilitar el acceso a la mujer al mercado laboral con el fin de generar dependencia económica». En términos similares se muestra el art. 4.2. e) de la Ley catalana 5/2008, de 24 de abril, sobre el derecho de las mujeres a erradicar la violencia machista en Cataluña, así como el art. 3.4 de la Ley valenciana 7/2012, de 23 de noviembre, integral contra la violencia contra la mujer, en la que se declara que «constituye violencia económica, a efecto de esta ley, toda limitación, privación injustificada legalmente o discriminación en la disposición de los bienes, recursos patrimoniales o derechos económicos, comprendido en el ámbito de convivencia de la pareja o en los casos de ruptura de la relación».

Se define como aquella privación o restricción intencionada y no justificada legalmente de los recursos económicos necesarios para garantizar un mínimo de bienestar de las madres y los hijos/as comunes, que encuentra entre sus manifestaciones más comunes, el impago de la pensión de alimentos y de las cuotas hipotecarias que gravan la vivienda familiar. Esta violencia económica tiene un gran impacto psicológico en las mujeres y en sus hijos/as, combinada, muy probablemente, con otras formas de violencia machista. Entre las manifestaciones más comunes de la violencia económica, cabe referirse a la negativa injustificada a realizar gastos familiares ordinarios, generando situaciones de auténtica necesidad para la mujer y para los hijos/as; impedir que la mujer desempeñe un trabajo o una profesión con la finalidad de que no consiga ser autónoma y autosuficiente, controlar su salario, sus cuentas, conductas de manipulación persistente hasta conseguir inscribir sus bienes a nombre del marido, obligarlas a trabajar en la empresa familiar sin retribución y sin derechos laborales, y, en general, imposibilitar su participación en la toma de decisiones relacionadas con la planificación y organización de la economía familiar, generando una situación de auténtica dependencia económica.

Se incluyen los abusos económicos con la finalidad de aprovecharse económicamente de la mujer mediante la perpetración de distintos delitos patrimoniales como apropiaciones indebidas, administración desleal, coacciones y chantajes económicos dirigidos a aceptar acuerdos económicos inaceptables con la finalidad de hacerla económicamente dependiente o ejercer un control económico que se ha visto ampliamente propiciado por el uso masivo de la tecnología digital. Asimismo, contraer deudas sin el consentimiento de la pareja, celebrar contratos que les afectan sin conocerlo, limitar el acceso a los bienes o al dinero, no incluir a la mujer en las titularidades de las cuentas bancarias, negarle la información necesaria para conocer la situación económica familiar, hacer mal uso de los recursos económicos compartidos, otorgar poderes extralimitándose de las funciones o apropiarse de recursos económicos privativos de la mujer, son algunos de los supuestos que constituyen violencia económica en el ámbito de la pareja.

Recientemente los Tribunales están reconociendo este tipo de violencia, si bien en los supuestos acusadamente más graves en los que se produce una auténtica «dilapidación» patrimonial de género, por lo que terminamos este punto haciendo alusión a un supuesto de violencia económica dirigida exclusivamente a despatrimonializar a la mujer vinculada a otras formas de violencia que desemboca en una situación de total degradación.

Así, resulta extremadamente esclarecedor el supuesto que da origen a la TSJ País Vasco (Sala de lo Civil y Penal, Sección 1ª), número 20/2024 de 20 de febrero, en la que se resuelve el recurso de apelación contra la SAP de Guipúzcoa (Sección 3ª) 293/2023 de 27 de noviembre. La cronología de los hechos es la siguiente: el condenado por sentencia firme por un delito de violencia de género continuado previsto en el art. 173. 2 y 3 del CP, conoció a su esposa durante un viaje de esta a Túnez, contrayendo matrimonio en dicho país el 8 de enero de 2010, fijando como régimen económico el régimen de separación de bienes. El acusado mantuvo su residencia en Túnez hasta que se desplazó a España para establecerse a vivir con ella en su casa, libre de cargas. El matrimonio se sufragaba solamente con el sueldo de la esposa. En el año 2010, fue diagnosticada de un trastorno bipolar, situación que se fue agravando entre finales de 2014 principios de 2015, con motivo de encontrarse en una situación de incapacidad laboral temporal. El esposo, aprovechándose de esta situación que progresivamente iba empeorando, comenzó a gestionar de manera exclusiva el patrimonio de su esposa en su propio beneficio, lo que impedía hacer frente a las necesidades personales más básicas de su esposa como las alimenticias y de salud, como la compra de medicamentos. En este contexto convenció a su esposa para pedir un crédito hipotecario por un importe de 51.000 euros, para solicitar después un segundo préstamo hipotecario por un importe de 165.000 euros que se depositaron en una cuenta indistinta a nombre de ambos cónyuges y cuyo importe se destina a la compra de una casa que escrituró a su nombre, haciendo constar que el régimen económico era de separación de bienes. En 2016 formaliza otro crédito por un importe de 42.000 euros, pidiendo nuevamente un préstamo personal por un importe de 13.000 euros, apareciendo como titular de varios vehículos de BMV, camión frigorífico y Toyota Celica. En 2016 compra dos perros de gran tamaño, un bóxer y un mastín, que trasladó al domicilio familiar, para poco tiempo después empadronarse en la vivienda de su exclusiva propiedad, comenzando una relación sentimental con otra mujer, acudiendo puntualmente al domicilio familiar para procurar alimentos a su mujer consistentes en bocadillos dejando el frigorífico y la despensa vacíos. El acusado impedía a su mujer relacionarse, pues las llamadas de familiares e instituciones para supervisar su estado eran contestadas por el acusado, manifestando que estaba enferma y que todos los asuntos los tratasen con él directamente. Las sucesivas quejas del vecindario dan lugar a la intervención de la policía municipal, que procedió al precinto de la vivienda pasando a vivir en el garaje, procediéndose a su ingreso en psiquiátrico a petición de su hermano. Sus padres promueven el expediente de jurisdicción voluntaria para el nombramiento de un administrador de su patrimonio y sus bienes.

De los hechos descritos se deduce la existencia de una escalada de violencia económica derivada de un delito de apropiación indebida por administración desleal, acompañada de un delito de malos tratos habituales y psicológicos que genera una situación de degradación absoluta de la víctima a la que se pone fin gracias a la intervención de sus familiares y vecinos que dan la voz de alarma. En palabras del Tribunal: «Lo descrito en la sentencia no es una pluralidad de hechos que integran una situación típica única sino un elenco de hechos que conforman plurales situaciones típicas que se encuentran vinculadas por un designo doloso único: dilapidar al antojo del acusado el patrimonio de la Sra. Gloria. Estamos, por lo tanto, ante plurales delitos que la ley penal, en atención, precisamente, a la voluntad criminal única –ejecución de un plan preconcebido– considera como una continuidad delictiva que integra una infracción única sujeta al régimen específico previsto en el artículo 74.1 y 2 del Código Penal (por todas la varías veces referida STS 625/2023 de 19 de julio de 2023)».

En concepto de responsabilidad civil, el condenado indemnizará a su esposa la cantidad la cantidad de 421.876,39 euros en concepto de indemnización de daños y perjuicios materiales provocados por el delito continuado de apropiación indebida y de 15.000 euros en concepto de daños morales. Ambas cantidades devengarán el interés previsto en el artículo 576.LEC desde la fecha de la sentencia. Vista la gravedad de los hechos y el alcance del daño producido se comprende la dificultad que conlleva la reparación integral y efectiva de la víctima.

4.2.1. El impago de la pensión de alimentos y consiguiente generación de un estado de necesidad tanto para los hijos como para la madre que se responsabiliza exclusivamente de su sustento económico. El derecho a la asistencia económica de los miembros de la unidad familiar

Tras el cese de la convivencia en pareja pueden darse múltiples ocasiones de violencia económica, como aquella que se produce a través de la suscripción de convenios reguladores gravemente perjudiciales, mediante el sistemático incumplimiento de estos o través de la obstaculización de la contratación por parte de la mujer con terceros, como sucede cuando se entorpece la venta de un inmueble común que puede reportar beneficios económicos para ambos[55]. Uno de los supuestos más frecuentes de violencia económica tras la ruptura de la pareja lo constituye el impago de las pensiones alimenticias de los hijos/as como instrumento que se utiliza para seguir controlando a la expareja. El hecho de trasladar a la madre toda la responsabilidad de mantener a los hijos comunes, provoca un perjuicio económico en tanto que finalmente los gastos acaben recayendo exclusivamente en las madres con la sobrecarga económica que ello conlleva.

La postura mantenida por el TS ha sido clara y contundente a la hora de calificar el impago de la pensión de alimentos como un delito de abandono de familia tipificado en el art. 227 del Código Penal. En este sentido, cabe destacar la STS 557/2020 de 20 de octubre[56], en la que se sostiene que la persona agraviada a la que se refiere el

---

55 CASADO CASADO, B.: «Violencia», cit. pp. 13 y 14.

56 El progenitor, mayor de edad y sin antecedentes penales, habiéndose dictado sentencia por el Juzgado de Primera Instancia en fecha 13 de diciembre de 2003, en la que se establecía que abonará la cantidad mensual de 150 euros para su hijo mayor de edad, Hernán, actualizable anualmente me-

art. 228 del Código Penal, incluye tanto a los titulares o beneficiarios de la prestación económica debida, como al progenitor que convive con los hijos mayores de edad, que es quien sufraga los gastos no cubiertos por la pensión de alimentos impagada, y ello porque los mismos, tal y como se ha reconocido de forma reiterada la Sala de lo Civil del TS, tienen un interés legítimo digno de protección. Además, en dicha sentencia se pone de manifiesto que: «no existe duda de que el progenitor conviviente con el alimentista es una de las personas que soporta las consecuencias inmediatas de la actividad criminal, llevada a cabo por el otro progenitor que impaga la pensión alimenticia a los hijos, por lo que debe ser considerado agraviado a los efectos de tener legitimación para formular la preceptiva denuncia e instar así su pago en vía penal». En cuanto a la posibilidad de que el alimentista mayor de edad pueda convalidar en sede judicial la denuncia formulada por su progenitor, la posición prácticamente unánime de las Audiencias Provinciales es precisamente su reconocimiento, como sucede en la SAP Tenerife (Sección 6ª) 78/2020, de 20 de marzo.

Resulta obligado referirse a la STS de la Sala de lo Penal 239/2021 de 17 de marzo[57], Ponente Magro Servet, ya que supuso un importante avance en el reconocimiento de la violencia económica, condenando al padre por un delito de alzamiento de bienes con ocultación de bienes para dificultar el cobro de las deudas por impago de pensiones alimenticias, declarando que: «El incumplimiento de la obligación del pago de la pensión de alimentos puede configurarse como una especie de violencia económica, en tanto el progenitor que por resolución judicial tiene que abonar la pensión de alimentos, tiene una obligación moral y natural para con sus hijos, a los que deja en un estado de necesidad, obligando a la progenitora custodia a cubrir las necesidades que no cumple el otro progenitor, por lo que se ejerce una doble victimización, a los hijos que no reciben los alimentos y al progenitor que debe sustituir al obligado a prestarlos, que incumple. Así cuando el progenitor no custodio incumple el pago de la pensión de alimentos, obliga a la mujer, que tiene la custodia de los hijos menores, a ser la única que se encarga y responsabiliza del sustento económico de los hijos, dando lugar a que tenga un mayor empobrecimiento, afectando a su salud psicológica cuando carece de recursos para ello, obligándola a acudir a la vía judicial para que se restablezca la situación y a que vea reducidas sus propias

---

diante el índice de precios al consumo, en concepto de alimentos para subvenir las necesidades de su hijo. Desde el 10 de octubre de 2008 y hasta la actualidad no ha abonado cantidad alguna a favor de su hijo en dicho concepto, teniendo capacidad económica para realizarlo. Tal situación ha sido denunciada en fecha 30/12/2016 por Rosario (madre de Hernán), y ratificada por éste en sede judicial. Antes de acudir a la vía penal por la denunciante se ha instado el abono de las pensiones alimenticias atrasadas en un procedimiento de ejecución forzosa de familia.

57 En ella se resuelve un recurso de casación en relación con la condena de la Audiencia Provincial de Palma por un delito de abandono de familia por el impago de las pensiones alimenticias (art. 227 del Código Penal) y por un delito de alzamiento de bienes del art. 257 del Código Penal.

necesidades para cubrir la de sus hijos. En estos casos, se puede entender que existe violencia económica en tanto se puede concluir, que el progenitor no custodio no abona la pensión de alimentos de forma voluntaria, contando con capacidad económica, intentando causar un perjuicio económico a la madre custodia, consistiendo en otra forma de manipulación». En idéntico sentido pone de manifiesto que: «si no se satisface la pensión alimenticia en la cuantía que se estipuló en convenio o resolución judicial, será el progenitor que se queda con ellos en custodia quien tiene que sustituir con su esfuerzo personal, como hemos expuesto, el incumplimiento del obligado, con lo que, al final, se ejerce una doble victimización, a saber: sobre los hijos como necesitados de unos alimentos que no reciben, y sobre el progenitor que debe sustituir al obligado incumplidor por tener que cubrir los alimentos que no presta el obligado a darlos».

Como señala la Sala en la STS 239/2021 de 17 de marzo, el impago de estas mismas pensiones por parte del padre perjudica directamente a la madre, que ve limitados sus recursos económicos porque debe mantener ella sola a sus hijos e hijas, con las privaciones que ello puede conllevar, por lo que es también una manifestación de violencia de género contra la mujer, y que a menudo responde a la finalidad de mantener o someter a la mujer al control económico (dependencia) del hombre. Además, declara que el impago de la pensión de alimentos supone «un grave y serio perjuicio en los acreedores de esta pensión, al no recibir el sustento económico fijado judicialmente para atender lo que constituye en esencia el concepto de alimentos del art. 142 CC (todo lo que es indispensable para el sustento, habitación, vestido y asistencia médica) que viene a ser la esencia y objetivo de la "prestación económica" que cita el art. 227 CP a favor del cónyuge y/o sus hijos, que no es otra cosa que la supervivencia de los necesitados de esa pensión, cuestión que parecen desconocer interesadamente los incumplidores de esta obligación que debería ser más moral que legal, como ya se expuso por esta Sala en la Sentencia del Tribunal Supremo 239/2021 de 17 Mar. 2021, Rec. 2293/2019».

El bien jurídico protegido es el derecho de asistencia económica de los miembros que conforman la unidad familiar, habiendo sido calificada como una deuda líquida, vencida y exigible que no puede ser objeto de compensación por decisión unilateral del deudor, toda vez que los meros retrasos en el pago o inexactitudes en el mismo suponen en sí mismos la comisión del delito. El impago, ya sea total, parcial o tardío, perjudica económicamente al otro progenitor en tanto se ve obligado a sufragar la totalidad de los gastos que resultan indispensables para afrontar la manutención, educación, alojamiento, vestido y asistencia sanitaria de los hijos comunes, toda vez que puede ir acompañado del impago de otro tipo de compensaciones, como la pensión compensatoria (art. 97 del Código civil) o la compensación económica por razón del trabajo desempeñado en el hogar conforme a lo dispuesto en el art.1438 del Código civil en sede del régimen económico de separación de bienes.

El incumplimiento es injustificado cuando el obligado tiene capacidad económica suficiente para hacerse cargo del pago y se omite con la intención de asfixiar económicamente a la madre bajo cuya custodia quedan los hijos, a menudo a modo de venganza por haberse separado o divorciado, por haber obtenido la custodia exclusiva de sus hijos y por vivir con ellos en el domicilio familiar. Por otra parte, la práctica también habitual que consiste en demorar el pago de estas pensiones o de los gastos extraordinarios, constituye igualmente una forma más de controlar económicamente a la expareja, que consiste básicamente en el señalamiento unilateral del momento del pago a modo de: «voy a pagarte cuando quiera, mientras tanto, pagas tú». Esta conducta obliga a la madre a anticipar cantidades de las que no dispone promoviendo su endeudamiento.

El art. 227.3 del Código Penal dispone que: «3. La reparación del daño procedente del delito comportará siempre el pago de las cuantías adeudadas». Sin embargo, la reparación integral del daño ocasionado con motivo del impago de los alimentos se encuentra limitada por la imposibilidad de solicitar el pago con carácter retroactivo, ya que solo procede el pago de los alimentos debidos y no pagados que no hayan prescrito, sujeto al plazo de prescripción de cinco años según establece el art. 1966 del Código civil. Por otro lado, en virtud de lo establecido en el art. 148 del Código civil, los alimentos se abonan a partir de la fecha de interposición de la demanda.

Para paliar la situación de necesidad derivada tanto del impago de alimentos como de su cumplimiento demorado, se crea el Fondo de Garantía del Pago de Alimentos regulado en el Real Decreto 1618/2007, de 7 de diciembre, sobre organización y funcionamiento del Fondo de Garantía del Pago de Alimentos. Por su parte, la disposición final 9.16 de la LOGILS dispone que: «En el marco de la protección contra la violencia económica en los términos de esta Ley, el Estado garantiza el pago de alimentos reconocidos e impagados a favor de los hijos e hijas menores de edad en convenio judicialmente aprobado o en resolución judicial, a través de una legislación específica que concretará el sistema de cobertura en dichos supuestos y que, en todo caso, tendrá en cuenta las circunstancias de las víctimas de violencia de género. Para reforzar las medidas de apoyo a las víctimas de violencia económica, el Gobierno modificará la regulación actual del Fondo de Garantía de Pensiones en el sentido de mejorar su accesibilidad, su eficacia y su dotación económica, a través de la modificación del Real Decreto 1618/2007, de 7 de septiembre, sobre organización y funcionamiento del Fondo de Garantía del Pago de Alimentos».

Hay que apuntar que, para tener derecho a los anticipos a cuenta del pago de los alimentos, la unidad familiar en la que se integre el hijo o la hija menor o con el grado de discapacidad exigido legalmente, no debe superar el límite de ingresos del

1,5 del IPREM, solo por un hijo, incrementado en 0,25 por cada hijo, de forma que el coeficiente será 1,75 si hubiera dos hijos en la unidad familiar, 2 si hubiera tres hijos, y así sucesivamente (art. 6). Según lo dispuesto en el art. 8 del Real Decreto, la cuantía máxima del anticipo a percibir por un beneficiario se establece en 100 euros mensuales. Si la Unidad familiar estuviera integrada por varios beneficiarios este límite operará para cada uno de ellos, percibidos durante un período máximo de 18 meses. La solución de mínimos que se adopta es totalmente insuficiente.

Ante el impago de la pensión de alimentos puede solicitarse judicialmente la adopción de la medida cautelar prevista en el art. 158.1 del Código civil, en la cual se dispone que el Juez, de oficio o a instancia del propio hijo, de cualquier pariente o del Ministerio Fiscal, dictará: 1.º Las medidas convenientes para asegurar la prestación de alimentos y proveer a las futuras necesidades del hijo, en caso de incumplimiento de este deber, por sus padres. Entre dichas medidas se encuentra el embargo preventivo de ingresos, retribuciones, rentas de las que sea titular el progenitor incumplidor, con la finalidad de garantizar la prestación de alimentos y la satisfacción de las necesidades futuras de los menores. A este respecto cabe recordar que el art. 607 LEC señala que es inembargable «el salario, sueldo, pensión, retribución o su equivalente, que no exceda de la cuantía señalada para el salario mínimo interprofesional». Sin embargo, el art. 608 LEC, referido a la ejecución por condena a la prestación alimenticia dispone que: «Lo dispuesto en el artículo anterior no será de aplicación cuando se proceda por ejecución de sentencia que condene al pago de alimentos, en todos los casos en que la obligación de satisfacerlos nazca directamente de la Ley, incluyendo los pronunciamientos de las sentencias dictadas en procesos de nulidad, separación o divorcio sobre alimentos debidos al cónyuge o a los hijos o de los decretos o escrituras públicas que formalicen el convenio regulador que los establezcan. En estos casos, así como en los de las medidas cautelares correspondientes, el tribunal fijará la cantidad que puede ser embargada».

Por último, hay que señalar que la STS 242/2024 de 17 de enero deja abierta la posibilidad de reclamar el daño moral que genera el impago de la pensión alimenticia durante largos períodos o de forma deliberadamente impuntual. En la misma se declara expresamente que en caso de: «probarse debidamente la existencia de un daño moral en el impago de pensiones, podría ser reclamable un daño moral por la situación de ansiedad, zozobra, preocupación por no saber cómo alimentar el progenitor acreedor a sus hijos/as, también acreedores de su pensión, y las consecuencias que se derivan de no atender el pago de una obligación de sostenimiento económico por el obligado en virtud de resolución judicial». En esta sentencia de pone de manifiesto que existe violencia económica cuando el hombre ejerce un control total sobre la gestión y el manejo de los recursos económicos.

4.2.2. La STC 2/2024 de 15 de enero por la que se resuelve un recurso de amparo contra las resoluciones judiciales que, al fijar la pensión de alimentos en un porcentaje de unos ingresos desconocidos, no satisfacen la motivación reforzada que exige el interés superior del menor

La Sala Primera del TC en STC 2/2024 de 15 de enero[58] concede amparo a una madre que denunciaba sin éxito que los juzgados habían obligado a su expareja a pagar un 10% de sus ingresos y no una cantidad fija, respecto a un padre que llevaba casi diez años en paradero desconocido. El supuesto que se analiza, hoy en día tan inverosímil como cierto, se refiere a una mujer que se había divorciado contenciosamente de su marido en 2015. El matrimonio tenía tres hijos en común, uno de ellos todavía menor de edad cuando se celebró el juicio. El marido, ilocalizable durante años, no compareció ante el Juzgado que asumió el caso sin que pudiera averiguarse ni su nivel de ingresos ni su paradero. Durante el matrimonio el marido era el único que aportaba ingresos estables a la familia, mientras que la mujer, ocasionalmente, ejercía como trabajadora del hogar y como cuidadora de niños y personas enfermas.

La madre reclamaba del padre el pago de 100 euros mensuales por cada uno de los hijos para cubrir sus necesidades básicas o en concepto de manutención, habitación, higiene y educación. Declarado en rebeldía, ambas instancias –Juzgado de Primera Instancia y de instrucción de Getafe y Audiencia Provincial de Madrid (Sección vigésimo cuarta)– determinan que: «Ambos cónyuges contribuirán al levantamiento de las cargas familiares abonando el esposo como alimentos de su hijo el 10 por 100 de sus ingresos mensuales, abonables antes de los cinco primeros días de cada mes, ajustándose anualmente a partir del año siguiente al de la presente sentencia tal cantidad al IPC que publique el INE, computándose como contribución de la esposa al levantamiento de las cargas familiares su dedicación al cuidado del hijo común». Contra la Sentencia de la Audiencia Provincial de Madrid se interpone recurso de casación por interés casacional[59] y recurso extraordinario por

58 «BOE» núm. 45, de 20 de febrero de 2024, páginas 20248 a 20265.

59 «En cuanto al primero de ellos, y con invocación del art. 477 LEC, se denunció la infracción del artículo 39 CE y los arts. 93, 142, 144, 146 y 147 del Código civil (CC), puesto que «no se ha realizado en el presente caso el juicio de proporcionalidad que la normativa vigente exige para la concesión de una pensión de alimentos a favor de los hijos, así como la doctrina jurisprudencial del Alto Tribunal»; que no se ha tenido en cuenta la necesidad de los menores, «sobre todo en cuanto a educación, alimentación y sanidad, gastos todos esenciales para su desarrollo. Al no conocer los ingresos del demandado ni siquiera es posible determinar pensión alguna, ya que establece un porcentaje sobre los ingresos desconocidos del progenitor no custodio», lo que «genera inseguridad jurídica para el menor, indefensión y vulneración de su derecho consagrado en el art. 39 y al desarrollo personal». Prosigue declarando que en el caso «de que el alimentante se encuentre en paradero desconocido, no puede esta circunstancia perjudicar a los menores conforme a nuestro ordenamiento jurídico en el que impera el principio del interés del menor. La inseguridad jurídica que genera el no establecer una cuantía

infracción procesal[60]. La Sala de lo Civil del Tribunal Supremo dictó auto el 3 de noviembre de 2021 en sentido desestimatorio (recurso de queja núm. 154-2021). Señala para ello la Sala del Tribunal Supremo que: «[l]os términos en que ha sido formulado el recurso de queja, conlleva examinar el recurso de casación presentado en su día», lo que determina la causa de inadmisión del art. 483.2.4 LEC, de carencia manifiesta de fundamento: (i) en primer lugar «por cuanto obvia la *ratio decidendi* de la sentencia recurrida, que confirma la de instancia». La *ratio decidendi* considera que procede fijar como pensión de alimentos el 10 por 100 de los ingresos mensuales del esposo porque «no consta en las actuaciones elemento alguno que permita entender acreditada cuál es la situación económica del demandado»; (ii) y en segundo lugar, hay carencia manifiesta de fundamento del recurso porque «de acuerdo con la jurisprudencia reiterada de esta Sala, no puede ser objeto de recurso de casación la revisión del juicio de proporcionalidad de la pensión alimenticia, «salvo clara vulneración del juicio de proporcionalidad que la parte recurrente no justifica, alterando los parámetros tenidos en cuenta por la sentencia recurrida». Cita en su apoyo la Sala, sus sentencias de 28 de marzo de 2014 (recurso 2840-2012) y 27 de enero de 2014 (recurso 1712-2012) y el auto de 25 de septiembre de 2019 (recurso 969-2019). Finalmente, señala el auto de 3 de noviembre de 2021 del Alto Tribunal, que la inadmisión del recurso de casación determina igualmente la del recurso extraordinario por infracción procesal, conforme a lo «taxativamente previsto en la disposición final decimosexta, apartado 1, párrafo primero y regla quinta, párrafo segundo, LEC».

Interpuesto recurso de amparo alegando la infracción en la que han incurrido las resoluciones judiciales impugnadas del derecho fundamental a la tutela judicial efectiva (art. 24 CE), se insiste en que lo resuelto por las sentencias recurridas no han tenido en cuenta la necesidad del menor al establecer un porcentaje sobre los ingresos desconocidos del progenitor no custodio, lo que genera inseguridad jurídica para el menor, indefensión e infracción del derecho a su desarrollo personal, consagrado en el referido art. 39 CE. Se aduce el menoscabo del «interés del menor» por cuanto que, respecto a la pensión de alimentos, en este caso, resulta «prácticamente inviable su determinación y exigibilidad a efectos de ejecución y efectividad» y no se cumple con el juicio de proporcionalidad que exige el artículo 147 del Código civil

concreta y determinada, aunque sea de forma provisional hasta que el progenitor sea hallado, supone una vulneración del principio fundamental de interés del menor, que en la mayoría de estos casos se ve privado de cobrar pensión de alimentos alguna. Ya que es prácticamente inviable su determinación y exigibilidad a efectos de ejecución y efectividad». Cita en su apoyo sentencias de la Sala de lo Civil del Tribunal Supremo y de las Audiencias Provinciales que avalarían para este caso la fijación de una cantidad concreta.

60 Se aduce la infracción de preceptos de la Ley de Enjuiciamiento Civil sobre la prueba de los hechos ante la incomparecencia del demandado, así como también la infracción del derecho a la tutela judicial efectiva, sin sufrir indefensión, del art. 24 CE.

y la doctrina del Tribunal Supremo, siempre en interés del menor. Se cumpliría si dicha pensión partiera de una base concreta o un módulo o criterio objetivo para tener en cuenta para la determinación de la pensión. [...] Un porcentaje sobre nada es nada en la pensión de alimentos para el menor»[61].

La Sala Primera del TC, con ponencia de Ricardo Enríquez Sancho, sostiene que la fijación de un porcentaje aplicado sobre los ingresos del progenitor puede ser efectivo, si bien no procede en el caso, dado que había sido imposible averiguar, ni siquiera dónde vive el padre. Presupuesto lo anterior, el TC procede a estimar la demanda de amparo por vulneración del derecho a la tutela judicial efectiva (art. 24.1 CE), en su vertiente de derecho a una motivación reforzada con arreglo al principio del interés superior del menor. Motivación cualificada de cuya ausencia adolecen las resoluciones aquí impugnadas. Además, se apunta a que las dos Sentencias mencionadas por el TS, acudiendo a la «moderna jurisprudencia del Tribunal Supremo», no contienen el mismo criterio para la cuantificación, ni resuelven el mismo supuesto de hecho.

El TC, de forma implacable, sostiene que no se alcanza a comprender en el presente caso cómo el establecimiento como única referencia de cálculo de la pensión de alimentos, de un 10 por 100 de los ingresos mensuales del demandado, puede servir al interés superior del menor aquí afectado:

En primer lugar, porque la sentencia declara en el mencionado fundamento de Derecho quinto, que «se acreditan los ingresos de la esposa y se ignoran los del padre», no es posible saber de ningún modo cuál es la traducción en dinero de ese 10 por 100. Como consecuencia, no es posible decir que se cumple con el principio de proporcionalidad (art. 146 CC) imperante en este ámbito, el cual ha de medirse respecto «al caudal o medios de quien los da y a las necesidades de quien los recibe». La sentencia nada dice sobre el primer elemento, los medios del padre; pero es que tampoco pondera las del segundo (las necesidades del menor). Se ignoran cuáles habrían sido las gestiones efectivamente realizadas por el juzgado para averiguar

61 Las alegaciones del Fiscal, en apoyo del recurso de amparo interpuesto, concluyen declarando que: «En resumen, las resoluciones judiciales en todas sus instancias no han realizado una ponderación del interés superior del menor beneficiario de la contribución económica que debe satisfacer el progenitor para cubrir sus necesidades básicas, [...] no han considerado tal interés de un modo preferente como norma de orden público, no ha constituido la consideración primordial del interés del menor la *ratio essendi* de las mismas. [...], las resoluciones judiciales impugnadas no satisfacen el canon de motivación en relación con el interés superior del menor, con la consiguiente vulneración del derecho a la tutela judicial del art. 24.1 CE de la demandante.», sin que resulte «atendible la atendible la pretensión de la demandante de que el Tribunal dicte resolución en el sentido de establecer el mínimo vital como obligatorio como cantidad concreta y exigible a la hora de determinar la pensión de alimentos de los hijos menores siempre en beneficio e interés del menor, ya que tal pronunciamiento es propio de la jurisdicción ordinaria, y excede del contenido de las sentencias estimatorias del recurso de amparo como señala el art. 55 LOTC».

tanto una fuente de ingresos del demandado, como su situación patrimonial, pues la sentencia omite decirlo».

En segundo lugar, porque como no se conoce la cuantía, no es posible determinar si el porcentaje fijado es suficiente para cubrir las necesidades del menor. Asimismo, porque el progenitor se encuentra obligado al pago de los alimentos, no solo con los ingresos, sino también con el patrimonio que pudiera hacer sido averiguado por el órgano judicial, finalizando con la conclusión de que el sistema elegido por el juzgado *a quo* resulta totalmente ineficaz para garantizar el pago de los alimentos debidos al hijo menor de la recurrente. El fallo que concede el amparo concluye declarando que, el desconocimiento de la capacidad económica del padre, debido a la propia conducta elusiva de sus deberes paternofiliales, no puede ser un obstáculo para que las sentencias de Primera Instancia y de la Audiencia Provincial, hubiese fijado una cuantía líquida que fuera suficiente para satisfacer las necesidades de la menor. Finalmente, el TC no fija cuantía alguna porque explica que no le corresponde, pero procede a anular las resoluciones judiciales dictadas, retrotrayendo el procedimiento al momento inmediatamente anterior al de dictarse la sentencia de primera instancia para que dicte en su lugar otra resolución.

Analizada la STC, a mi juicio muy relevante, dado que el TC reconoce la necesidad de reforzar la protección del interés del menor en el sentido de determinar que el sistema de pago de alimentos a través de la fijación de un porcentaje respecto a una cuantía desconocida, como consecuencia de la conducta deliberada y lesiva de un padre que incumple totalmente los deberes paternofiliales, carece completamente de contenido práctico. Cabe añadir, que, al tiempo de dictarse esta sentencia, la menor contaba con la edad de nueve años al iniciarse la reclamación por parte de su progenitora, tiene actualmente veinticuatro, que no ha recibido cuantía alguna de su padre para su manutención y que ha corrido a cargo exclusivamente de la madre.

4.2.3. El impago de las cuotas hipotecarias que gravan la vivienda familiar

El impago de los alimentos a favor de los hijos se ve a menudo acompañada del impago de las cuotas hipotecarias que gravan la vivienda familiar en aquellos supuestos en los que se atribuye su uso a los hijos menores que quedan bajo la custodia de la madre. El pago de las cuotas correspondientes a la hipoteca contratada por ambos cónyuges para la adquisición de la propiedad del inmueble destinado a vivienda familiar constituye una deuda que corre a cargo de la sociedad de gananciales incluida en el art. 1362.2º del Código Civil, sin que tenga consideración de carga del matrimonio a los efectos de lo dispuesto en los arts. 90 y 91 del Código Civil.

Respecto al impago de las cuotas hipotecarias se ha planteado si el responsable del impago incurre en un delito de abandono de familia tipificado en el art. 227 del Código Penal. La STS (Sala de lo Penal) 348/2020 de 25 de junio declara que el impago de sucesivas cuotas hipotecarias constituye un delito de abandono de familia, pues el padre venía obligado por sentencia firme al pago de una determinada cuantía en concepto de alimentos a favor de sus hijos menores, así como a hacerse cargo del pago de la mitad de la hipoteca que ascendía a una cuantía de 1.200 euros mensuales, de los cuales solo había abonado un mes 300 euros y otros meses 250 euros. Dicha sentencia fue objeto de modificación en un procedimiento de modificación de medidas en la que se redujo la pensión de alimentos de los hijos, pasando de 700 a 500 euros por cada uno de los dos hijos.

El TS considera que el caso examinado reúne todos los requisitos del tipo delictual del art. 227.1 del Código Penal que son: a) La existencia de una resolución judicial firme o convenio aprobado judicialmente que establezca cualquier tipo de prestación económica a favor de un cónyuge o de los hijos del matrimonio. b) Una conducta omisiva por parte del obligado al pago consistente en el impago reiterado de la prestación económica fijada durante los plazos establecidos en el precepto, que actualmente son dos meses consecutivos o cuatro no consecutivos. c) Un elemento subjetivo configurado por el conocimiento de la resolución judicial y la voluntad de incumplir la obligación de prestación que aquélla impone. Se declara que: «En este requisito se integra también la posibilidad del sujeto de atender la obligación impuesta, toda vez que cuando el agente se encuentra en una situación de imposibilidad constatada de satisfacer la prestación, esta situación objetiva excluye la voluntariedad de la conducta típica y la consecuente ausencia de la culpabilidad por estar ausente el elemento de la antijuridicidad, que vendría jurídicamente fundamentado en una situación objetiva de estado de necesidad o, más correctamente, en la concurrencia de una causa de inexigibilidad de otra conducta distinta a la realizada por el sujeto».

Sostiene el TS que: «No debe olvidarse que la hipoteca gravaba la vivienda habitual cuyo uso fue adjudicado a los hijos, y lógicamente a su madre, pero no por derecho de uso propio sino por ser a ella a quien se adjudicó la guardia y custodia de los menores. Ese derecho de uso se integra en los alimentos que los progenitores están obligados a proveer a los hijos conforme a lo dispuesto en el artículo 142 del Código Civil, que considera como tales «todo lo que es indispensable para el sustento, habitación, vestido y asistencia médica». Expresado, en otros términos, la finalidad que cumplía la adjudicación de la vivienda familiar era la de asegurar cobijo a los hijos, como interés más necesitado de protección, integrándose de esta manera en el concepto de alimentos. En el supuesto de que los cónyuges no hubieran adquirido la vivienda en propiedad como medio de atender la necesidad de habitación de sus hijos, lógicamente la resolución debería haber previsto una solución habitacional alternativa con relación a los menores a la que necesariamente el acusado tendría la obligación de contribuir».

En el caso examinado el impago de la mitad de las cuotas hipotecarias ha dado lugar a la ejecución del inmueble que constituía la vivienda familiar de los hijos menores, con la consiguiente privación de un techo en donde vivir y con ello el incumplimiento en parte de los alimentos que el acusado venía obligado a proveer. Consecuentemente, el TS desestima el recurso de casación, imponiéndose al recurrente el pago de las costas procesales en virtud de lo establecido en el art. 901 de la LECrim y, en concepto de responsabilidad civil, se le condena al pago de las cuantías dejadas de abonar por los conceptos de pensión de alimentos a favor de los hijos y al pago de las cuotas hipotecarias.

De todo lo anteriormente expuesto concluimos diciendo que el impago de las cuotas hipotecarias que gravan la vivienda forma parte de los alimentos en favor de los hijos y el enorme perjuicio económico que se les causa al haberse vistos obligados a salir de su vivienda con el consiguiente daño moral que esta situación les provoca. Asimismo, cabe reconocer el perjuicio económico que deliberadamente se causa también a la madre, deudora solidaria del pago de la hipoteca, quien por mucho que hubiera podido asumir el pago de la mitad de las cuotas hipotecarias, no hubiera podido evitar el alzamiento.

5. MEDIAS JUDICIALES EN RELACIÓN CON LA VIVIENDA FAMILIAR. EL ACCESO PRIORITARIO DE LAS VÍCTIMAS AL PARQUE PÚBLICO DE VIVIENDAS. ALEJAMIENTO Y SALIDA DEL AGRESOR DEL DOMICILIO FAMILIAR Y ALTERNATIVAS HABITACIONALES DE URGENCIA

Uno de los principales problemas a los que se enfrentan las víctimas es la imposibilidad de convivir con sus agresores, la urgente necesidad de alejarse de ellos y cubrir sus necesidades habitacionales. Legalmente se articulan un conjunto de medidas cautelares de naturaleza civil o penal, adoptadas judicialmente para dotarlas de la protección y seguridad que requieren. Entre dichas medidas se encuentra la imposición de la salida del agresor de la vivienda familiar o el acceso prioritario al parque público de vivienda, establecimientos residenciales y centros de atención a personas con discapacidad cuando las víctimas sean mujeres mayores[62]. Igualmente podrá autorizarse judicialmente la suscripción de arrendamientos con una agencia o sociedad pública, así como proceder a la permuta del uso de la vivienda por otra durante el tiempo y en las condiciones que se determinen. La urgencia y excepcionalidad de las circunstancias concurrentes pueden aconsejar también la adopción de medidas concretas para garantizar la seguridad de las víctimas mediante la concesión de ayudas suficientes para lograr su acceso temporal a una vivienda segura.

5.1. Salida del agresor de la vivienda familiar, alejamiento de las víctimas y atribución del uso de la vivienda familiar. La facultad de disponer del uso de la vivienda permutando este por el de otra vivienda, previa autorización judicial ex art. 64.2 LOVG

El art. 64.1 LOVG dedicado a las medidas de salida del domicilio, alejamiento y suspensión de las comunicaciones dispone que: «El Juez podrá ordenar la salida obligatoria del inculpado por violencia de género del domicilio en el que hubiera estado conviviendo o tenga su residencia la unidad familiar, así como la prohibición de volver al mismo». Entre estas medidas se encuentra la orden de la salida obligatoria del agresor de la vivienda familiar o de donde tenga la residencia la unidad familiar, además de la adopción de cuantas medidas sean necesarias para mantenerles alejados de las víctimas, prohibiéndole aproximarse a su domicilio, a su centro de trabajo o cualquier otro lugar que estas frecuenten, fijando una determinada distancia que en ningún caso podrá ser rebasada. Todas estas medidas irán acompañadas de la prohibición de la comunicación o contacto escrito, verbal o visual por cualquier medio de comunicación, informático o telemático.

Conforme a lo dispuesto en el art. 544.5 *ter* de la LECrim, referido a la orden de protección de las víctimas de violencia de género se establece que: «La orden de protección confiere a la víctima de los hechos mencionados en el apartado 1 un estatuto integral de protección que comprenderá las medidas cautelares de orden civil y penal contempladas en este artículo y aquellas otras medidas de asistencia y

---

62 Este derecho a un acceso prioritario se recoge expresamente en el art. 42 de la LO 10/2022, de 6 de septiembre, de garantía integral de la libertad sexual, dirigido a las víctimas de violencia machista y/o sexual cuando dispone que: «Art. 42. Acceso a la vivienda. Las administraciones públicas promoverán el acceso prioritario de las víctimas de violencias sexuales al parque público de vivienda y a los programas de ayuda de acceso a la vivienda, en los términos que se establezcan. Asimismo, promoverán el acceso prioritario de las víctimas de violencias sexuales a los establecimientos residenciales y otros centros de atención a las personas en situación de dependencia».

protección social establecidas en el ordenamiento jurídico». Las medidas cautelares civiles podrán consistir en la forma en que se ejerce la patria potestad, en la atribución del uso de la vivienda, la determinación de la guarda y custodia, suspensión o mantenimiento del régimen de visitas, comunicación y estancia con los menores o con las personas con discapacidad, el régimen de prestación de alimentos y cuantas medidas se consideren oportunas a fin de apartar a los menores de un peligro o evitarles perjuicios. Las medidas de carácter civil contenidas en una orden de protección tienen una vigencia temporal de 30 días. «Si dentro de este plazo fuese incoado a instancia de la víctima o de su representante legal un proceso de familia ante la jurisdicción civil las medidas adoptadas permanecerán en vigor durante los treinta días siguientes a la presentación de la demanda. En este término las medidas deberán ser ratificadas, modificadas o dejadas sin efecto por el juez de primera instancia que resulte competente» (art. 544.ter.7 segundo inciso).

Dentro de las medidas cautelares civiles a adoptar nos centramos en la atribución del uso y disfrute de la vivienda familiar a favor de la madre y los hijos siguiendo los principios que sustentan la atribución del uso de la vivienda conforme a lo dispuesto en el art. 96 del Código civil: principio del interés del menor y la protección de la parte más débil. Sin embargo, los criterios del 96 del Código civil, tratándose de víctimas de violencia de género, no resultan siempre aplicables. Las críticas que ha recibido la norma y que promueven nuevamente su reforma, debería ser aprovechada para incluir en los criterios de atribución la incidencia de la violencia de género.

La atribución del uso de la vivienda a favor de los hijos y la madre conlleva la ponderación de las circunstancias concurrentes en el caso en un tiempo muy breve y con un material probatorio limitado[63]. La atribución del uso de la vivienda familiar puede compatibilizarse con la adopción de medidas cautelares de naturaleza penal, como medidas de alejamiento; prohibición de residencia o ir a determinados lugares; salida obligatoria del domicilio familiar y prohibición de volver al mismo. Todas estas medidas pueden ir acompañadas de la suspensión de las comunicaciones personales.

Particularmente llama la atención la medida que se contempla en el art. 64.2 de la LOVG cuando establece que: «El Juez, con carácter excepcional, podrá autorizar que la persona protegida concierte, con una agencia o sociedad pública allí donde la hubiere y que incluya entre sus actividades la del arrendamiento de viviendas, la permuta del uso atribuido de la vivienda familiar de la que sean copropietarios, por el uso de otra vivienda, durante el tiempo y en las condiciones que se determinen». Según la norma, de forma excepcional, podrá autorizarse judicialmente a la persona

63 ÁLVAREZ ÁLVAREZ, H.: «La víctima de violencia de género y la atribución de la vivienda familiar», *Tutela jurisdiccional frente a la violencia de género: Aspectos procesales, civiles, penales y laborales*, Dir. Montserrat de Hoyos Sancho, Lex Nova, 2009, p. 272.

protegida o a través de las medidas provisionales acordadas en sede de un procedimiento matrimonial para que concierte con una agencia o sociedad pública la permuta del uso de la vivienda familiar por el uso de otra vivienda durante el tiempo y en las condiciones que se determinen. Para beneficiarse de dicha facultad es preciso que la persona protegida sea copropietaria de la vivienda junto al agresor, pues cuando no sea titular de la vivienda, beneficiada también con la atribución del uso, no podrá disponer del uso unilateralmente, permutándolo o cediéndolo a cambio de la atribución del uso de otra vivienda.

Los elementos que determinan la operatividad de esta facultad dispositiva autorizada judicialmente están referidos a su carácter excepcional, a su naturaleza temporal y la sujeción a las condiciones que judicialmente se determinen. La previa autorización judicial está en consonancia con la regla general de que la disposición de la vivienda habitual requiere el consentimiento dual de ambos cónyuges o, en su defecto, previa autorización judicial, conforme a lo dispuesto en el art. 96.3 del Código civil. Se parte de antemano de la generalizada imposibilidad de que en estos casos se llegue a un acuerdo sobre la atribución del uso y mucho menos sobre la posibilidad de su permuta.

Se trata de una norma de naturaleza tuitiva que ha sido objeto de diversas críticas. Se ha puesto de manifiesto que esta facultad solo se reconoce al cónyuge copropietario de la vivienda, lo cual excluye a quien no ostenta la titularidad en exclusiva o en régimen de copropiedad, lo cual claramente deja más desprotegida a la parte más débil. En línea con lo anterior, si la vivienda está arrendada o se ocupa en calidad de precario, atribuido el uso a la víctima de violencia, tampoco podrá beneficiarse de esta facultad. Cabe confirmar el reconocimiento de dicha facultad cuando se trata de una pareja de hecho, siempre que la vivienda familiar se encuentre en un régimen de propiedad o copropiedad por parte de la víctima[64]. Por último, aun no estando seguros de la operatividad práctica de esta facultad legal y del alcance real de su puesta en práctica, lo cierto es que tiene un alcance limitado en función del régimen jurídico de la vivienda y, por tanto, de su disponibilidad.

5.2. *Servicios de atención residencial de carácter urgente*

Cuando no sea posible que las víctimas sigan viviendo en su domicilio por motivos de seguridad, legalmente se habilitan determinadas alternativas habitacionales, como la posibilidad de concertar con una agencia o sociedad pública un arrendamiento de vivienda. Esta medida, sin embargo, lleva su tiempo, por lo que en los supuestos en

64 ÁLVAREZ ÁLVAREZ, H.: «La víctima», cit, p. 274.

los que se necesite cubrir la necesidad de alojamiento de manera urgente es necesario prestarles un servicio de apoyo residencial cuando se ven obligadas a salir de sus domicilios, sabiendo que muchas de las afectadas carecen de recursos económicos suficientes para hacer frente a los gastos que conlleva la salida de su domicilio y las dificultades para acceder a una nueva vivienda, aunque sea de carácter temporal. La preocupación por alejar a las víctimas del agresor por evidentes razones de seguridad ha sido el principal motivo por el que se articulan servicios públicos de alojamiento y acogida. Entre estos servicios se encuentran los centros de emergencia, que tienen por finalidad dispensar alojamiento seguro e inmediato a las víctimas, previniendo situaciones que ponen en peligro su integridad física o psíquica y, en su caso, la de sus hijas e hijos a su cargo[65]. En él se incluye la manutención y otros gastos de las madres y los menores que se quedan a su cargo, por un tiempo determinado. Se trata de una medida de apoyo en los primeros momentos del cese de la convivencia, en tanto deciden su lugar de residencia conforme a sus particulares circunstancias. Estos centros cuentan con apoyo psicológico y de orientación jurídica, servicios fundamentales para acometer la salida de la situación que están viviendo.

5.3. *Otros recursos habitacionales de carácter temporal*

Los centros de acogida constituyen un recurso habitacional de carácter temporal con la finalidad de ofrecer un alojamiento seguro, en el que se incluye la manutención y otros gastos de las mujeres junto a sus hijos, por el tiempo que necesiten para lograr su recuperación, sin que pueda exceder del tiempo máximo exigido legalmente[66].

5.4. *Servicios públicos de alojamiento*

Dentro de los recursos públicos que se ofertan, cabe referirse a los pisos tutelados, alojamiento de tránsito, con el que se pretende lograr la recuperación y la auto-

65 El art. 42 de la Ley 11/2022, de 20 de septiembre, contra la Violencia de Género en la Rioja, incluye en su ámbito de protección a otros convivientes con discapacidad o en situación de dependencia sujetos a su guarda o curatela y personas convivientes dependientes o a su cargo, que sean víctimas de dicha situación, con un alojamiento adecuado, en función de sus circunstancias personales.

66 En el art. 16. Dispositivos de acogida temporal, de la Ley 5/2005, de 29 de diciembre, Integral contra la Violencia de Género de la Comunidad de Madrid, se dispone un tiempo máximo de dos meses en relación con los centros de acogida y por un tiempo máximo de dieciocho años en relación con los pisos tutelados a través de los cuales se dispensa alojamiento y seguimiento psicosocial a las mujeres y a las personas a su cargo.

nomía de las mujeres. Es lugar común en la normativa autonómica sobre protección a las víctimas de violencia de género reconocer el acceso prioritario de las mayores al parque de viviendas públicas, ya sea en régimen de propiedad o de arrendamiento.

El art. 28 LOVG hace referencia al colectivo de mujeres mayores de 65 años víctimas de violencia de género como prioritario para el acceso a plazas públicas residenciales, al tiempo que solo algunas de estas leyes autonómicas sobre la violencia contra la mujer se refieren a este colectivo[67]reconociendo su acceso prioritario a las plazas residenciales públicas o concertadas o a viviendas adaptadas a una movilidad reducida. La protección legal que se les dispensa, –acceso prioritario a plazas residenciales o a viviendas de promoción pública–, es del todo insuficiente.

Finalmente ha de ponerse de relieve la importancia que adquiere el que todas estas medidas dirigidas a garantizar la seguridad de las víctimas sean implementadas de manera rápida y eficiente para que puedan adaptare a las necesidades de cada una de las víctimas. Para ello no cabe duda de la necesidad de tener mayores recursos y mejores profesionales.

6. EL POSIBLE DERECHO DE LAS VÍCTIMAS A SER INDEMNIZADAS EN LOS SUPUESTOS DE NULIDAD CIVIL MATRIMONIAL Y LA IMPROCEDENCIA LEGAL DE RECIBIR PENSIÓN COMPENSATORIA POR PARTE DEL AGRESOR EN LOS SUPUESTOS DE SEPARACIÓN O DIVORCIO

La nulidad matrimonial civil se declara judicialmente por las causas establecidas legalmente. No existen en las causas de nulidad ningún reflejo del impacto legal de la violencia en pareja, pero es viable acudir a la causa prevista en el art. 73.4 del Código civil, cuando un trastorno mental o a una adicción sea la causa del comportamiento violento del cónyuge y que resulte desconocido por la víctima al tiempo de contraer matrimonio. En este caso, la víctima tendrá derecho a solicitar la indemnización que se contempla en el art. 98 del Código civil, además de la facultad que le otorga el art. 95 del Código civil. Puede sostenerse, por tanto, que la mala fe reside

67 Dentro del marco legislativo autonómico vigente, cabe referirse a la Ley 11/2022, de 20 de septiembre, contra la violencia de género de la Rioja (art. 56); la Ley gallega 11/2007, de 27 de julio, para la prevención y el tratamiento integral de la violencia de género (art. 45); la Ley andaluza 13/2007, de 26 de noviembre, de medidas para la prevención y protección integral contra la violencia de género (art. 48.4); la Ley 13/2010, de 9 de diciembre contra la violencia de género en Castilla y León (art. 40); la Ley 5/2005, de 20 de diciembre, Integral contra la violencia de género de la Comunidad Autónoma de Madrid (art 17).

en el engaño u ocultamiento de dicha enfermedad a la que obedece la conducta lesiva y culpable del marido.

La naturaleza resarcitoria de la indemnización prevista en el art. 98 del Código civil sirve para cubrir los daños que directamente se derivan de la convivencia *more uxuorio* con una persona con la que se creía estar casada y que en realidad ha dado lugar a un matrimonio que se declara inválido. Se tratará también de resarcir el daño moral que causa la intromisión producida en la intimidad personal y familiar por parte de quien resulta ser ya un extraño[68]. La aplicación del art. 98 no puede, sin embargo, desplazar la vía del art. 1902 del Código civil, de manera que el resarcimiento del daño, en caso de haber existido convivencia conyugal, vendría por la vía del art. 98 del Código civil, mientras que los daños patrimoniales, con motivo de los gastos satisfechos o de las obligaciones contraídas, serán exigibles con fundamento en el art. 1902 del Código civil[69].

Por lo que se refiere a la pensión compensatoria prevista en el art. 97 del Código civil, es sabido que para determinar su procedencia no se tiene en cuenta el incumplimiento de los deberes conyugales[70]. Se concede simplemente cuando la separación o el divorcio han generado un desequilibrio económico para alguno de los esposos respecto a la posición del otro, que conlleva un empeoramiento de su situación anterior o vigente el matrimonio. En aquellos supuestos en los fuera el agresor quien tuviera derecho a recibirla por convenio o por sentencia, lo cierto es que tal compensación resultaría muy injusta, siendo necesario que se excluyera legalmente de forma expresa dicha atribución.

Aunque estamos en un sistema acausal en cuanto a la separación y divorcio se refiere, es innegable la incidencia real y decisiva que la violencia de género tiene en las crisis matrimoniales. Por eso es tan importante insistir en la conveniencia de que se positivice expresamente la pérdida del derecho a la pensión compensatoria que pudiera corresponderle al marido maltratador en base al desequilibrio económico que pudiera padecer en relación con la posición de la mujer. Entretanto esto sucede, cabría acudir a los dispuesto en el art. 97. 9ª para sostener su improcedencia ante la concurrencia de circunstancias relevantes que han de ser atendidas judicialmente.

De lo que se trata es que el agresor no tenga oportunidad legal alguna de recibir ningún tipo de beneficio económico a cargo de su esposa, también referida a la

68 DE VERDA Y BEAMONTE, J.R.: «La responsabilidad civil en el ámbito de las relaciones familiares», Persona *y familia. Secretos Selectos. Estudios de Derecho Comparado*, Dir. C. Lepín Molina), Hamurabi, Chile, 2018, p. 208.

69 Así lo entiende CARRIÓN VIDAL, M. A.: *La nulidad matrimonial civil*, Reus, Madrid, 2023, p. 389, quien apunta además la insuficiencia de la norma contenida en el art. 98 del Código civil para cubrir las consecuencias de la nulidad civil del matrimonio.

70 ALGARRA PRATS, E.: «Incumplimiento de deberes conyugales y responsabilidad civil», *La responsabilidad civil en las relaciones familiares*, coord. Juan Antonio Moreno Martínez, Dykinson, 2012, p. 48.

pensión compensatoria, ya se fije esta convencional o judicialmente, de la misma manera que se pierde la posibilidad legal de acceder a otros tantos beneficios patrimoniales o a su condición de legitimario. Así sucede con la pérdida de la condición de beneficiario de la pensión de viudedad que pudiera corresponderle en relación con quien hubiera sido condenado por sentencia firme por la comisión de un delito doloso de homicidio, en cualquiera de sus formas, cuando la víctima fuera el sujeto causante de la pensión, de conformidad con lo que dispone el art. 231 LGSS. Asimismo, pierde legalmente su condición de legitimario al incurrir en las causas de desheredación previstas en el art. 855.1 y 855. 4 del Código civil, por incumplimiento grave de los deberes conyugales o por haber atentado contra la vida del testador, siempre que no hubiera mediado reconciliación. Igualmente queda incurso en la causa de indignidad sucesoria prevista en el art. 756.1 del Código civil.

En definitiva, desde mi consideración, lo importante es atender la necesidad de que el agresor no pueda beneficiarse económicamente a cargo del patrimonio de su víctima. En coherencia con esta idea, lo lógico será pesar que el maltratador pierde cualquier posibilidad de recibir una pensión compensatoria, pues la razón que motiva dicha pérdida es que la causa de la crisis conyugal y familiar se antepone al derecho económico en sí[71]. Por ello se ha sostenido la necesidad de proceder a una revisión de la Disposición Adicional Primera de la LOVG, proponiéndose un nuevo contenido en el que se deje constancia de que quien fuera condenado por sentencia firme por la comisión de un delito doloso de homicidio en cualquiera de sus formas o de lesiones, cuando la ofendida por el delito fuera cónyuge o excónyuge, perderá la posibilidad legal de tener la condición de beneficiario de la pensión compensatoria que pudiera corresponderle en caso de separación o divorcio o en relación con la indemnización en caso de nulidad matrimonial[72]. De este modo se sugiere añadir un nuevo art. 98 bis del Código civil en el que se declare que la condena por sentencia firme por violencia sobre la pareja que dejase constancia legal de la supresión legal del derecho a recibir una pensión compensatoria en los casos de separación o divorcio o a la indemnización en el supuesto de que se declare la nulidad matrimonial[73].

Desde nuestra consideración es prácticamente imposible que un maltratador pueda beneficiarse de la indemnización prevista en el art. 98 del Código civil en supuestos de violencia de género por cuanto que es a él a quien se imputa la conducta lesiva, pero en definitiva, lo que se sugiere es que se positivice la imposibilidad legal de que el autor de los malos tratos pueda reclamar algún tipo de atribución patrimonial a cargo del patrimonio de la víctima, dado que la propia conducta del esposo es la causa del desequilibrio económico que él mismo padece y quien provoca la crisis

71 VELA SÁNCHEZ, A.J., cit. p. 215.
72 VELA SÁNCHEZ, A.J., cit. p. 221.
73 VELA SÁNCHEZ, A.J., cit. p. 222.

conyugal y familiar. Por otra parte, creo que esta propuesta legal debería también extenderse a la pensión compensatoria que se fija mediante convenio, al tiempo que la posibilidad de beneficiarse patrimonialmente a consta de la víctima debería extenderse a todos los supuestos de violencia, no solo a los más graves, debiéndose incluir, como no podía ser de otra manera, la violencia económica.

7. EL DERECHO DE LAS VÍCTIMAS A UNA REPARACIÓN INTEGRAL EFECTIVA, ADECUADA Y EN PLAZO RAZONABLE. ANÁLISIS DE LOS ARTS. 28 BIS Y 28 TER DE LA LOVG

La violencia de género tiene importantes repercusiones en el ámbito de la responsabilidad civil, tema que se ha tratado monográficamente[74] y también en relación con la responsabilidad del Estado por el incumplimiento de la obligación de lucha y prevención de la violencia de género, al amparo de lo dispuesto en el art. 106 CE.

Por su parte, el art. 30 del Convenio del Consejo de Europa sobre prevención y lucha contra la violencia contra las mujeres y la violencia doméstica establece la obligación de las Partes de adoptar las medidas legislativas u otras necesarias para garantizar el derecho de las víctimas a percibir una indemnización adecuada por parte de los autores de todo delito previsto en el Convenio, declarando que el Estado deberá conceder una indemnización adecuada, en la medida en que el perjuicio no esté cubierto por otras fuentes, en particular, por el autor del delito, los seguros o los servicios sociales y médicos financiados por el Estado, sin perjuicio que de las Partes puedan requerir el reembolso de la indemnización concedida al autor del delito y siempre que la seguridad de la víctima se tenga en cuenta de manera adecuada. Asimismo, deberá garantizarse la concesión de la indemnización en un plazo razonable. El derecho de la víctima a una reparación integral del daño, es decir de todo el daño que su agresor le hubiese causado, garantizando la completa indemnidad de la víctima y la respuesta civil frente a esos daños físicos, psíquicos, a la dignidad personal, morales, y también sociales, constituye un tema crucial.

El art. 30 del Convenio de Estambul referido a la indemnización de los daños ocasionados a las víctimas de violencia de género dispone que: «1. Las Partes tomarán las medidas legislativas u otras necesarias para que las víctimas tengan derecho a solicitar una indemnización por parte de los autores de todo delito previsto en el presente Convenio. 2. El Estado debería conceder una indemnización adecuada a quienes hayan sufrido graves daños contra su integridad física o a la salud, en la me-

74 ALVÁREZ OLLALLA, P.: Violencia de género y responsabilidad civil, Reus, 2020.

dida en que el perjuicio no esté cubierto por otras fuentes, en particular por el autor del delito, los seguros o los servicios sociales y médicos financiados por el Estado. Esto no impide a las Partes requerir al autor del delito el reembolso de la indemnización concedida, siempre que la seguridad de la víctima se tenga en cuenta de manera adecuada. 3. Las medidas tomadas con arreglo al apartado 2 deberán garantizar la concesión de la indemnización en un plazo razonable".

La responsabilidad civil *ex* delito se regula en los arts. 109 a 122 del Código Penal y en los arts. 100 y 106 a 117 de la LEC.

La LOGILS, con el propósito de dar cumplimiento al Pacto de Estado contra la violencia de género, ha incorporado en la LOVG el capítulo V dedicado al «Derecho a la reparación», incluido en el Título II sobre los «Derechos de las mujeres víctimas de violencia de género», integrado por los arts. 28 bis y 28 ter, dedicados a la reparación integral.

El art. 28 bis dispone que las víctimas de violencia de género tienen derecho a la reparación, concepto muy amplio con el que se pretende resarcir de forma satisfactoria todos los daños y perjuicios ocasionados. En él se incluye la compensación económica por los daños y perjuicios derivados de este tipo de violencia, la pérdida de oportunidades, daño moral y daño a la dignidad persona, así como las medidas necesarias para su completa recuperación física, psíquica y social, las acciones de reparación simbólica y las garantías de su no repetición, satisfaciendo plenamente todas sus necesidades de forma individual, con especial consideración de aquellos colectivos de mujeres que presenta un mayor grado de vulnerabilidad. Lo que se pretende, en definitiva, es reducir el alcance de los daños, pérdidas y perjuicios ocasionados a las víctimas y a sus familiares, satisfaciendo sus necesidades individuales y colectivas.

En esta obligación general que incumbe a toda la sociedad de contribuir a la reparación integral de las víctimas, cabe referirse a la responsabilidad que asumen las distintas Administraciones Públicas y la obligación que asumen de articular políticas públicas adecuadas y eficaces para la plena erradicación de la violencia machista y/o sexual, dando una respuesta institucional adecuada a este tipo de violencia desde distintos ámbitos, particularmente, desde el ámbito de la justicia. Según lo dispuesto en el art. 28 ter de la LOVG, las Administraciones Públicas asegurarán el acceso efectivo a una indemnización por los daños y perjuicios causados, que deberá garantizar la satisfacción económicamente evaluable, de al menos los conceptos que la norma determina. Esto significa que tanto los jueces civiles como los jueces penales deben tener en cuenta a la hora de fijar el monto indemnizatorio estos conceptos de forma obligatoria y, de otro lado, que pueden valorar otros conceptos distintos a los señalados legalmente en atención a las circunstancias concretas de las víctimas y a sus condiciones personales, consideración que se ajusta plenamente a las Conclusiones del XVII Seminario de Fiscales Delegados en Violencia sobre la mujer del 28 y 29 de noviembre de 2022, en las que se señala que se trata de un catálogo abierto y ejemplificativo que no impide la toma en consideración de otros elementos o circunstancias derivadas del hecho en sí mismo considerado o de las circunstancias que concurren en las víctimas, con el propósito final de dar el máximo contenido a su derecho a obtener una reparación integral.

Asimismo, ha de tomarse en consideración la previsión normativa que realiza el apartado cuarto del art. 28 ter de la LVG, cuando se refiere a los tratamientos a los que se someten las víctimas para lograr su completa recuperación a nivel físico, psíquico o social, así como todos aquellos que están relacionados con la salud de las víctimas, que pasan a formar parte de la responsabilidad civil que corre a cargo del causante del daño, al tiempo que las distintas Administraciones Públicas asumen la obligación de prestar ayudas complementarias para financiar los tratamientos sanitarios necesarios para lograr su completa recuperación[75].

7.1. *Punto de partida*

Desde la doctrina civilista más autorizada, se han puesto de relieve las deficiencias detectadas en el sistema legalmente implantado para hacer efectiva la reparación integral de las víctimas de violencia de género, teniendo en cuenta que, de una parte, las cuantías indemnizatorias han sido hasta el momento realmente escasas, particularmente, en los supuestos de violencia sexual en el ámbito de la pareja. Ello obedece a distintos motivos[76], fundamentalmente, a la falta de aplicación del prin-

---

75 «*Art. 28 ter.* 4. Asimismo, las administraciones públicas podrán establecer ayudas complementarias destinadas a las víctimas que, por la especificidad o gravedad de las secuelas derivadas de la violencia, no encuentren una respuesta adecuada o suficiente en la red de recursos de atención y recuperación. En particular, dichas víctimas podrán recibir ayudas adicionales para financiar los tratamientos sanitarios adecuados, incluyendo los tratamientos de reconstrucción genital femenina, si fueran necesarios».

76 En el punto sexto de las Conclusiones del XVII Seminario de Fiscales delegados en violencia sobre la mujer de 28 y 29 de noviembre de 2022, dedicado al derecho a la reparación p. 29, se pone de manifiesto que: «Para la determinación o cálculo pueden ser una herramienta útil las tablas del sistema para la valoración de los daños y perjuicios causados a las personas en accidentes de circulación, que han sido modificadas por Real Decreto 907/2022, de 25 de octubre, pero teniendo en cuenta que estas tablas o baremos de tráfico tienen un carácter meramente orientativo para el cálculo de las indemnizaciones, siendo constante la jurisprudencia a este respecto. La concesión de cantidades superiores al baremo, en casos de delitos dolosos, tiene su razón de ser en el carácter puramente economicista de los criterios de aquel, que chocan frontalmente con los daños físicos, psíquicos y materiales originados por una conducta dolosa y con la multiplicidad

cipio de vertebración y como consecuencia la fijación de indemnizaciones globales o a tanto alzado que no atienden a criterios indemnizatorios concretos y, por tanto, no tienen en cuenta la necesidad de individualizar y especificar los daños[77], la gravedad de las consecuencias que para cada una de las víctimas tiene la perpetración de los distintos delitos de violencia de género, incumpliéndose así los principios de suficiencia y adecuación que fundamentan el derecho a la reparación integral de las víctimas, a nivel material y moral.

Se apunta, igualmente, a otro factor que contribuye a incrementar las deficiencias apreciadas, como es el hecho de que las acusaciones particulares hasta el momento no se han prestado a reclamar indemnizaciones proporcionadas, sabido que los principales objetivos de las víctimas habían sido la obtención de una condena para sus agresores y la adopción de las medidas judiciales necesarias para garantizar su seguridad y protección. Al mismo tiempo, cabe señalar que, en base al principio de rogación en el ejercicio de la responsabilidad civil derivada del delito, si las partes no reclaman una indemnización acorde con el daño causado, el juez no puede concederla, siempre latente la injustificada sospecha de que las víctimas tienen un móvil económico que está siempre detrás de este tipo de reclamaciones, circunstancia que anima a las perjudicadas a renunciar a cualquier indemnización que pudiera corresponderle por los hechos delictivos.

El art. 28 bis de la LO 1/2004, de 28 de diciembre, de Medidas de Protección Integral contra la Violencia de Género (LOVG), introducido por el apartado nueve de la disposición final novena de la Ley 10/2022, de 6 de septiembre, de Garantía Integral de libertad Sexual, ha supuesto un cambio sustancial en la situación anteriormente descrita, reconociendo el derecho de las víctimas de violencia sexual y/o machista a una reparación integral del daño causado de forma efectiva y suficiente para cuyo fin se procede a la individualización de los daños que como mínimo ha de ser indemnizados.

---

de motivaciones que pueden impulsarla, sin descartar la intencionada y deliberada decisión de causar los mayores sufrimientos posibles. Por ello, en aras a unificar la actuación de los fiscales en esta materia y sin perjuicio de que en atención a las especiales circunstancias concurrentes se considere necesario solicitar una cantidad superior, en los casos de feminicidio y otros hechos graves, dado el carácter doloso del delito y la relación existente entre víctima y agresor y, en muchas ocasiones, con las víctimas y perjudicados (hijos/as de ambos) –factor este que además del efecto que deba tener en la respuesta penal ha de tener también su reflejo en el quantum indemnizatorio–, la petición no podrá ser inferior a un 50% más que las resultante de la aplicación del baremo para los accidentes de circulación».

77 ALVAREZ OLALLA, P.: «Perspectiva de género en el ámbito del derecho civil», Economía. Revista en Cultura de la legalidad, 2023, 25 pp. 381-382.

7.2. *El concepto de reparación integral. La reparación simbólica en garantía de la credibilidad y no revictimización de las víctimas de violencia sexual y machista*

El derecho de las víctimas a una reparación integral efectiva y suficiente implica, no solo el cumplimiento de la condena penal impuesta y el pago de la indemnización proporcionada al perjuicio causado en un tiempo razonable, sino que requiere de una actuación conjunta por parte de toda la sociedad y de las distintas Administraciones Públicas dirigidas a restablecer la dignidad de las víctimas, garantizando su completa recuperación y la no reincidencia en este tipo de delitos.

El concepto de reparación integral está concebido de una manera muy amplia, de modo que comprende el cumplimiento de la imposición de la pena por la comisión de los delitos de violencia sexual y machista, el pago de las indemnizaciones por los daños y perjuicios ocasionados, la articulación de las garantías necesarias para la reparación física, psíquica y social de las víctimas, así como de las acciones de reparación simbólica y las garantías de no repetición dirigidas a prevenir e impedir la realización de nuevos actos violentos o la reincidencia en este tipo delitos[78].

La reparación simbólica incluye el reconocimiento de la violencia machista por parte de los poderes públicos y declaraciones institucionales que contribuyan al restablecimiento de la dignidad de las víctimas y de su reputación, dando respuesta a su derecho a que se conozca la verdad, mediante la creación de espacios de reconocimiento. En este sentido cabe referirse al apartado sexto del art. 28 ter de la LOVG cuando señala que: «*6. Las administraciones públicas promoverán, a través de homenajes y de acciones de difusión pública, el compromiso colectivo frente a la violencia contra las mujeres y el respeto por las víctimas*».

A fin de prevenir daños y sufrimientos a las víctimas, de conformidad con lo establecido en el art. 681 de la LECrim, previa audiencia de las partes, podrá acordarse que alguno o algunos de los actos o las sesiones del juicio se hagan a puerta cerrada a fin de proteger los derechos fundamentales de las víctimas, particularmente, su derecho a la intimidad personal y familiar. De igual modo, de conformidad con lo dispuesto en el art. 707 LECrim se evitará que la declaración de la víctima se realice

---

78 La Exposición de Motivos de la Ley 27/2003, de 31 de julio, reguladora de la orden de protección de las víctimas de violencia de género, señala que es necesaria «una acción integral y coordinada que aúne tanto las medidas cautelares penales sobre el agresor, esto es, aquéllas orientadas a impedir la realización de nuevos actos violentos, como las medidas protectoras de índole civil y social que eviten el desamparo de las víctimas de la violencia doméstica y den respuesta a su situación de especial vulnerabilidad». El apartado 5 del art. 28 ter. Medidas para garantizar el derecho de reparación señala que: «*Art. 28 ter.* 5. Con el objetivo de cumplir las garantías de no repetición, las administraciones públicas, en el marco de sus respectivas competencias, impulsarán las medidas necesarias para que las víctimas cuenten con protección efectiva ante represalias o amenazas».

con contacto visual con el inculpado, incluyéndose la posibilidad de que los testigos puedan declarar utilizando los medios tecnológicos de fácil acceso.

El reconocimiento de los hechos por parte del agresor, la petición de perdón a la víctima, mostrar arrepentimiento[79], abstenerse de negar los hechos probados frente a terceros[80] o la prohibición de oponerse al cambio de apellidos de la hija que ha sido víctima de violencia sexual, constituyen todas ellas fórmulas específicas dirigidas a la reparación integral de la víctima y al restablecimiento de su dignidad personal en garantía de su credibilidad y no revictimización en atención a las necesidades concretas de cada una de ellas, como puede ser la importancia que para cada una de ellas tiene el que el agresor no niegue los hechos probados públicamente o se muestre arrepentido de forma pública o privada. Por otra parte, cuando los actos de violencia sexual se realizan utilizando la difusión que dispensan las redes sociales, la reparación integral conlleva el reconocimiento del derecho de las víctimas a la supresión de las publicaciones e imágenes aplicado a los buscadores en internet y a los medios de difusión públicos.

7.3. Desglose legal de los criterios cuantificadores. Análisis del artículo 28 ter.2 de la LOVG

El desglose de los daños mínimamente indemnizables tanto a las víctimas como a sus familiares se regula en el art. 28 ter.2 de la LOVG sobre las medidas para garantizar el derecho de las víctimas a una reparación integral comprende: *a) El daño físico y psicológico, incluido el daño moral y el daño a la indignidad.* b) *La pérdida de oportunidades, incluidas las oportunidades de educación, empleo y prestaciones sociales. c) Los daños materiales y la pérdida de ingresos, incluido el lucro cesante. d) El daño social, entendido como el daño al proyecto de vida. e) El tratamiento terapéutico, social y de salud sexual y reproductiva.* De este modo, dentro del *catálogo* de daños indemnizables de forma autónoma, que toma como precedente la Ley 35/1995, de 11 de noviembre, de Ayudas y Asistencia a las víctimas de delitos violentos y contra la libertad sexual, se incluyen tanto los daños patrimoniales como los extrapatrimoniales y dentro de estos, tanto el daño moral como el daño causado a la dignidad personal de la víctima. La satisfacción económica de la víctima solo se hará efectiva

79 MÚRTULA LAFUENTE, V.: «Mujeres mayores…», cit. p. 82.

80 La SAP de las Palmas de 20 de marzo de 2024. Ponente Victoria Rosell, impone al padre que había abusado sexualmente de su hija menor de edad en varias ocasiones «abstenerse de difundir entre terceros las circunstancias de estos hechos en contra de la víctima, y específicamente de desacreditar la veracidad de los hechos probados». En este supuesto se tiene en cuenta la importancia que para la víctima tiene el que su padre niegue o manipule los hechos probados.

cuando esta pueda acreditar cada uno de los daños infringidos y que el responsable no sea declarado insolvente[81].

El ordinal tercero de la norma determina que la indemnización será satisfecha por la o las personas civil o penalmente responsables, de acuerdo con la normativa vigente. En atención a esta norma, en armónica coherencia con lo dispuesto en el art. 113 del Código penal, el titular de las pretensiones resarcitorias civiles del daño será la víctima, quien está vinculada a su agresor por una relación conyugal, convivencial o sentimental, considerándose una víctima directa. Respecto a los daños físicos, solo pueden reputarse perjudicadas las personas que padecen las lesiones, aunque tratándose del resarcimiento de los daños morales, tienen la consideración de damnificados los familiares más próximos a la víctima por el dolor que les causa la pérdida de un ser querido[82] o por haber presenciado las conductas antijurídicas, incluyéndose a terceros.

7.3.1. Daño físico y psicológico

La norma distingue el daño causado tanto en la salud física como en la salud mental de la víctima, distinguiendo el daño corporal del daño psíquico o corporal psicológico. Se consideran daños físicos aquellos que afectan a la integridad física de la víctima con motivo de las lesiones físicas, secuelas y sus consecuencias, como las intervenciones quirúrgicas a las que la víctima se ha sometido, tratamientos recibidos, rehabilitaciones y pruebas de diagnóstico. En relación con los problemas de salud mental, los daños psíquicos se asocian a enfermedades, patologías, trastornos mentales que traen su causa en la situación traumática vivida, con motivo de un determinado acontecimiento o como consecuencia de los malos tratos habituales[83]. Estas patologías que afectan a la salud mental de la víctima son perfectamente recognoscibles, evaluables a través de informes médicos, por tanto, plenamente verificables. El titular de la pretensión resarcitoria lo será las víctimas de este tipo de daños.

---

81 JARDÓN PARDO DE SANTAYANA, J.: «El alcance y la garantía del derecho a la reparación», Garantía y protección integral del derecho a la libertad sexual y la erradicación de todas las violencias sexuales, dir. Djamil Tony Kahale Carrillo, Ediciones Laborum, 2023, p. 165.

82 Sobre este particular VELA SÁNCHEZ, A.J.: «Claves para la indemnización por daño moral en la violencia de género sobre la pareja», Diario la Ley, nº 9774, enero 2021, La Ley 15078/2020.

83 ÁLVAREZ SUÁREZ, L.: «El resarcimiento del daño moral a las víctimas de delitos de violencia de género en el ordenamiento jurídico español», Revista de Ciencias Sociales: Facultad de Derecho, N.º 77, 2020, p. 67.

7.3.2. El daño moral y daño a la dignidad personal

El daño moral, *pretium doloris*, es un concepto impreciso en sí mismo, siempre irreparable, aunque compensable económicamente. En este sentido MAGRO SERVET señala que se trata de un daño que ha padecido la víctima y que «es justo que sea compensado, porque reparado, no va a poder serlo, porque nadie va a devolver a la víctima a su estado anterior a la comisión del delito por su pareja o expareja»[84].

Consiste en el sufrimiento físico, psíquico o emocional que padece la persona directamente agraviada, sus familiares o terceros. En los supuestos de malos tratos continuados, el daño no solo afecta a la integridad física de la víctima, sino a su dignidad y estabilidad emocional, que, en el seno de una relación de pareja, somete a la mujer a una vejación y humillación metódica y deliberada que tiene por objetivo lograr una situación de dominio que vulnera su propia dignidad personal[85]. Se apunta a que los delitos que se comenten en el ámbito de las relaciones familiares llevan consigo un daño moral más allá del físico que es evidente, «y ello, porque se trata de un daño provocado por quien es tu pareja, tu marido, la persona con la que convives y con quien has ideado un proyecto de vida en común», queriendo esto decir, que el delito no lo ha cometido un tercero ajeno a la víctima, sino alguien totalmente cercano a ella lo cual le supone un daño adicional al propio que se produce por la responsabilidad civil que dimana del delito[86]. En tales circunstancias es frecuente apreciar en la víctima situaciones de abatimiento, sentimiento de culpa, de fracaso, desasosiego, perfectamente compatibles con la vivencia de malos tratos.

Aunque el daño moral puede acarrear importantes secuelas psicológicas, lo cierto es que daño moral y daño psicológico no pueden identificarse. Que el daño moral no tiene por qué ir acompañado de una patología psicológica concreta se confirma

84 MAGRO SERVET, V.: «El daño moral indemnizable en la violencia de género», Diario la Ley, nº 9015, 6 de julio de 2017, p. 2. En idéntico sentido VELA SÁNCHEZ, A.J.: *Las consecuencias*, cit. p. 166 cuando pone de manifiesto que: «En definitiva, la indemnización del daño moral no haría desaparecer el daño o perjuicio ocasionado, pero serviría de solemne desagravio y de autorizada afirmación de la estimación y consideración social de los bienes jurídicos lesionados que, en esta sede de violencia de género sobre la pareja, serían la dignidad de la víctima y la paz familiar». A este respecto solo cabe significar que el nuevo desglose legal de daños indemnizables diferencia el daño moral del daño a la dignidad personal.

85 STS (Sala Segunda) 932/2003 de 27 de junio de 2003, cuando declara que el tipo delictivo del art. 153 del Código Penal contempla «una agresión continuada, que afecta no sólo a la integridad física sino a la dignidad y la estabilidad psíquica de la persona que, en el seno de una relación de pareja, se ve sometida, por uno de sus componentes, a una vejación y humillación continuada, metódica y deliberada, que tiene como objetivo conseguir una situación de dominio, que vulnera la propia personalidad de la víctima».

86 MAGRO SERVET, V.: cit, pp.1-2.

en el pronunciamiento que realiza la STS 35/2023 de 26 de enero (F.J.7), cuando declara que: «El daño moral no tiene por qué identificarse con las secuelas psicológicas, sino que tiene un espacio propio que va más allá, en el que cabe valorar las situaciones de angustia y frustración, miedo o padecimiento, en general, que ha soportado quien sufre las consecuencias del daño y que merecen un resarcimiento que hace razonable la cantidad que se fija en concepto de daño moral».

Toda conducta de violencia machista es generadora de un daño moral inherente a este tipo de delitos, de manera que la mera perpetración de un delito de violencia sexual y/o machista y sus consecuencias, genera en sí mismo un daño moral de forma directa y natural, pudiéndose constatar un sufrimiento o un sentimiento de dignidad lastimada o vejada susceptible de ser valorado económicamente, pudiéndose deducir simplemente del carácter irreparable de los daños sufridos en el bienestar de la víctima y en su desarrollo afectivo. En este sentido se muestra la STS 923/2022 de 24 de noviembre en un supuesto de abuso sexual, al poner de relieve que el daño moral, en algunos delitos, adquiere una relevancia descriptiva autoevidente, lesión que de por sí puede y debe ser resarcida, aun mediante fórmulas no estrictamente reparadoras como puede ser la indemnización.

El daño moral no precisa de una previa acreditación médica o de la existencia de un resultado concreto, como la aparición de una patología psicológica verificable, dado que es inherente a las conductas antijurídicas realizadas.

Su principal dificultad reside en la fijación de la cuantía indemnizatoria dada la subjetividad que acompaña, tanto al daño moral como al daño en la dignidad personal de la víctima, de difícil valoración, conocida la inexistencia de un baremo que contenga criterios estrictamente objetivos. Para su determinación se atenderá a las circunstancias del caso, en orden a la naturaleza y gravedad de la conducta antijurídica del agresor, a la gravedad de las secuelas producidas, a las circunstancias personales de las víctimas, la concreta situación de vulnerabilidad en la que estas quedan, la incidencia de las conductas antijurídicas en sus vidas, teniendo muy presente el relato de las víctimas[87]. Ha de tomarse también en consideración la cuantía solicitada. Su fijación se deja, por tanto, al prudente arbitrio de los tribunales, sin que dichas cuantías puedan ser revisadas en casación en tanto sean consecuentes con los principios de congruencia y proporcionalidad, es decir, que no sean desmesuradas, injustas y/o desproporcionadas. Para la valoración de la cuantía serán determinantes los informes periciales, particularmente, para la valoración del daño moral, social y el daño a la dignidad personal, siendo preciso referirse en este punto concreto a la Disposición

87 Será muy importante detenerse en el contenido y detalles del testimonio de la víctima, conforme a los principios de credibilidad y verosimilitud, que, junto al resto de pruebas testificales y periciales, resultan suficiente para enervar y destruir la presunción de inocencia.

Adicional 2ª de la LOVG[88] en base a la cual se crean las Unidades de Valoración Forense Integral (UVFI), reguladas en el art. 47 de la LOGILS. Configuradas como unidades funcionales de asesoramiento técnico especializado, están compuestas por un equipo de profesionales interdisciplinar, de la medicina, psicología y trabajo social forense, que tiene entre sus principales funciones hacer una valoración integral de la víctima, el agresor, los hijos y el entorno familiar en el que se ha producido este tipo de violencia, elaborando informes, diseñando protocolos de actuación global e integral, prestando asesoramiento técnico a los Juzgados y principalmente a los Juzgados de Violencia sobre la mujer. En estos protocolos deberá tenerse en cuenta las necesidades y derechos de las víctimas, particularmente si se trata de menores de edad o con discapacidad. Estos informes de valoración serán utilizados, junto a las pruebas periciales o testimoniales, para tomar decisiones fundamentadas en cuanto a la determinación de las cuantías indemnizatorias. Igualmente, realizarán una valoración de la gravedad de la situación y del riesgo de reiteración de la violencia a efectos de gestionar dicho riesgo y garantizar, en su caso, la coordinación de la seguridad y el apoyo a las víctimas, tal y como se señala en el art. 47. 3 *in fine* de la LOGILS.

Los titulares de las pretensiones resarcitorias son las víctimas y sus familiares ante el dolor que les produce la pérdida de una madre, de una hija o de una hermana. Los hijos que presencian determinados episodios de violencia, incluyéndose a los terceros, considerados como tales, los compañeros sentimentales de las víctimas[89], de conformidad con lo que determina el art. 113 del Código Penal.

7.3.3. La pérdida de oportunidad en cuanto a la educación, empleo y prestaciones sociales

La doctrina de la pérdida de oportunidad se ha venido aplicando en el ámbito de responsabilidad civil de abogados y procuradores para los supuestos en los que estos actúan de manera negligente, como sucede cuando no interponen una demanda, una acción o un recurso, o lo hacen extemporáneamente, impidiendo a su clien-

88 Cuando dispone que: «El Gobierno y las comunidades autónomas que hayan asumido competencias en materia de justicia, organizarán en el ámbito que a cada una le es propio los servicios forenses de modo que cuenten con unidades de valoración forense integral encargadas de diseñar protocolos de actuación global e integral en casos de violencia de género. Estos protocolos deberán prestar especial atención a la violencia vicaria».

89 En la STS (Sala de lo Penal) 1750/2003, de 18 de diciembre, se reconoce la procedencia de indemnizar tanto a la esposa del acusado como a su compañero sentimental por haber sufrido ambos perjuicios morales como consecuencia de su conducta delictiva, consistente en un delito de malos tratos habituales tras conocer la relación sentimental que existía entre ambos. A consecuencia de la situación de acoso, ambos fueron hospitalizados en un intento de autolisis por ingesta de fármacos.

te de la posibilidad de obtener un resultado beneficioso para sus intereses, conocida como la pérdida de oportunidad procesal. Esta doctrina se ha extendido también al ámbito sanitario. Siguiendo en este punto a SANTOS MORÓN, la pérdida de oportunidad en este ámbito se refiere a que, como consecuencia del comportamiento negligente del agente causante del daño se produce la pérdida de un beneficio o la posibilidad de evitar un daño[90]. Esta doctrina se aplica básicamente a los supuestos de error en el diagnóstico o de diagnóstico tardío, a consecuencia de los cuales, se priva al paciente de las expectativas de mejoría o de poder lograr una recuperación completa, considerándose adecuado a la *lex artis* haber tenido que completar los estudios realizados con otras técnicas, lo cual hace que el paciente pierda la oportunidad de que la enfermedad que realmente padece le haya sido adecuadamente diagnosticada[91]. Asimismo, esta doctrina se aplica a los supuestos en los que existen errores en el consentimiento informado que se presenta a la firma de los pacientes, concretamente, en relación con la falta de información sobre los riesgos y las consecuencias que puede tener un determinado tratamiento o una intervención quirúrgica, lo cual impide que este realice una valoración adecuada de los riesgos que conlleva la intervención o el tratamiento, y consecuentemente, perdiendo la oportunidad de adoptar una decisión plenamente consciente, dándose lugar a la pérdida de oportunidad terapéutica.

Aplicada al ámbito concreto de la responsabilidad civil derivada de los delitos de violencia de género, la pérdida de oportunidad se configura como un daño resarcible de forma autónoma e independiente, distinto del daño final que se ocasiona a las víctimas, que consiste en la pérdida de oportunidades en orden a la educación, empleo o prestaciones sociales *ex* art. 28 ter 2. b) LOVG, incluyéndose la pérdida de oportunidad de supervivencia para el caso de que la conducta antijurídica del agresor haya provocado el fallecimiento de la víctima o afectar a las expectativas de indemnidad en cuanto a su seguridad y libertad. La pérdida de la oportunidad de que las condiciones de vida de la víctima hubieran sido otras si no hubiera padecido malos tratos es susceptible en sí misma de ser indemnizada.

El objeto de indemnización es haber perdido la posibilidad de cursar o terminar unos estudios o de seguir con una formación académica. La pérdida de oportunidad en cuanto a la educación se extiende a las menores víctimas de violencia, en tanto que, en un contexto de maltrato habitual, insufrible, de desprecio para la madre y

90 SANTOS MORÓN, M.ª J.: «La pérdida de oportunidad en el ámbito sanitario», Indret: Revista para el análisis del Derecho, N.º 2, 2024, p. 3.

91 La STSJ Gal 276/2023 de 29 de marzo, estima la pérdida de oportunidad de una paciente, fumadora, con cáncer de pulmón, por haberse acreditado un error en el diagnóstico, incluido el daño moral que se ha causado al esposo y a sus dos hijos por no haber llegado a conocer el diagnóstico real de la patología previa a su fallecimiento.

para los hijos/as, la pérdida de la oportunidad de acceder a una educación normalizada es un daño susceptible de ser compensado económicamente.

La pérdida de oportunidad en el empleo incluye tanto la imposibilidad de conseguir un empleo como de mantenerse en el que ya se tenía, como consecuencia de las secuelas producidas por los malos tratos. El absentismo laboral que provoca el maltrato habitual de la víctima puede dar lugar a la pérdida de su puesto de trabajo, por la necesidad de trasladarse a otra residencia o centro de trabajo. Asimismo, puede haber perdido la posibilidad de acceder a ciertas prestaciones sociales, como la prestación por desempleo por falta de renovación de la demanda de empleo, por no haber podido aceptar las ofertas de empleo o por no haber podido participar en programas de formación o renovación profesional.

7.3.4. Los daños materiales y la pérdida de ingresos, incluido el lucro cesante

Además de la responsabilidad simbólica y del daño moral, son indemnizables los daños patrimoniales que se ocasionan con motivo de la perpetración de delitos patrimoniales, como apropiación indebida, estafa o reintegros de saldos indebidos, como sucede en los supuestos de violencia económica. Igualmente se incluyen los daños materiales que se ocasionan a la víctima con motivo de la pérdida, menoscabo o detrimento del valor que se produce en sus bienes como consecuencia de la conducta antijurídica seguida por su pareja o expareja. Se incluye igualmente el lucro cesante *ex* art. 1106 del Código civil, considerado como la pérdida de ganancias que hubiera podido obtener la víctima si hubiera estado trabajando durante el tiempo que ha durado su restablecimiento o recuperación. El lucro cesante se define, por tanto, como la pérdida injustificada de una ganancia que razonablemente se tenía que haber obtenido. En todo caso debe ser probado sin que pueda llegar a suponerse. Los titulares de las prestaciones resarcitorias lo serán los perjudicados directamente, teniendo en cuenta que cuando el resultado final es la muerte de la víctima, las personas que dependen económicamente de ella se verán abocadas a vivir serias dificultades económicas.

7.3.5. El daño social, entendido como el daño causado al proyecto de vida. La exclusión y vulnerabilidad social de la víctima

A pesar de la falta de una delimitación conceptual precisa sobre el daño social por parte de la jurisprudencia[92], considerado de forma individual como una nueva partida

92 Entre las primeras sentencias que se refieren directamente al daño social, cabe aludirse a la SAP Álava, Sección segunda, Sentencia 311/2017 de 28 de noviembre, Rec. 78/2027. En ella se remarca

de daño indemnizable recientemente incorporada por la LOGILS, resulta evidente que la violencia de género produce efectos muy negativos en el ámbito de las relaciones familiares, sociales y laborales de las víctimas, al tiempo que es causa de su exclusión y vulnerabilidad social. La situación de una mujer maltratada se ve gravemente afectada por las restricciones impuestas por su pareja en cuanto a sus relaciones sociales. Es prácticamente imposible que socialice con normalidad cuando su pareja le impide relacionarse. La disminución de contactos, de su frecuencia y duración, conlleva una pérdida evidente de los apoyos necesarios para su desarrollo personal y social. El resultado final es su aislamiento y su dependencia emocional del agresor, afectando gravemente a su bienestar emocional que termina fracturando su proyecto particular de vida. Esta nueva dimensión valora autónomamente los perjuicios sociales que se causan a la víctima. Su evaluación corresponde a las UVFIVG (Unidades de Valoración Forense Integral de Violencia de Género)

El daño social se refiere a la afectación que sufre la víctima debido a las dificultades a las que se enfrenta para integrarse, desarrollar sus aptitudes y adaptarse adecuadamente a su entorno social. El daño moral se evalúa independientemente al daño social. Mientras el daño moral afecta a la esfera más personal de la víctima, el daño social valora las consecuencias sociales, como el deterioro o la pérdida de las relaciones familiares, de amistad o laborales, directamente relacionadas con las situaciones de maltrato y de control que se ejerce sobre la víctima, lo que contribuye inevitablemente a la pérdida de su calidad de vida y a la ruptura de su proyecto vital.

Resulta especialmente significativa la SAP de Badajoz de 2 de diciembre de 2019[93]. En un contexto de pánico, de agresiones físicas, psíquicas y sexuales en relación con las hijas, el Tribunal declara en relación con el daño social que: «Asimismo, todas ellas presentan daño social asociado a la violencia vivenciada, tanto por el estigma en su entorno social con repercusión potencial en todas las áreas que afectan a la inclusión social, como por la pérdida de la relación con la familia paterna como sistema de apoyo significativo para el bienestar. Se objetiva un menoscabo de todas ellas a su capacidad de relacionarse de forma saludable y en igualdad de condiciones

---

las dificultades de la víctima para salir de la relación que mantuvo durante su adolescencia, «aliviándose y recuperando apoyos (resarciéndose del daño social sufrido). Se trataba de una relación que le marcó, no obstante, consiguió normalizar su vida, con una pareja, fortaleciéndose y recomponiéndose. En la SAP de Murcia (Sección 3ª Penal) Sentencia núm. 158/2019 de 7 mayo, se determina que: «El informe de valoración social aprecia una notable vulnerabilidad personal en la perjudicada en la que se identifican sentimientos de inseguridad (culpabilidad y pérdida) por los resultados, en su propia vida y en la del denunciado, con la interposición de la denuncia. En la valoración del daño social sufrido por la perjudicada y las consecuencias sociales de los hechos afectan a su capacidad para salir adelante por sí misma ante el riesgo de carecer de una red de apoyo socio familiar, de recursos económicos propios, tener un hijo a su cargo de corta edad y el estigma sufrido en su entorno. Obligada a un cambio de domicilio y lugar de residencia».

93 SAP de Badajoz 40/2019 de 2 diciembre.

con los demás, destacando por su especial gravedad el caso de Carla, cuyas posibilidades de situarse en una relación de pareja desde posturas funcionales ha sido inviable hasta la fecha y que se estima que lo va a seguir siendo a medio-largo plazo, pudiendo convertirse con el tiempo en secuela social».

Entre los daños sociales a valorar cabe referirse al aislamiento familiar, social y laboral; al deterioro o a la pérdida temporal o definitiva de relaciones familiares y de aquellas que se desarrollan en el ámbito de las relaciones de trabajo o de amistad; la disminución en sus habilidades sociales junto a la aparición de dificultades para relacionarse, incluso cabe valorar la adopción de conductas adictivas por parte de la víctima como consecuencia directa de la violencia machista o sexual padecida[94], las graves dificultades a las que la víctima se enfrenta para emprender una nueva vida en pareja o la pérdida definitiva del apoyo social o familiar producida como consecuencia de un cambio de residencia[95].

Concluimos diciendo que el daño social se refiere a la situación de vulnerabilidad y falta de autoconfianza producida en la víctima en sus relaciones familiares, de amistad o laborales, a la pérdida de sus apoyos habituales, así como al detrimento que se produce en su calidad de vida, lo cual, sin duda, genera grandes dificultades para reanudar o recuperar sus relaciones sociales. Apunta VELA SÁNCHEZ que la intensidad del impacto familiar y social que los delitos de violencia de género producen en la victima puede provocar que la persona padezca una particular situación de vulnerabilidad «cuya consideración legal entraña, además de los aspectos internos de la persona, los aspectos externos que la rodean como sería las circunstancias sociales, familiares, económicas y laborales»[96]. Es importante considerar que la vulnerabilidad se intensifica en el contexto de la obligada monomarentalidad que se genera con motivo de la violencia de género. Esta situación afecta a todo el entorno familiar, ya que la crianza, educación y cuidados a cargo exclusivamente de la madre produce importantes repercusiones en su esfera personal, económica, laboral[97] y social.

---

94 Son muy frecuentes los supuestos en los que la mujer habitualmente maltratada y/o víctimas de violencia sexual caen en adicciones de droga, alcoholismo o de determinados fármacos.

95 MÚRTULA LA FUENTE, M.: «Mujeres mayores…», cit, p. 102.

96 VELA SÁNCHEZ, A.: «Violencia de género y daño social», Diario La Ley, N.º 10196, Sección Doctrina, 27 de diciembre de 2022, LA LEY 11093/2022.

97 Precisamente para suavizar el impacto de la violencia machista y/o sexual, el art. 38 de la LOGILS reconoce el derecho de las víctimas de violencia sexual machista a la reducción o reordenación de su tiempo de trabajo, a la movilidad geográfica, a un cambio de centro de trabajo, a la adaptación de su puesto de trabajo y a los apoyos que precisen por razón de su discapacidad para su reincorporación, a la suspensión de la relación laboral con reserva de puesto de trabajo y a la extinción del contrato de trabajo. El período de suspensión tendrá una duración inicial que no podrá exceder de seis meses, salvo que de las actuaciones de tutela judicial resultase que la efectividad del derecho de protección de la víctima requiriese la continuidad de la suspensión. En este caso, el juez podrá prorrogar la

7.3.6. El tratamiento terapéutico, social y de salud sexual o reproductiva

Según lo dispuesto en el art. 55 de la LOGILS dispone que: «Las administraciones públicas garantizarán las medidas necesarias para procurar la completa recuperación física, psíquica y social de las víctimas a través de la red de recursos de atención integral previstos en el título IV. Asimismo, promoverán el restablecimiento de su dignidad y reputación, la superación de cualquier situación de estigmatización y el derecho de supresión aplicado a buscadores en Internet y medios de difusión públicos. 2. Las administraciones públicas podrán establecer ayudas complementarias destinadas a las víctimas que, por la especificidad o gravedad de las secuelas derivadas de la violencia, no encuentren una respuesta adecuada o suficiente en la red de recursos de atención y recuperación, quienes podrán recibir ayudas adicionales para financiar los tratamientos sanitarios adecuados, incluyendo los tratamientos de reconstrucción genital femenina, si fueran necesarios».

No obstante, en relación con la plena recuperación de las víctimas, el art. 19 LOVG establece que el Sistema Público de Salud, garantiza a las mujeres víctimas de violencia de género, así como a sus hijos/as, el derecho a la atención sanitaria, con especial atención psicológica y psiquiátrica, y al seguimiento de la evolución de su estado de salud hasta su total recuperación, en lo concerniente a la sintomatología o las secuelas psíquicas y físicas derivadas de la situación de violencia sufrida. Asimismo, los servicios sanitarios deberán contar con psicólogos infantiles para la atención de los hijos e hijas menores que sean víctimas de violencia vicaria. En este punto hay que recordar que, conforme a lo dispuesto en el art. 156 del Código civil, habiéndose dictado sentencia firme, mientras esté en curso el procedimiento penal o se haya iniciado por alguno de los delitos relacionados con la violencia de género, bastará el consentimiento de la madre para que sus hijos menores puedan recibir la atención y asistencia psicológica que necesita, con obligación, eso sí, de informar al otro progenitor.

Concluimos diciendo que la violencia machista tiene un gravísimo impacto en la salud de las víctimas, no solo a nivel físico, sino también psíquico, con la aparición de alteraciones psicológicas específicas relacionadas con la ansiedad, estrés postraumático, depresión, aislamiento, pérdida de autoestima personal, estado permanente de pánico o miedo. Estos cuadros prolongan considerablemente la recuperación de

---

suspensión por períodos de tres meses, con un máximo de dieciocho meses. Se les reconoce explícitamente el derecho a la protección por desempleo (art. 38.2), al mismo tiempo que en su párrafo cuarto se establece que: «Las ausencias o faltas de puntualidad al trabajo motivadas por la situación física o psicológica derivada de las violencias sexuales se considerarán justificadas y serán remuneradas cuando así lo determinen los servicios sociales de atención o servicios de salud, según proceda, sin perjuicio de que dichas ausencias sean comunicadas por la trabajadora a la empresa a la mayor brevedad».

las víctimas y hace necesario acudir a diferentes tratamientos con el propósito de superar, tanto las secuelas físicas, como psíquicas y sociales, incluida aquellas que se refieren a la salud sexual o reproductiva de las víctimas, –como la reconstrucción genital– cuyo coste debe ser evaluado detalladamente para fijar adecuadamente la cuantía indemnizatoria.

III
Repercusiones jurídicas en el ámbito personal. Cambio de identidad por motivos de seguridad o por voluntad del hijo que no quiere llevar el apellido de su padre

1. CAMBIO DE APELLIDO O DE IDENTIDAD EN SUPUESTOS DE VIOLENCIA DE GÉNERO POR RAZONES DE SEGURIDAD. LA CONSIDERACIÓN DEL CAMBIO LEGALMENTE AUTORIZADO COMO DATO PARTICULARMENTE PROTEGIDO Y DE ACCESO RESTRINGIDO

El cambio de nombre y apellidos se regula en los arts. 53 a 55 LRC[98], sabido que es posible el cambio de apellidos mediante Orden del Ministerio de Justicia en supuestos de violencia de género sin necesidad de cumplir los requisitos establecidos en el art. 54. 2 LRC[99]. También es posible autorizar un cambio de identidad

98 BERROCAL LANZAROT, A I.: «Identidad personal. El nombre y los apellidos. El interés superior del menor», Revista Crítica de Derecho Inmobiliario, N.º 760, 2017, pp. 937 a 975.

99 El art. 54.2 LRC dispone que: «2. Son requisitos necesarios de la petición de cambio de apellidos: a) Que el apellido en la forma propuesta constituya una situación de hecho, siendo utilizado habitualmente por el interesado. b) Que el apellido o apellidos que se tratan de unir o modificar pertenezcan legítimamente al peticionario. c) Que los apellidos que resulten del cambio no provengan de la misma línea. Podrá formularse oposición fundada únicamente en el incumplimiento de los requisitos exigidos».

total sin necesidad de cumplir los requisitos del art. 54.2 LRC, por razones de urgencia, seguridad o cuando concurran circunstancias excepcionales según se dispone en los arts. arts. 54.4 *in fine* y 55 LRC. El nombre y los apellidos son elementos primordiales para la identificación de la persona y, como tal se incorporan a la inscripción de nacimiento[100]. En base al principio constitucional del libre desarrollo de la personalidad (art. 10.1 CE), se permite a la persona tomar decisiones en relación con su propia identidad con plena eficacia jurídica, identidad en la que se subsumen aspectos como el nombre y el género a tenor del principio de la libre autodeterminación de género que se infiere de la regulación contenida en la Ley 4/2023, de 28 de febrero, para la igualdad real y efectiva de las personas trans y para la garantía de los derechos de las personas LGTBI. No cabe olvidar, que la propia identidad constituye una cualidad principal del ser humano, de modo que, determinar «la propia identidad no es un acto más de la persona, sino una decisión vital, en el sentido que coloca al sujeto en la posición de poder desenvolver su propia personalidad»[101].

Dicho esto, resulta indispensable referirse al carácter de orden público de los apellidos, sustraído, por tanto, de la autonomía individual, de modo que el cambio, adición o rectificación solo es admisible en los casos y con las formalidades determinadas legalmente. En segundo lugar, hay que recordar que la legislación española se rige por el principio de duplicidad de apellidos y consiguiente duplicidad de líneas, –línea paterna y materna–, por lo que la regla general es que resultará contra-

100 Los Tratados Internacionales de Derechos Humanos suscritos por España, reconocen el derecho al nombre como un Derecho fundamental de la persona. Así el art. 24.2 del Pacto Internacional de Derechos Civiles y Políticos, hecho en Nueva York el 19 de diciembre de 1966. Instrumento de Ratificación de España de 13 de abril de 1977 dispone que: «El niño será inscrito inmediatamente después de su nacimiento y deberá tener nombre». Asimismo, debe tenerse en cuenta lo dispuesto en los arts. 7.1 de la Convención de Naciones Unidas sobre los Derechos del niño de 20 noviembre de 1989. Instrumento de ratificación del 30 de noviembre de 1990, cuando dispone que: «Art. 7.1. El niño será inscrito inmediatamente después de su nacimiento y tendrá derecho desde que nace a un nombre, a adquirir una nacionalidad y, en la medida de lo posible, a conocer a sus padres y a ser cuidado por ellos». Por su parte, su art. 8.1 dispone que: «Los Estados Parte se comprometen a respetar el derecho del niño a preservar su identidad, incluidos la nacionalidad, el nombre y las relaciones familiares de conformidad con la ley sin injerencias ilícitas». La Exposición de Motivos de la Ley de Registro civil afirma que el nombre y los apellidos se configuran como elemento de identidad del nacido derivado del derecho de la personalidad y como tal se incorpora en la inscripción del nacimiento.

101 Tal y cómo ha declarado la STC 99/2019 de 18 de julio, al declarar la inconstitucionalidad del art. 1.1 de la Ley 3/2007, de 15 de marzo, reguladora de la rectificación registral de la mención relativa al sexo. Esta Ley ha sido ha sido derogada por la Ley 4/2023, de 28 de febrero, de igualdad real y efectiva de las personas trans y garantía de los derechos LGTBI. El TC declara la inconstitucionalidad de la norma por vulneración de los arts. 10.1, 15, 18.1 y 43.1, dado que los menores transexuales no estaban legitimados para solicitar la rectificación registral relativa a la mención relativa al sexo.

rio al orden público que un español se le designe con un solo apellido al amparo de la infugibilidad de las líneas[102].

El cambio de apellidos puede solicitarse en nombre propio o en representación de los hijos menores de edad[103]. El artículo 54.5 LRC, en la redacción que le ha sido dada por la Ley 6/2021, de 28 de abril, por la que se modifica la Ley de Registro civil, posibilita el ejercicio de la facultad de cambio de apellidos en favor de las víctimas de violencia de género y de sus descendientes, ante la concurrencia de una situación de urgencia o de seguridad o la concurrencia de circunstancias excepcionales que así lo requieran. Se trata de una medida de carácter excepcional, que responde al derecho de las víctimas a recibir una protección integral y al derecho a ser reparadas integralmente.

De conformidad con lo dispuesto en el art. 208 del RRC[104], el cambio de apellidos se inicia mediante solicitud realizada de forma personal, acreditando haber sido víctima de violencia de género, como sucede cuando se ha sido beneficiaria de alguna medida de protección. Realizada la solicitud por escrito o mediante comparecencia ante el Encargado del Registro Civil, acompañada de la documentación mínima exigida, se procede a instruir un expediente administrativo por el encargado del Registro Civil, con intervención del Ministerio Fiscal, que una vez concluido

102 CASTELLANOS CÁMARA, S.: «Cambio de apellidos en circunstancias «excepcionales», Revista Cuadernos Civitas de Jurisrpudencia Civil, núm. 122/2023, BIB 2023\1580, p. 4.

103 La STS 659/2016 de 10 de noviembre, en un supuesto muy particular de desacuerdo en el orden de los apellidos entre los progenitores, estima el recurso de casación interpuesto por la madre del menor, en el sentido de considerar que no procede el cambio en el orden de los apellidos respecto a un menor al que se le había otorgado como primer apellido el de la madre, por ser la única filiación reconocida hasta el momento. Mediante el correspondiente procedimiento de reclamación de la filiación paterna extramatrimonial, reconocida la paternidad, el padre solicita el cambio en el orden de los apellidos que consta en el Registro civil. El TS considera que, en aras al protegible interés del menor, debe mantenerse como primer apellido el de la madre, en tanto que viene identificándose así en todos los ámbitos, familiar, social o escolar, teniendo seguramente en cuenta que la reclamación de la paternidad fue muy tardía.

104 En la redacción que le ha sido dada por el número tres del artículo único del RD 170/2007, de 9 de febrero, por el que se modifica el Reglamento de Registro Civil, aprobado por RD de 14 de noviembre de 1958. En el mismo explícitamente se expone en su parte preliminar que: «el casuismo de la genérica expresión utilizada por el artículo 208 del Reglamento del Registro Civil de circunstancias excepcionales puede abarcar casos en que la excepcionalidad venga acompañada por la urgencia y perentoriedad de su apreciación por afectar a la protección de derechos fundamentales básicos como la vida o integridad física, de la persona afectada (ex art. 15 CE). Este es el caso en que pueden encontrarse aquellas personas, especialmente en el caso de las mujeres, que ven amenazada su seguridad personal por el acoso moral o físico que sufren en el marco de la violencia doméstica o de género. En estos casos la autorización del cambio de apellidos de tales personas, y eventualmente de los hijos que se encuentren bajo su custodia y sometidos a la misma amenaza, puede representar un instrumento jurídico de protección útil como complemento a eventuales órdenes judiciales de alejamiento y otras medidas cautelares en la medida en que dificulta la localización de la víctima del presunto agresor».

se remite al Ministerio de Justicia a fin de que se dicte la correspondiente Orden Ministerial con la que finalmente se autoriza o no el cambio. La Orden del Ministro de Justicia no es objeto de publicación en el «Boletín Oficial del Estado», ni en cualquier otro medio (artículo 208 RRC) cuando establece en su último inciso que: «Lo dispuesto en este artículo se entiende sin perjuicio del ejercicio de las acciones que puedan proceder una vez concedida la autorización del cambio y, en particular, en caso de que se apreciare con posteridad a la autorización del cambio la existencia de simulación o fraude por parte del solicitante».

Para los supuestos más patológicos se autoriza legalmente el cambio total de identidad de las víctimas de violencia de género[105], considerada como una medida excepcional, adoptada para dotar de seguridad a las víctimas de violencia de género –tanto respecto a la mujer como a sus hijos menores– con la intención de impedir o al menos dificultar que puedan ser localizadas, procurando que su identidad resulte totalmente desconocida para el agresor[106]. Ha de tenerse en cuenta que, aunque el progenitor haya sido privado de la patria potestad por causa de violencia de género, los hijos siguen conservando los apellidos paternos, de manera que el hecho de que los menores estén sujetos a la patria potestad exclusiva de la madre por haber sido víctimas de violencia de género no evita que puedan ser localizados.

Tal y como se determina en el RD 170/2007, de 9 de febrero por el que se modifica el Reglamento de Registro Civil, el cambio de identidad puede convertirse en una medida de protección totalmente ineficaz como consecuencia del desfase que existe entre la perentoriedad que requiere la situación de riesgo generada y la consiguiente necesidad de protección, así como la exigencia de la tramitación previa del complejo procedimiento previsto en el art. 208 RRC que requiere la previa propuesta del Ministerio de Justicia, audiencia del Consejo de Estado y la posterior aprobación de un Decreto por parte del Gobierno. Una vez más la agilidad de los procedimientos

---

105 «Artículo 54 Cambio de apellidos o de identidad mediante expediente 5. Cuando se trate de víctimas de violencia de género o de sus descendientes que estén o hayan estado integrados en el núcleo familiar de convivencia, podrá autorizarse el cambio de apellidos sin necesidad de cumplir con los requisitos previstos en el apartado 2, de acuerdo con el procedimiento que se determine reglamentariamente.

En estos casos, podrá autorizarse por razones de urgencia o seguridad el cambio total de identidad sin necesidad de cumplir con los requisitos previstos en el apartado 2, de acuerdo con el procedimiento que se determine reglamentariamente».

106 VELA SÁNCHEZ, A. J.: «Violencia de género sobre la pareja y el derecho a cambiar el nombre y los apellidos», La Ley, núm. 9720, 21 de octubre de 2020, p.1. DE LA IGLESIA MONJE, M.ª I.: «El interés del menor y el orden de los apellidos sin acuerdo de los progenitores tras la determinación de la filiación de manera sobrevenida», Revista Crítica de Derecho Inmobiliario, núm. 761, mayo 2017, p.1438 cuando pone de manifiesto que «en caso de violencia de género y como medida excepcional la mujer puede cambiar los apellidos. Se otorga como un medio de protección para impedir su localización y la de sus hijos».

para la adopción de las medidas de protección resulta indispensable para optimizar dicha protección.

La excepcionalidad y riesgo que generan estas situaciones y la urgencia que las acompaña, exige la adopción de medidas también excepcionales dotadas de la inmediatez que tales situaciones requieren. Por ello, la reforma persigue simplificar el procedimiento de autorización de cambio de apellidos en los supuestos de violencia de género «cohonestando la agilización de este con la urgencia de la protección demandada por la víctima. Todo ello sin perjuicio de que en casos de simulación o fraude pueda anularse o revocarse la autorización del cambio de los apellidos a través de las correspondientes acciones y recursos». De todo lo anterior se deduce que las últimas reformas que se han operado en el cambio de apellidos y excepcionalmente de identidad, persiguen simplificar el procedimiento de cambio de apellidos para los supuestos de violencia de género, excepcionándose la regla de conservación de las líneas paterna y materna al permitirse la adopción de los dos apellidos de la madre.

2. LA FACULTAD DE SOLICITAR REGISTRALMENTE EL CAMBIO DE APELLIDOS POR VOLUNTAD DE LA VÍCTIMA DE NO QUERER LLEVAR EL APELLIDO PATERNO

El Consejo de Estado venia ya excepcionando la regla general de que el cambio de apellidos siguiera revelando la pertenencia a ambas líneas, conforme al requisito legal establecido en el art. 54.1.c) de la Ley de Registro Civil, cuando concurren circunstancias excepcionales, consideradas como tales, el padecimiento de violencia de género, pues entre los criterios y valores que pueden extraerse para la apreciación de la excepcionalidad de tales circunstancias se encuentra la interdicción de la violencia de género, cuanto más, tras operarse la modificación del art. 1.2 de la Ley Orgánica 1/2004, de 28 de diciembre, de Medidas de Protección Integral contra la Violencia de Género, por la Ley Orgánica 8/2015, de 22 de julio, a cuyo tenor, los hijos menores de las mujeres que padecen violencia de género tienen también la condición de víctimas.

En el Dictamen del Consejo de Estado 65/2020, de 20 de febrero, se insiste en la idea de que procedimentalmente, para proceder a la rectificación registral de los apellidos se exige la audiencia de ambos progenitores en el marco de un proceso de separación o divorcio y ello, no solo para preservar el interés superior del menor, sino para evitar cualquier atisbo de instrumentalización de este en el marco de un conflicto surgido entre los progenitores. En el presente supuesto, en el que el padre había sido condenado por maltrato habitual, maltrato familiar y dos delitos leves de amenazas de género, además de quedar inhabilitado para el ejercicio de la patria potestad, se elude el trámite de audiencia al progenitor, además de que todo ello, a juicio del Consejo de Estado, permite apreciar la concurrencia de circunstancias excepcionales en el sentido previsto en el art. 58 LRC y «legitima el cambio de apellidos solicitado, con la supresión del apellido paterno y la asunción como propios de los dos apellidos de la madre, lo que constituye una medida proporcionada y adecuada que puede contribuir a superar o templar la situación negativa creada para el menor por la acción del padre»[107].

En atención a lo dispuesto en el artículo 55 LRC, por razones de seguridad y de urgencia u otras circunstancias excepcionales no contempladas en el art. 54.5 LRC podrá autorizarse el cambio de apellidos o el cambio total de identidad, por Orden del Ministerio de Justicia, en los términos fijados reglamentariamente. A nuestro juicio, entre estas circunstancias excepcionales que no se contemplan en el art. 54.5 LRC, se sitúa en primer plano la voluntad de los hijos víctimas de violencia de género de no querer llevar el apellido de un maltratador.

En la STC (Sala Segunda) 167/2013 de 7 de octubre[108], en recurso de amparo promovido por la madre del menor, se solicita se reconozca, en base al derecho a la propia imagen del menor (artículo 18 CE), «el derecho de la madre maltratada a solicitar y conseguir que sus hijos no lleven el apellido del padre que la ha maltratado y que por ende ha maltratado a la familia en sí», así como que «aclare si los menores tienen derecho a que no se les prive de la personalidad que se infiere de la utilización de un determinado nombre y apellido por el que vienen siendo conocidos y si el cambio o alteración de los mismos impuestos legalmente puede suponer una colisión entre el derecho a la filiación paterna y el derecho a la personalidad e imagen del niño». Por todo ello, suplica que se le reconozca el derecho a determinar el orden de los apellidos del menor, de forma que se mantenga como primero el de la madre.

107 En este este supuesto se solicita por la madre el cambio de apellidos de sus tres hijos menores de edad para que lleven sus dos apellidos. El padre había sido condenado por delitos de violencia de género, manteniendo el servicio de Atenpro de móvil alarma ante el miedo de que el padre pudiera hacer algo a los menores. Los tres menores comparecen ante el Encargado del Registro Civil manifestándose plenamente de acuerdo con la solicitud de madre de cambio de apellidos. En sentido contrario, es decir, denegando la solicitud del cambio del orden de los apellidos, el Dictamen núm. 1125/2021, de 3 de marzo, por no aportar prueba alguna de hechos materiales constitutivos de violencia de género.

108 El recurso de amparo se dirige contra la Sentencia del Juzgado de Violencia contra la Mujer núm. 3 de Barcelona de 26 de febrero de 2009, que estimó la demanda de reclamación de filiación no matrimonial núm. 23-2009 y declaró que el actor don José Antonio Juárez Menchón era padre del menor I. L. Q., así como contra la Sentencia de la Sección Décimo Segunda de la Audiencia Provincial de Barcelona, de 21 de diciembre de 2009, que desestimó el recurso de apelación interpuesto por la madre, doña Mireia L. Q. frente a la anterior (rollo de apelación núm. 1020-2009).

Recuerda el TC que el derecho al nombre se encuadra dentro del conjunto de derechos de la persona y «que el apellido es un elemento constitutivo de su identidad y de su vida privada[109], cuya protección se encuentra consagrada por el artículo 7 de la Carta de los derechos fundamentales de la Unión Europea, así como por el artículo 8 del Convenio europeo para la protección de los Derechos Humanos y de las Libertades Fundamentales. Aunque el artículo 8 de dicho Convenio no lo mencione expresamente, el apellido de una persona afecta a su vida privada y familiar al constituir un medio de identificación personal y un vínculo con una familia»[110]. Por otra parte, «al regular el régimen jurídico del derecho al nombre de la persona el legislador no ha obviado la protección de otros valores constitucionalmente relevantes como son, además de la dignidad de la persona (art. 10.1 CE), la protección de la familia en general (art. 39.1 CE) y de los hijos en particular (art. 39.2 CE), así como la seguridad jurídica (art. 9.3 CE) en lo que concierne al estado civil de las personas. También la regulación legal establecida en los arts. 109 del Código civil y 194 del Reglamento del Registro Civil garantizan la determinación de la filiación a través de los apellidos, la posibilidad de los progenitores de decidir un orden diverso al establecido como norma supletoria, así como la posibilidad de la inversión de los mismos por su titular cuando posea la plena capacidad de obrar para así decidirlo libremente y, por último, el interés del Estado, al tratarse de una materia de orden público, en dotar de estabilidad el estado civil mediante la fijación inicial de los apellidos y los supuestos concretos de cambio o alteración de los mismos».

El reconocimiento del ejercicio de esta facultad de carácter personal por parte del hijo a partir de los dieciséis años, admite, como no podía ser de otra manera, la representación por parte de la madre o de los tutores, respondiendo así a la necesidad de restablecer el daño moral que le causa la utilización habitual del apellido paterno, –cuanto más cuando es el primero–, en cualquier ámbito de su vida, ya sea en el ámbito educativo, social o familiar, debiéndose valorar la causa real del daño, como una circunstancia excepcional que justifica la supresión del apellido paterno, pues excepcional es, desde luego, llevar el apellido de un maltratador, de la misma manera que también lo es, la utilización del apellido de quien no ha mantenido vínculo afectivo alguno con los hijos. A este último supuesto se refiere precisamente la STS 795/2022 de 21 de noviembre. Se trata de un supuesto de abandono por parte del padre de una menor de cinco años tras marcharse a Egipto, suceso que ha provocado en la solicitante un rechazo completo al uso de su apellido paterno durante

109 Sentencia del Tribunal de Justicia de la Unión Europea de 22 de diciembre de 2010 (C-208/09, *Sayn-Wittgenstein*, ap. 52).

110 Tal y como expresa la STC, en el mismo sentido en que se había pronunciado el Tribunal Europeo de los Derechos Humanos en las Sentencias *Burghartz c. Suiza* de 22 de febrero de 1994, ap. 24, y *Stjerna c. Finlandia* de 25 de noviembre de 1994, ap. 37.

toda su vida y que ha tenido unas repercusiones muy negativas en la identidad personal de la actora que justifican la pretensión de suprimir el apellido paterno por el uso de los dos apellidos de la madre en sus relaciones personales, familiares y sociales. La petición de la solicitante se sustenta en la concurrencia de cuatro circunstancias: el abandono del progenitor y consiguiente incumplimiento de los deberes parentales sin que hubiera habido privación de la patria potestad; la ruptura total de los vínculos con la familia paterna; el daño psicológico que la situación de abandono le había generado y la situación de hecho consistente en la utilización de los apellidos maternos en su entorno social. Todas estas circunstancias unidas al daño psicológico acreditado por la solicitante conducen al Tribunal a acceder al cambio de apellidos solicitado.

Según se expresa en la sentencia, el término normativo «circunstancias excepcionales» «constituye una suerte de concepto jurídico indeterminado, toda vez que no pueden ser plenamente delimitadas con exhaustividad o ser susceptibles de precisión en su descripción normativa, habida cuenta de la riqueza de matices que ofrecen, lo que conduce a que deban ser concretadas mediante el análisis y ponderación de la casuística del proceso. Lo excepcional, por su propia naturaleza, no es de apriorística predeterminación, dada la variedad de posibilidades en que puede manifestarse. En definitiva, es preciso determinar si nos encontramos ante un supuesto peculiar, que se aparta de lo común, de modo que hace razonable y, por consiguiente, justifica, la autorización del cambio de apellidos postulado»[111].

El TS considera que ciertamente concurre una circunstancia excepcional que justifica la supresión del apellido paterno, pues excepcional es que un padre abandone de forma afectiva, emocional y materialmente a su hija en edad muy temprana, suceso que le ha provocado una crisis de identidad que no ha sido superada por el transcurso del tiempo. Argumenta en este sentido que la supresión del apellido paterno y correlativa utilización de los apellidos maternos constituye una medida proporcionada y adecuada con la que se previene la crisis de identidad que padece la actora, que en nada perjudica a terceros, dado que quien solicita el cambio es mayor de edad, soltera, sin hermanos y padre extranjero, residente en su país de origen, carente de vínculos dentro del ámbito del Registro civil en el que se desencadenarán sus efectos.

Al hilo de todas estas consideraciones, pienso que, el daño moral que puede llegar a ocasionar llevar el apellido paterno en supuestos de violencia de género puede conducir a un auténtico conflicto de identidad, contrario al libre desarrollo de la personalidad del hijo a su superior interés, que ha de ser atendible. De otro lado, la

111 Sobre esta sentencia en particular CASTELLANOS CÁMARA, S.: «Cambio de apellidos en «circunstancias excepcionales». Comentario a la STS 795/2022, de 21 de noviembre», Revista Cuadernos Cívitas de Jurisprudencia Civil núm. 122/2023, BIB 2023\1580.

supresión del apellido paterno debe ser considerada como una medida adecuada para resolver dicho conflicto de identidad personal que puede surgir en los hijos con motivo de la utilización del apellido de un maltratador, evitando que se convierta en una constante fuente de inestabilidad y desequilibrio emocional. En definitiva, pensamos que la utilización del apellido paterno en casos de violencia de género puede convertirse, no solo en un auténtico calvario emocional para los hijos, sino en un auténtico estigma social que puede resultar determinante para imprimir auto rechazo, impedir la recuperación emocional de los hijos víctimas de violencia de género y un desarrollo vital completo, al tiempo que la supresión constituye una medida necesaria para reparar [112] el daño moral que se deriva de su utilización.

Otro argumento de peso a favor de la supresión del apellido paterno en supuestos de violencia de género reside en el hecho de que la actual legislación se muestra cada vez más flexible a la hora de admitir la modificación de los apellidos, incluyéndose la adaptación del apellido a la «identidad cultural y nacional» (artículo 198 del RRC)[113]. Las recientes modificaciones legales han otorgado una creciente relevancia a la autonomía personal en este ámbito, imponiéndose una interpretación más laxa de las normas a aplicar, y, por tanto, de lo que ha de ser considerado como circunstancias excepcionales para proceder al cambio de apellidos.

La supresión se solicita de forma personal por el interesado mayor de dieciséis años (artículo. 57.3 LRC), o a solicitud de los representantes legales, madre o tutores de los menores huérfanos por violencia de género. El criterio legal adoptado, fijando la edad de los dieciséis años para reconocer legalmente la legitimación para solicitar el cambio de apellidos, se utiliza de modo habitual en otros ámbitos, como sucede en relación con la edad mínima para trabajar –(art. 6 del Real Decreto Legislativo 2/2015, de 23 de octubre, por el que se aprueba el Texto Refundido de la Ley del Estatuto de los Trabajadores)– o para la prestar válidamente el consentimiento en el ámbito médico sanitario, fijándose la edad mínima para reconocer el derecho a la autodeterminación de la persona para decidir la opción que considere más adecua-

112 De forma ciertamente discutible en la SAP de Valencia, núm. 510/2019 de 4 de diciembre, se desestima el recurso de apelación interpuesto, denegando el cambio de apellidos, por considerar que el padre, condenado por un delito de malos tratos en el ámbito familiar, otro de lesiones y otro de maltrato habitual, no había sido privado de la patria potestad, al tiempo que no resulta atendible la supresión del apellido paterno a instancia de la madre del menor, por no existir peligro de localización ni, mencionarse que ello responde al interés del menor, a lo que se añade el hecho de que los apellidos propuestos proceden de la misma línea materna.

113 No cabe olvidar que el Consejo de Estado ha reiterado en varias ocasiones el carácter de orden público de los apellidos, sustraído en cierta medida de la autonomía individual para garantizar su imprescindible estabilidad, así como para eludir los problemas que, desde el punto de vista de control público de la identidad personal puede generar la libre disposición sobre la propia identificación, en relación al cumplimiento de las obligaciones o como vehículo para obstaculizar la acción de la Justicia. En tal sentido, se muestra el Dictamen del Consejo de Estado 70/2020, de 2 de julio.

da en el ámbito de la salud en los dieciséis años, según lo dispuesto en el art. 9.4 de la Ley 41/2002, de 14 de noviembre, básica reguladora de la autonomía del paciente y de derechos y obligaciones en materia de información y documentación clínica[114].

El cambio de apellidos y de identidad legalmente autorizados para las víctimas de violencia de género, referido tanto a la mujer como a los hijos, tiene por razones obvias, la consideración de datos especialmente protegidos, tal y cómo se establece en el art. 83.1c) de la LRC[115]. Todos los asientos que contengan información sobre el cambio legalmente autorizado de apellidos a las víctimas de violencia de género serán efectuados del modo que reglamentariamente se determine con el fin de que, salvo el propio inscrito, solo se pueda acceder a ellos con la autorización prevista en el artículo siguiente (art. 83.3 LRC). La legitimación para acceder al contenido de dichos asientos corresponde solo al inscrito, sus representantes legales, quien ejerza el apoyo y esté expresamente autorizado, el apoderado preventivo general o el curador en el caso de una persona con discapacidad. Fallecido el inscrito, la autorización para acceder a los datos especialmente protegidos sólo podrá efectuarla el Juez de Primera Instancia del domicilio del solicitante, siempre que justifique interés legítimo y razón fundada para pedirlo. A tales efectos, se presume que ostenta interés legítimo, el cónyuge del fallecido, pareja de hecho, ascendientes y descendientes hasta el segundo grado (art. 84 LEC).

3. LA INOPERANCIA LEGAL DEL CAMBIO RELATIVO A LA MENCIÓN REGISTRAL DE GÉNERO QUE SEA POSTERIOR A LA COMISIÓN DE LAS CONDUCTAS ILÍCITAS CONSTITUTIVAS DE VIOLENCIA DE GÉNERO

La Ley 4/2023, de 28 de febrero, para la igualdad real y efectiva de las personas trans y para las garantías de los derechos de las personas LGTBI, ha supuesto un importante avance en los derechos de este colectivo, incluidos los menores de edad[116], al reconocerles legalmente legitimación para solicitar la rectificación relativa a la mención registral del sexo según su edad, siguiendo las directrices diseñadas por la

114 ORTÍZ FERNÁNDEZ, M.: «Autonomía de la voluntad y derecho de autodeterminación de los menores de edad en el ámbito sanitario: últimas tendencias en España», *Actualidad Jurídica Iberoamericana*, núm. 16º, febrero, 2022, pp.176-203.

115 El art. 83.1 c) LRC dispone que, a los efectos de la presente Ley, «se consideraran datos especialmente protegidos: **c)** Los cambios de apellido autorizados por ser víctima de violencia de género o su descendiente, así como otros cambios de identidad legalmente autorizados».

116 Sobre este particular, DÍAZ ALABART, S.: "El cambio de la mención registral de sexo de los menores en la Ley Trans de 2023", Revista de Derecho Privado, enero-febrero 2024, pp. 3-43.

STC (Pleno) 99/2019 de 18 de julio, en la que se declara la inconstitucionalidad del art. 1.1 de la Ley 3/2007, de 15 de marzo, reguladora de la rectificación registral de la mención relativa al sexo de las personas. Asimismo, el TS se pronuncia en el mismo sentido en la STS 685/2019 de 17 de diciembre, aplicando la doctrina del TC. Una Ley muy necesaria dado que, aunque las distintas Comunidades Autónomas habían legislado en materia de la protección de los derechos de este colectivo, se precisaba un tratamiento legislativo a nivel estatal.

La principal aportación que ha de reconocerse a la Ley, reside en el reconocimiento del principio de autodeterminación de género o autoidentidad de género libremente elegida por sus titulares, en base a la mera voluntad de la persona, decisión que puede variar a lo largo de su vida[117] y cuyo ejercicio incluye la facultad de solicitar la correspondiente rectificación de la mención registral relativa al sexo y la expedición de la documentación que identifica a la persona conforme a la inscripción registral rectificada[118].

El derecho a la libre autodeterminación de género es una manifestación del derecho a la dignidad, libre desarrollo de la personalidad e intimidad personal. Su ejercicio se fundamenta en la mera voluntad de la persona. Una voluntad que ha de ser consciente, informada, libremente manifestada ante la autoridad competente, revocable y real, esto es, dirigida exclusivamente a constatar el cambio producido en la identidad de género de la persona. Dado que el derecho a la libre autodeterminación de género, así como su ejercicio dependen única y exclusivamente de la voluntad de la persona, el cambio registral de la mención relativa al sexo constituye un mero trámite administrativo.

Sobre la Ley ha planeado siempre la sospecha de que los cambios de género puedan hacerse en fraude de ley[119], promovidos por la posibilidad de solicitar varias ve-

---

117 BARBER CÁRCAMO, R.: «Ley 4/2023, de 28 de febrero, para la igualdad real y efectiva de las personas trans y para la garantía de los derechos de las personas LGTBI: ¿El consentimiento debe estar siempre en el centro? (1)», coord. Sonia Calaza López, *Actualidad Civil*, núm. 7º, Sección Persona y derechos, julio 2023, La Ley 7668/2023, cuando señala que: "Con esta opción por la voluntad personal como fuente única de la identidad sexual, la Ley Trans española se alinea en una postura ideológica compartida solo por una minoría de países en el mundo. El Mapa de Derechos Trans elaborado en 2023 por la organización Transgender Europe (TGEU), que documenta la situación legal de 49 países en Europa y 5 en Asia Central, constata que solo 11 de esos 56 países basan los procedimientos de reconocimiento legal de género en la autodeterminación de la persona» (puede consultarse en https://transrightsmap.tgeu.org/index).

118 En Alemania la Ley de autodeterminación de género, con entrada en vigor el próximo 1 de noviembre, derogando la Ley de 1980, sigue el camino marcado por la Ley española, en tanto que bastará la mera voluntad de la persona para proceder al cambio registral de la mención del sexo.

119 Ha sido muy mediático el Auto 1045/2023, de 18 de septiembre, que desestima la solicitud de cambio registral de la mención de sexo a un militar, considerando que la Ley no ampara el abuso del derecho. El Auto se remite a la directriz tercera de la Instrucción de la DGSS y FP de 26 de mayo de

ces y, al mismo tiempo, el cambio de género en distintas oficinas del Registro Civil, toda vez que llama la atención el hecho de que no se haya establecido ningún tipo de sanción para las solicitudes dirigidas a conseguir fines distintos a los previstos legalmente, como la obtención de ventajas o beneficios a nivel profesional.

Uno de los principales problemas que se han planteado en cuanto a la posible utilización fraudulenta de dicho cambio registral de la mención relativa al sexo, se refiere a su utilización para eludir la responsabilidad penal del agresor en supuestos de violencia de género, en concreto, se ha planteado qué sucede cuando el agresor de la pareja pasa a ser mujer o cuándo producido el cambio de hombre a mujer, la agresión se produce posteriormente.

Para resolver estas dudas, debemos atender al principio de inmutabilidad del régimen jurídico anterior al cambio que se contempla en el art. 46.3 de la Ley, cuando establece que: «3. La rectificación de la mención registral relativa al sexo y, en su caso, el cambio de nombre, no alterarán el régimen jurídico que, con anterioridad a la inscripción del cambio registral, fuera aplicable a la persona a los efectos de la Ley Orgánica 1/2004, de 28 de diciembre, de Medidas de Protección Integral contra la Violencia de Género. La norma dispone que ha de atenderse al momento de la comisión de los delitos relacionados con la violencia de género y si el cambio de género se ha producido o no al tiempo de cometer las conductas ilícitas para calificarlas como violencia de género o como violencia doméstica. Cuando un hombre agrede a su pareja y posteriormente cambia registralmente de género, pasando a ser mujer, podría pensarse erróneamente, que jurídicamente ha de ser tratado como mujer y, en consecuencia, que los hechos de violencia deben ser calificados como un supuesto de violencia doméstica. Sin embargo, esta calificación supondría un gran retroceso en la lucha contra la violencia de género. Precisamente para impedir que el cambio registral fraudulento se utilice para eludir la responsabilidad penal derivada de la comisión de delitos de violencia de género, se consagra el principio de inmutabilidad del régimen jurídico anterior al cambio, en virtud del cual, el hombre que maltrata, cambiando posteriormente de sexo, ha de ser tratado como hombre. Si el delito se comete antes del cambio de sexo, la persona será juzgada bajo el régimen jurídico que le correspondía en ese momento. Cuando el hombre cambia de género y después comete el maltrato, estaremos ante un supuesto de violencia doméstica, si

2023, sobre la rectificación registral de la mención relativa al sexo, en la que se establece que: «Dentro de los estrictos términos de la Ley 4/2023, de 28 de febrero, el encargado velará porque no se produzca fraude de ley o abuso de derecho». Así las cosas, constatado que no ha habido un cambio físico en el solicitante, que tampoco solicitó el cambio de nombre, que se auto refiere en masculino y que no evidenció ninguna expresión de género en el contexto de las expectativas sociales, ni en relación con el modo de vestir o el uso de uno u otro nombre, ni en el comportamiento, ni en la voz, ni en la estética, desconociendo la diferencia entre expresión de género y la identidad de género, se procede a desestimar la solicitud planteada.

bien habrá que estar al testimonio de la víctima, ya podría alegar que su pareja no presenta cambio físico alguno y que no experimentó, en ningún momento, disforia de género. En estas situaciones, encontrar una solución adecuada es ciertamente complicado. Se deberá aportar informes médicos-psicológicos, aunque ya no se exigen legalmente para hacer el cambio. Estos informes servirán como prueba de que el cambio no es real y que se ha realizado con la única intención de dejar sin efecto la protección penal reforzada de la víctima[120].

Todo lo expuesto anteriormente, ha de ponerse en relación con el carácter constitutivo de la inscripción del cambio registral de sexo y sus efectos no retroactivos. En este sentido cabe señalar que, la rectificación de la mención registral relativa al sexo no puede servir para esquivar o eludir denuncias por violencia de género, pues el cambio no anula los hechos acontecidos antes del mismo, ya que tras la realización de una agresión machista no se deja de responder penalmente por ellos. En ocasiones, aunque el fraude puede detectarse fácilmente, existen dificultades para comprobarlo. Esto es comprensible en un sistema de cambio de la mención registral de sexo basado en la mera declaración de voluntad del solicitante manifestada convenientemente en un procedimiento de jurisdicción voluntaria conforme a los cauces legalmente prescritos[121]. Con el objetivo de prevenir estas situaciones y garantizar un sistema fiable, se implementan ciertas medidas, como la labor de comprobación de la veracidad de la declaración de la voluntad del solicitante por el encargado de la oficina del Registro Civil que conoce del cambio, así como la intervención del Ministerio Fiscal de oficio. El Encargado del Registro civil deberá hacer las comprobaciones pertinentes, instruirá las diligencias oportunas con intervención del Ministerio Fiscal, quien emitirá informe. En definitiva, la certeza de los hechos es investigada de oficio, sin perjuicio de la carga de la prueba incumba a los particulares. En este sentido la DGSJ y Fe Pública, en su instrucción de 26 de mayo de 2023, sobre la rectificación registral de la mención relativa al sexo regulada en la Ley 4/2023, en su Directriz Tercera declara que: «Dentro de los estrictos términos de la Ley 4/2023, de 28 de febrero, el encargado velará porque no se produzca fraude de ley o abuso de derecho», de conformidad con lo dispuesto en los arts. 6.4 y 7.2. ambos del Código civil. Ha de traerse también a colación lo dispuesto en el art. 11.2 LOPJ cuando dispone que: «Los Juzgados y Tribunales rechazarán fundadamente

120 SÁNCHEZ-CABEZUDO RINA, T.M.: «¿Cómo afecta la Ley trans a la violencia de género?», Diario la Ley, Nº 9915, Sección Tribuna, 17 de septiembre de 2021, La Ley 8977/2021, p. 9. Es de advertir que este trabajo se refiere al Anteproyecto de Ley.

121 Sobre este particular HERAS HERNÁNDEZ, M.M.: «El principio de autodeterminación de género. Apuntes prácticos sobre el procedimiento de rectificación de la mención registral relativa al sexo», Actualidad Jurídica Iberoamericana, núm. 20 BIS, junio, 2024, pp. 524-553.

las peticiones, incidencias y excepciones que se formulen con manifiesto abuso de derecho o entrañen fraude de ley o procesal».

La persona que rectifica la mención registral del sexo pasando del sexo masculino al femenino, podrá beneficiarse de las medidas de acción positiva adoptadas específicamente en favor de las mujeres en virtud del art. 11 de la Ley Orgánica 3/2007, de 22 de marzo, para la Igualdad Efectiva de Mujeres y Hombres, generadas a partir de que se haga efectivo el cambio registral, pero no respecto a las situaciones jurídicas anteriores a la rectificación. No obstante, la persona que rectifica la mención registral pasando del sexo femenino al masculino conservará los derechos patrimoniales consolidados que se hubieran podido derivar de estas medidas de acción positiva, sin que haya lugar a su reintegro o devolución (art. 46.4). En suma, el cambio de género no afectará a los derechos de contenido económico consolidados por la persona durante su anterior identificación. Estos derechos incluyen becas, subsidios y cualquier tipo de apoyo financiero recibido para promover el acceso equitativo de las mujeres a los recursos productivos.

Legalmente no se contempla la revisión de una condena firme por haberse producido un cambio de la mención registral de sexo. Ni en la Ley del indulto[122], ni en la Ley de identidad de género, previenen la posibilidad de que una persona que haya sido condenada por alguno de los delitos relacionados con la violencia de género pueda ser indultada tras el cambio registral de género. Si la condena por delitos de violencia de género no es firme, cabe interponer recurso, pero el cambio registral de la mención relativa al sexo no afecta para nada a la resolución de dicho recurso, ya que los hechos ocurrieron cuando el agresor estaba identificado como hombre. Si la condena es firme, la Ley no permite revisar la pena con motivo del cambio registral relativo al sexo. En resumen, la responsabilidad penal permanece intacta a pesar del cambio.

122 Ley de 18 de junio 1870, de reglas para el ejercicio de la gracia de indulto, modificada por la Ley 1/1988, de 14 de enero.

IV
Repercusiones jurídicas en el ambito familiar

La violencia de género tiene importantes consecuencias jurídicas en el ámbito del Derecho de familia. En estas líneas nos referimos a:

1º. Los matrimonios forzados.

2º. La dudosa funcionalidad del matrimonio secreto en los supuestos de violencia de género.

3º. La supresión del plazo legal de tres meses exigido legalmente para la interposición de la demanda de separación o divorcio.

4º. La violencia de género como causa de la privación de la titularidad de la patria potestad o de la suspensión de su ejercicio.

5º. Como causa de la improcedencia del establecimiento o suspensión del régimen de visitas, estancias o comunicación, si lo hubiera.

6º. Como causa de la denegación de la custodia compartida conforme a lo dispuesto en el 92.7 del Código civil.

7º. La exclusión de la posibilidad de acudir a la mediación en supuestos de violencia de género.

I. MATRIMONIOS FORZADOS

Los matrimonios forzosos de mujeres, niñas y adolescentes constituyen una clara violación de los Derechos Humanos y de las libertades fundamentales, una forma de explotación y una manifestación más de la violencia de genero. Estamos ante un matrimonio forzado cuando se celebra una unión matrimonial en la que al menos uno de los contrayentes no ha prestado libre y válidamente el consentimiento matrimonial[123]. En la mayoría de los supuestos la víctima es la mujer. Cuando este tipo de matrimonios se celebra con niñas y adolescentes, estamos en presencia de un matrimonio forzoso infantil, en tanto se ven obligadas a su celebración por sus padres o parientes más próximos.

Se trata de matrimonios prematuros mediante los que se infringe todo tipo de violencia física, psíquica, sexual y económica, además de imponerles prácticas de auténtica servidumbre. Se afirma que son «niñas obligadas en nombre de la tradición, la pobreza o una imagen fija del papel de esposa que han de casarse con adultos de quienes normalmente les separa una gran diferencia de edad»[124], a lo que añado, siempre bajo la creencia de que ese matrimonio les proporcionará mayor seguridad, estabilidad, bienestar y mejores condiciones de vida, tanto para ellas como para sus familias.

Millones de niñas y adolescentes en el mundo se ven obligadas a contraer matrimonio antes de los 18 años, constituyendo un grupo en el que confluyen distintos factores de vulnerabilidad, pues a la minoría de edad se suma el sesgo de género y la pobreza extrema, contextos en los que la niña constituye una auténtica carga familiar. Aunque estos matrimonios tienen escasa implantación en nuestro entorno más próximo, lo cierto es que actualmente están vinculados al fenómeno migratorio en relación con núcleos de población entre los que esta práctica está normalizada. El rechazo a contraer matrimonio coloca a las víctimas en un ambiente familiar de repudio y de enorme riesgo para su integridad física y moral, dado que su oposición o discrepancia se interpreta como una actitud contraria a sus costumbres, cultura y tradiciones, considerado dañado el honor y el prestigio familiar[125].

---

123 ABAD ARENAS, E.: «Libertad matrimonial y matrimonio forzado», Diario LALEY, nº 8288, abril 2014, LA LEY 1607/2014.

124 TAMAYO HAYA, S.: «Matrimonio infantil y forzado como manifestación de las asimetrías de poder», Mujer como motor de innovación jurídica y social, coord. Gema Tomás Martínez/Ana Vidu Afloarei, Tirant lo Blanch, 2012, p. 940.

125 ABAD ARENAS, I.: «El matrimonio forzado de menores: una mirada ausente a los conceptos más polémicos», *Protección de menores y discapacitados*, Dir. Mónica Herranz Ballesteros/Nauber Febles Pozo, coord. Silvia Pereira Puigvert, p. 118-119.

El derecho a contraer matrimonio se reconoce en distintos Tratados Internacionales de Derechos Humanos[126]. Desde la perspectiva que ofrecen los arts. 14 y 39 de la CE, el *ius connubbi* es un derecho subjetivo universal, irrenunciable e imprescriptible en su ejercicio, inherente a la dignidad y libre desarrollo de la personalidad, garantizado en el art. 32 CE, en el que se reconoce el derecho a contraer matrimonio en plena igualdad jurídica entre los contrayentes, y el art. 10 CE, en virtud del cual, cualquier persona tiene plena libertad para decidir si quiere o no contraer matrimonio, con quien desea contraerlo, incluyendo su ejercicio en sentido negativo o el derecho a poner fin al matrimonio, en cualquier momento, en el ejercicio del derecho a su libertad personal. La imposición por parte de uno de los cónyuges al mantenimiento del matrimonio se considera un supuesto de matrimonio forzoso sobrevenido, entendido como aquel que inicialmente se contrae de forma voluntaria, pero que no puede disolverse por voluntad de las partes, ante la coacción que se ejerce por parte de uno de ellos, obligándole a continuar viviendo en matrimonio[127].

El Convenido de Estambul reconoce que el matrimonio forzado de niñas y adolescentes es una forma grave de violencia de género, declarando al respecto que: «Reconociendo con profunda preocupación que las mujeres y niñas se exponen a menudo a formas graves de violencia como la violencia doméstica, el acoso sexual, la violación, el matrimonio forzoso, los crímenes cometidos supuestamente en nombre del "honor" y las mutilaciones genitales, que constituyen una violación grave de los derechos humanos de las mujeres y las niñas y un obstáculo fundamental para la realización de la igualdad entre mujeres y hombres». En su art. 32 se dispone la obligación de los Estados Parte de adoptar las medidas legislativas u otras que sean necesarias para que los matrimonios contraídos, recurriendo a la fuerza puedan ser anulables, anulados o disueltos sin que esto suponga para la víctima cargas económicas o administrativas. En relación con todo ello, cabe señalar este tipo de matrimonios son completamente nulos por falta de consentimiento conforme a lo dispuesto en los arts. 45 y 73.1 del Código civil, preceptos en los que se asientan las bases del consentimiento matrimonial libre, consciente y pleno, sin que el acto del matrimonio pueda servir a fines distintos de los que le son propios. Si la voluntad matrimonial es consustancial al matrimonio, constituyéndose en el elemento

126 Art. 16 de la Declaración Universal de los Derechos Humanos, aprobada por la Asamblea General de las Naciones Unidas de 10 de diciembre de 1948. Art. 12 del Convenio Europeo para la protección de los derechos humanos y libertades fundamentales de 4 de noviembre de 1950. Art. 23. 2 del Pacto Internacional de Derechos Civiles y Políticos de 16 de diciembre de 1966 y art. 9 de la Carta de Derechos Fundamentales de la Unión Europea, dedicado al derecho a contraer matrimonio y derecho a fundar una familia según las leyes nacionales que regulen su ejercicio.

127 VIDAL GALLARDO, M.: «La protección integral a la infancia y la adolescencia frente a la violencia que representa el matrimonio forzado», Anuario de Derecho Eclesiástico, nº 38, 2022, p. 283.

que dota de plenos efectos jurídicos al matrimonio, en los matrimonios con niñas y adolescentes, el consentimiento matrimonial, no se conforma válidamente, ni se considera libre por mediar engaño, intimidación, violencia, coacciones, amenazas, captaciones de voluntad, incluso secuestro. Cabe defender también que la capacidad nupcial no existe en estos supuestos, en tanto carecen de la consciencia y entendimiento necesario, previo y suficiente, para tomar la decisión de querer contraer ese matrimonio o para hacer juicios de valor sobre la conveniencia o no de contraerlo. La capacidad nupcial requiere de una capacidad psíquica específica que se ve claramente comprometida.

El art. 37 del Convenido de Estambul dispone que: «Las Partes adoptarán las medidas legislativas o de otro tipo necesarias para tipificar como delito el hecho, cuando se cometa intencionadamente, de obligar a un adulto o un menor a contraer matrimonio y adoptarán las medidas legislativas o de otro tipo necesarias para tipificar como delito el hecho, cuando se cometa intencionadamente, de engañar a un adulto o un menor para llevarlo al territorio de una Parte o de un Estado distinto a aquel en el que reside con la intención de obligarlo a contraer matrimonio».

Hasta la entrada en vigor de la LO 1/2015, de 30 de marzo, por la que se modifica la LO 10/1995, de 23 de noviembre, del Código Penal, no existía en España ninguna previsión legal que abordara el fenómeno de los matrimonios forzados. Actualmente se encuentran tipificados en el art. 172 bis del Código Penal[128]. Se trata de un delito inserto en las tipologías de coacciones, dentro del marco de protección penal a la libertad personal de querer o no contraer matrimonio. A pesar de su visibilización en este ámbito, se trata de matrimonios difícilmente identificables en la práctica, que conculcan la libertad personal de la contrayente, tras los que se esconden todo tipo de intereses económicos y sociales ajenos a los fines que son inherentes al matrimonio. Hay que tener en cuenta que el matrimonio forzado, además de poder perseguirse como un delito contra la libertad personal en sede de coacciones, se encuentra también tipificado en el art. 177 bis del Código Penal, como un delito

128 «Artículo 172 bis 1. El que con intimidación grave o violencia compeliere a otra persona a contraer matrimonio será castigado con una pena de prisión de seis meses a tres años y seis meses o con multa de doce a veinticuatro meses, según la gravedad de la coacción o de los medios empleados.

2. La misma pena se impondrá a quien, con la finalidad de cometer los hechos a que se refiere el apartado anterior, utilice violencia, intimidación grave o engaño para forzar a otro a abandonar el territorio español o a no regresar al mismo.

3. Las penas se impondrán en su mitad superior cuando la víctima fuera menor de edad.

4. En las sentencias condenatorias por delito de matrimonio forzado, además del pronunciamiento correspondiente a la responsabilidad civil, se harán, en su caso, los que procedan en orden a la declaración de nulidad o disolución del matrimonio así contraído y a la filiación y fijación de alimentos».

de trata de seres humanos cuando tiene por finalidad la celebración de matrimonios forzados[129].

Para prevenir este tipo de matrimonios, se ha propuesto elevar la edad mínima para contraer matrimonio a los dieciocho años sin excepción alguna. Es cierto que ha habido avances legislativos muy importantes en esta dirección, con motivo de la aprobación de la Ley de Jurisdicción Voluntaria, Ley 15/2015, de 2 de julio, mediante la que se incorpora la supresión de la facultad que antes tenía el Juez civil para dispensar el impedimento de edad a partir de los catorce años. Subsiste, no obstante, la posibilidad de que de que los menores emancipados puedan contraer matrimonio entre los 16 y los 17 años. Si bien se trata de matrimonios ciertamente minoritarios, esta posibilidad legal permite que jóvenes de determinadas comunidades, etnias o religiones pueden verse obligadas a casarse antes de alcanzar la mayoría de edad. Pese a todo, el debate de la necesidad de elevar la edad mínima para contraer matrimonio, no solo está vinculado a la prevención de los matrimonios en edades tempranas, sino con la edad mínima para prestar el consentimiento sexual, fijado ahora en los dieciséis años[130], en coherencia con el principio de capacidad progresiva de los menores y con la fijación legal en los dieciséis años para tomar todo tipo de decisiones, tanto en el ámbito personal, como en el ámbito sanitario o laboral, habiéndose planteado incluso la posibilidad del ejercicio del derecho de sufragio activo universal a los 16 años, como sucede ya en algunos países próximos a nuestro entorno.

---

129 El art. 177 bis del Código Penal, inserto en Titulo VII bis «De la trata de seres humanos» dispone que: «1. Será castigado con la pena de cinco a ocho años de prisión como reo de trata de seres humanos el que, sea en territorio español, sea desde España, en tránsito o con destino a ella, empleando violencia, intimidación o engaño, o abusando de una situación de superioridad o de necesidad o de vulnerabilidad de la víctima nacional o extranjera, o mediante la entrega o recepción de pagos o beneficios para lograr el consentimiento de la persona que poseyera el control sobre la víctima, la captare, transportare, trasladare, acogiere, o recibiere, incluido el intercambio o transferencia de control sobre esas personas, con cualquiera de las finalidades siguientes:

a) La imposición de trabajo o de servicios forzados, la esclavitud o prácticas similares a la esclavitud, a la servidumbre o a la mendicidad.

b) La explotación sexual, incluyendo la pornografía.

c) La explotación para realizar actividades delictivas.

d) La extracción de sus órganos corporales.

e) La celebración de matrimonios forzados.

Existe una situación de necesidad o vulnerabilidad cuando la persona en cuestión no tiene otra alternativa, real o aceptable, que someterse al abuso.

Cuando la víctima de trata de seres humanos fuera una persona menor de edad se impondrá, en todo caso, la pena de inhabilitación especial para cualquier profesión, oficio o actividades, sean o no retribuidos, que conlleve contacto regular y directo con personas menores de edad, por un tiempo superior entre seis y veinte años al de la duración de la pena de privación de libertad impuesta».

130 Art 183 bis del Código Penal según la redacción que le ha sido dado por la LO 10/2022, de 6 de septiembre, de garantía integral de la libertad sexual.

2. LA DUDOSA OPERATIVIDAD DEL MATRIMONIO SECRETO EN SUPUESTOS DE VIOLENCIA DE GÉNERO

El matrimonio secreto se regula en los arts. 54 y 64 del Código civil, así como en los arts. 267 a 270 del RRC. Se trata de una institución de cierta tradición en el derecho canónico[131] y escasa aplicación práctica en la actualidad, dejando entrever un anacronismo en esta particular modalidad de matrimonio, incluso ciertamente anecdótica[132], cuya funcionalidad ha ido decayendo por el transcurso del tiempo, habiendo sido utilizado históricamente para salvar los prejuicios sociales propios de otra época y de una realidad social muy distinta a la que actualmente vivimos, alejada ya de resistencias familiares o sociales.

El fundamento que históricamente se ha querido reconocer en el matrimonio secreto, reside en la existencia de determinados impedimentos legales para el ejercicio del *ius connubii*, entre los que se encontraba la prohibición de los menores que no hubiesen obtenido licencia. También adquiría cierto sentido ante la prohibición que afectaba a la viuda para contraer matrimonio durante el llamado año de luto, así como el impedimento en el que incurrían, tanto los tutores como sus descendientes, para contraer matrimonio con quienes estuvieren o hubiesen estado bajo su guarda, entretanto no hubiese cesado el cargo, una vez aprobada la rendición de cuentas final[133]. Todos estos impedimentos legales constituían fuertes restricciones al ejerci-

131 Cánones 1130 a 1133 del Código del Derecho canónico.

132 DEL CARPIO FIESTA, V.: «El matrimonio secreto 40 años después de la reforma de 1981», *Fortalezas y debilidades del Derecho de familia contemporáneo. Liber amicorum en Homenaje al Profesor Carlos Lasarte Álvarez*, Tomo I, dir. Fátima Yañez Vivero, Belén Sáinz-Cantero Caparrós, Francisco Javier Jiménez Muñoz, Araceli Donado Vara, Patricia López Peláez, Encarnación Abad Arenas, Dykinson, Madrid, 2023, p. 92.

133 El artítulo 45. [Consentimiento matrimonial] en la redacción que le fuera dada por la Ley de 24 de abril de 1958 por la que se modifican determinados artículos del Código civil, disponía que:

«Está prohibido el matrimonio:

1. Al menor de edad no emancipado por anteriores nupcias que no haya obtenido la licencia de las personas a quienes corresponde otorgarla.

2. A la viuda durante los trescientos días siguientes a la muerte de su marido, o antes de su alumbramiento, si hubiese quedado encinta, y a la mujer cuyo matrimonio hubiera sido declarado nulo, en los mismos casos y términos a contar desde su separación legal.

3. Al tutor con las personas que tenga o haya tenido en guarda hasta que, cesado en su cargo se aprueben las cuentas del mismo, salvo el caso de que el padre de la persona sujeta a tutela hubiese autorizado el matrimonio en testamento o escritura pública».

A estas prohibiciones se sumaba aquellas que afectaban a los diplomáticos, según lo dispuesto en el art. 2 de la Ley 29/1961, de 22 de julio, sobre reglamentación del matrimonio de los funcionarios de la Carrera diplomática. En el art. 2 de esta Ley se exigía previa licencia para contraer matrimonio, sujeta al cumplimiento de determinadas condiciones que debía reunir la futura contrayente, como tener una

cio universal del derecho a contraer matrimonio, sin duda, contrarias al ejercicio de este derecho en condiciones de plena igualdad jurídica, sorteadas en su momento mediante la celebración del matrimonio secreto.

Entre los motivos que justificarían hoy acudir a esta particular modalidad del matrimonio, se apunta la necesidad de eludir ciertas resistencias, como las que se aprecian en la oposición de los hijos respecto al matrimonio celebrado por sus progenitores con otras personas, por razón de su edad, procedencia, extracto social y otros tantos motivos también atendibles. Estamos de acuerdo, no obstante, en que la evolución de las tendencias sociales ha hecho que estos motivos hayan perdido mucho peso[134].

A pesar de todos los inconvenientes señalados en torno al mantenimiento del matrimonio secreto[135], con evidentes reminiscencias del pasado, lo cierto es que esta forma de matrimonio se mantiene aún hoy todavía en nuestro ordenamiento jurídico, lo que hace plantearnos su posible operatividad en supuestos de violencia de género, en tanto puede ser considerada como causa grave, que suficientemente probada, justifique la celebración de esta forma matrimonial por la víctima de violencia de género que quiere volver a contraer matrimonio y no desea que su expareja pueda saberlo. Para la celebración de este tipo de matrimonio se necesita previa autorización por parte del Ministerio de Justicia, tal y cómo exige legalmente el art. 54 del Código civil, en expediente tramitado en la DGSJF y que deberá ser inscrito en el Libro especial del Registro Civil.

Ha de tenerse en cuenta que no existe un parámetro normativo determinado para valorar la gravedad de la causa concurrente, debiéndose ponderar esta en cada caso, pero, sin duda, la violencia de género tiene de principio una connotación de gravedad susceptible de ser valorada, por lo que el requisito previo de causa grave suficientemente probada podría concurrir. Por otro lado, en cuanto a los efectos que se consiguen mediante la celebración del matrimonio secreto, son básicamente dos: la tramitación del expediente de forma reservada, en la que no se exigen edictos y proclamas y la inoponibilidad del matrimonio frente a terceros, impidiendo su eficacia externa, es decir, más allá de la esfera estrictamente privada de los propios contrayentes. Por eso, el art. 64 del Código civil determina que hasta que no se pro-

---

determinada nacionalidad, buena conducta moral privada y social, debidamente acreditada mediante una investigación reservada.

134 DURÁN RIVACOBA, R.: «Comentario al artículo 54 del Código civil», *Comentarios al Código civil*, dir. Cañizares Laso, T. I (Arts. 1-267), Tirant lo Blanch, Valencia, 2023, p. 772.

135 Apunta DÍEZ MARTÍNEZ, A.: «Comentario al artículo 54 del Código civil», *Comentarios al Código civil*, dir. Rodrigo Bercovitz Rodríguez-Cano, T I (arts. 1-151), Tirant lo Blanch, Valencia, 2013, p. 702, a que ya en la reforma del Código civil de 1981 se pretendía la desaparición de esta modalidad de matrimonio, habiendo resistido también a la reforma operada en 2005, siendo en la actualidad una figura con una base sociológica menos firme, lo que justificaría plenamente su supresión legal.

duzca la inscripción del matrimonio en el Registro civil ordinario, este no perjudicará los derechos adquiridos de buena fe por terceras personas.

En cuanto a la tramitación reservada del expediente, sin anunciar el matrimonio proyectado, cabe advertir que la Ley 20/2011, de 21 de julio, del Registro civil, ya no contiene los mismos principios de publicidad, sino que responde a un nuevo modelo en el que se tiene muy en cuenta el derecho a la intimidad de los interesados, plenamente compatible con el principio de publicidad. En este sentido, cabe mencionar la Instrucción de 3 de junio de 2021, de la DGSJFP, sobre la tramitación del procedimiento de autorización del matrimonio notarial. El texto de la instrucción recoge la regla general de dar entrada a diligencias sustitutorias en los matrimonios notariales, como puede ser la declaración testifical, sin que existan proclamas, ni edictos, siguiendo el criterio que establece el párrafo quinto *in fine* del art. 58.5 LRC, resultando ser esta una práctica mucho más respetuosa con la normativa relativa a la protección de datos contenida en la LOPJDP, LO 3/2018, de 5 de diciembre.

La instrucción señalada apunta a que: «[...] los edictos debían anunciar el casamiento con todas las indicaciones contenidas en el art. 240 del Reglamento (menciones de identidad, incluso de profesión, datos del cónyuge anterior, etc.). Además, resulta también aconsejable la supresión de edictos porque es un trámite innecesario respecto del objetivo pretendido; el art. 243 del RRC de 1958 obliga a su publicación en poblaciones en cuya demarcación hubiesen residido o estados domiciliados los interesados en los últimos dos años y que tengan menos de 25. 000 habitantes, lo que evidencia un cierto anacronismo entre la norma y la realidad social actual».

La LRC ha permitido que se encuentre al alcance de cualquier matrimonio, lo que antes constituía la singularidad propia del matrimonio secreto, permitiendo eludir la publicitación del matrimonio, así como la aplicación de los criterios sobre protección de datos personales[136], tal y cómo se señala en la instrucción mencionada.

Solo nos queda hacer una valoración final sobre la operatividad del matrimonio secreto en supuestos de violencia de género, pudiendo ser considerado como una fórmula idónea para eludir la publicidad del matrimonio, así como su oponibilidad frente a terceros. En mi opinión, acudir al matrimonio secreto para estos supuestos tampoco está justificado y ello en atención a los criterios generales que determinan el acceso al Registro civil, entre los que se exige la acreditación de un interés legítimo del solicitante, incluso en datos no protegidos. También por el acceso privilegiado por parte de la Administración pública y de los funcionarios públicos, siempre bajo el requisito del desempeño de sus funciones. Finalmente, por la previa exigencia de autorización judicial del Juzgado de Primera instancia para acceder a los datos de una persona fallecida.

136 DEL CARPIO FIESTA, V, cit. p. 102.

En vista de todas estas razones, se puede concluir diciendo que la finalidad del matrimonio secreto en casos de violencia de género es limitada. Esto refuerza el argumento a favor de eliminar esta modalidad de matrimonio, ya que no se ajusta a la realidad del tiempo en que actualmente vivimos.

3. LA VIOLENCIA DE GÉNERO COMO CAUSA DE LA SUPRESIÓN LEGAL DEL PLAZO MÍNIMO DE TRES MESES PARA LA INTERPOSICIÓN DE LA DEMANDA DE SEPARACIÓN O DIVORCIO CONFORME A LO DISPUESTO EN EL ARTÍCULO 82.2 DEL CÓDIGO CIVIL. SUS REQUISITOS

El art. 82.2 del Código civil establece un plazo mínimo de tres meses a contar desde la celebración del matrimonio para poder interponer la demanda de separación o divorcio. La norma permite la supresión de dicho plazo cuando se acredite la existencia de un riesgo para la vida, la integridad física, la libertad, la integridad moral o la libertad o indemnidad sexual del cónyuge demandante o de los hijos de ambos o de cualquiera de los miembros del matrimonio». De antemano se advierte de escasa utilidad práctica que la supresión de dicho plazo tiene, dada la brevedad del propio plazo en sí.

El fundamento de la norma reside en detener el riesgo generado con motivo de la violencia que se vive en el entorno familiar en previsión de que pueda verse agravada si se le da una mayor continuidad. Aunque la norma se refiere a la situación de violencia que vive el cónyuge demandante, pudiéndose referir a cualquiera de los cónyuges, hombre o mujer, lo cierto es que en su ámbito de aplicación quedarán mayoritariamente integrados los supuestos de violencia de género, de modo que la aplicación de la reducción de este plazo no puede beneficiar al causante del riesgo. Tal y como se expresa el precepto, al referirse a los supuestos de violencia de género, la competencia para conocer de las demandas de separación o divorcio correspondería a los Juzgados de Violencia sobre la Mujer, de forma exclusiva y excluyente, atribuyéndoles una competencia mixta, penal y civil[137]. La norma no exige como requisito previo para su aplicación la existencia de una sentencia firme, por lo que es suficiente con acreditar la situación de riesgo por cualquier medio de prueba, como lo es la interposición de la demanda por malos tratos ejercidos sobre la mujer o sobre los hijos, así como la adopción de medidas cautelares. La apreciación favorable por los Juzgados de Violencia sobre la Mujer,

137 SEIJAS QUINTANA, J, A., «Aspectos civiles de la violencia de género», Estudios jurídicos, núm. 2005, p. 1-11.

por el Juez o LAJ, de dicha situación de riesgo será suficiente para prescindir del plazo señalado legalmente. No hacemos referencia al Notario porque la gravedad que caracterizan estas situaciones difícilmente encaja en una separación o divorcio notarial de mutuo acuerdo conforme a lo dispuesto en los artículos 82 y 87 del Código civil. Finalmente cabe advertir la escasa practicidad de la norma, habida cuenta de la brevedad del propio plazo en sí.

4. VIOLENCIA DE GÉNERO Y PRIVACIÓN JUDICIAL DE LA PATRIA POTESTAD, ATENDIDO EL INTERÉS SUPERIOR DEL MENOR

La patria potestad es una función inexcusable al servicio del interés de los hijos, conformada por un conjunto de deberes dirigidos a prestarles todo tipo de asistencia. Un conjunto de deberes personales y materiales hacia ellos en el sentido más amplio[138]. El derecho de los padres a ostentar y ejercer la patria potestad se concibe como un derecho-deber o un derecho-función, que trasciende más allá del ámbito meramente privado, cuyo ejercicio no es ni mucho menos facultativo sino obligatorio, por lo que en determinados supuestos la titularidad de la patria potestad puede ser objeto de privación y su ejercicio de suspensión o restricción.

Los principios rectores de corresponsabilidad parental y cuidado conjunto de ambos progenitores respecto a los hijos/as comunes exigen detectar situaciones de desigualdad entre los progenitores y la necesidad de adoptar medidas para erradicar cualquier forma de violencia, tanto en las relaciones de pareja, como en las relaciones paternofiliales. En línea con el propósito fundamental de erradicar cualquier forma de violencia en las relaciones paternofiliales, ha de recordarse la reforma operada en el art. 154 del Código civil, en tanto se suprime la facultad de los progenitores de corregir razonable y moderadamente a los hijos menores no emancipados, ello con motivo de la aprobación de la Ley 26/2015, de 28 de julio, de Modificación del Sistema de Protección a la Infancia y a la Adolescencia. Asimismo, cabe referirse al apoyo legal que se brinda a los menores cuando se encuentran «bajo la patria potestad, tutela, guarda o acogimiento de una víctima de violencia de género o doméstica, ya que las actuaciones de los poderes públicos estarán encaminadas a garantizar el apoyo necesario para procurar la permanencia de los menores, con independencia de su edad, con aquélla, así como su protección, atención especializada y recuperación», en atención a lo dispuesto en el art. 12.3 LOPJM.

138 STS 621/2015, de 9 de noviembre.

La violencia de género es causa de la privación de la patria potestad[139], así como de la suspensión cautelar de su ejercicio, yendo acompañadas de la suspensión o denegación del régimen de visitas, comunicaciones o estancias con el menor cuando es víctima directa o indirecta de la violencia machista, valoradas las circunstancias concretas del caso y el interés del menor, atendida la gravedad de las conductas que determinan la privación o suspensión cautelar de su ejercicio[140].

El Código civil no enumera las causas de privación de la patria potestad, ni distingue en qué supuestos procede la privación y en qué otros la suspensión del ejercicio de la patria potestad, ni tampoco determina las causas que dan lugar a una u otra[141]. Ambas consecuencias jurídicas evidencian la gravedad de la crisis que se

139 Por la novedad que ha supuesto este texto normativo, nos referimos a la norma contenida en el artículo 155 del Código de las Familias de la República de Cuba, Ley No. 156 «Código de las Familias», aprobada por la Asamblea Nacional del Poder Popular el 22 de julio de 2022 en su 9º periodo de sesiones de la IX Legislatura, sometida a referéndum popular el 25 de septiembre de 2022, bajo la rúbrica de la «Prohibición de la guarda y el cuidado por discriminación y violencia, declara que: «1. No se puede otorgar o mantener la guarda y el cuidado al titular de la responsabilidad parental respecto al que se haya dictado resolución judicial firme por actos de discriminación y violencia familiar, o sobre quien existan razones fundadas para suponer que la ejerza y de la que hijas e hijos hayan sido víctimas directas o indirectas. 2. Tampoco puede otorgarse o mantenerse la guarda y el cuidado a quien haya sido sancionado por sentencia firme en proceso penal por delitos vinculados con la violencia de género o familiar, contra la libertad y la indemnidad sexual, contra la infancia, la juventud y la familia».

Los términos aparentemente imperativos de la norma y su también aparente aplicación automática nos conducen a cuestionarnos sobre la imposibilidad de que se aprecie judicialmente el interés superior del menor. Si nos fijamos en su literalidad, la norma se refiere a los supuestos en los que existe una sentencia judicial firme condenatoria o cuando existen indicios fundados para suponer que los menores hayan sido víctimas de violencia de género de forma directa o indirecta. Cabe interpretar que esta norma impone esta prohibición para los supuestos de violencia de género de mayor gravedad, atendida la naturaleza y el alcance del delito, pero habrá otros muchos supuestos en los que corresponda decidir a la autoridad judicial sobre la atribución de la guarda y el cuidado de los menores, valoradas las circunstancias concretas en cada caso.

140 MURTULA LA FUENTE, V.: cit. p. 112.

141 El art. 191 del Código de las Familias de la República de Cuba, establece las causas de privación de la patria potestad, refiriéndose al incumplimiento grave y reiterado de los deberes parentales; el ejercer malos tratos, castigo corporal u otra manifestación de violencia; inducir a los menores a cometer un delito; el abandono de los menores u observar una conducta viciosa, corruptora o delictiva que resulte incompatible con el debido ejercicio de la patria potestad. Por su parte, el art. 193 se refiere expresamente a las tres causas que dan lugar a la suspensión del ejercicio de la patria potestad: cuando el incumplimiento de los deberes parentales a los que se refiere el artículo 138 del Código de las Familias, no es grave; cuando la madre o el padre es una persona en situación de discapacidad que está recibiendo un apoyo intenso con facultades de representación y mientras persista esta circunstancia y, finalmente, cuando alguno de los progenitores hayan sido judicialmente declarado ausente. Asimismo, se determinan los efectos jurídicos de la privación y de la suspensión de la responsabilidad parental, estableciendo que la privación tiene por efecto la pérdida de su titularidad y de todos los derechos, deberes y atribuciones inherentes a ella, y la suspensión la pérdida temporal del ejercicio de estos, quedando a salvo, en ambos casos, la obligación legal de prestar alimentos (artículo 196). Por su parte, el artículo 197 dispone que: «El tribunal, en los

instaura en las relaciones personales entre los progenitores y sus hijos, particularmente, tras la ruptura de la pareja, si bien con efectos jurídicos diversos.

Para profundizar en este análisis, conviene señalar que la titularidad y el ejercicio de la patria potestad son dos elementos esenciales de la responsabilidad parental, entendida como el conjunto de deberes y derechos que ostentan los progenitores sobre la persona y los bienes de sus hijos menores[142]. La distinción conceptual entre titularidad y ejercicio de la patria potestad resultará muy útil para el desarrollo y comprensión de la temática que nos ocupa por lo que en las próximas líneas nos proponemos analizar la privación de la patria potestad, distinta del ejercicio unilateral y de la suspensión cautelar de su ejercicio.

La titularidad se fundamenta en el vínculo jurídico que se genera entre el progenitor y el menor con motivo de la filiación, mediante el cual, se habilita legalmente a sus titulares para realizar cualquier acto concreto en orden a la protección, asistencia, cuidados y acompañamiento de los menores. Puede verse afectada por la privación ante el incumplimiento grave de los deberes parentales por comportamientos violentos contra la madre o los menores, o con cualquier hecho que en el entorno familiar menoscabe física o psíquicamente a los menores y que resulta totalmente incompatible con una parentalidad responsable.

El ejercicio de la patria potestad supone poner en práctica el conjunto de actuaciones referidas a la protección, asistencia, cuidados y acompañamiento de los menores. Puede verse afectado por la suspensión de su ejercicio ante la aparición de ciertas circunstancias que objetivamente alteran o dificultan el ejercicio ordinario de la patria potestad o ante la aparición de una concreta situación de vulnerabilidad por la que

---

casos en los que proceda y con carácter excepcional, una vez verificado que se superó o cesó la causa que dio lugar a la privación de la responsabilidad parental, puede, a solicitud de parte o de la fiscalía, disponer su recuperación si ello redunda en beneficio del interés superior de la hija o el hijo menor de edad, y siempre que la niña, el niño adolescente no haya sido adoptado ni esté en proceso de serlo».

Conforme a lo dispuesto en los arts. 700 del Código civil y Comercial argentino, cualquiera de los progenitores queda privado de la responsabilidad parental por: a) ser condenado como autores, coautores, instigador o cómplice de un delito doloso contra la persona o los bienes del hijo/a de que se trata; b) abandono del hijo/a, dejándole en un total estado de desprotección, aun cuando quede bajo el cuidado del otro progenitor/a o la guarda de un tercero; c) poner en peligro la seguridad, la salud física o psíquica del/de la hijo/a; d) haberse declarado el estado de adoptabilidad del/de la hijo/a. d) haberse declarado el estado de adoptabilidad del hijo. «En los supuestos previstos en los incisos a), b) y c) la privación tiene efectos a partir de la sentencia que declare la privación; en el caso previsto en el inciso d) desde que se declaró el estado de adoptabilidad del hijo».

142 BLADILO, A.: «Responsabilidad parental. Extinción, privación y suspensión en el derecho argentino», *Derecho de las familias contemporáneo. Avances y tensiones en el Código Civil y Comercial argentino y el Código de las familias cubano*, dir. Marisa Herrera y Leonardo B. Pérez Gallardo. Coord. Camila Beguiristain, Natalia de la Torre y Federico Notrica, Editores del Sur, Argentina, 2023, p. 542.

atraviesa uno de los progenitores, que aconseja la suspensión. Entre estas circunstancias se encuentra la discapacidad, la ausencia o la imposibilidad en su ejercicio.

La guarda y custodia de los menores está directamente vinculada con la convivencia, cuidado, acompañamiento y protección que presta el progenitor con quien queda el menor tras producirse la crisis de pareja o tras decretarse judicialmente la nulidad, la separación o el divorcio de los miembros de la pareja casada, siempre que no tenga cabida la custodia compartida.

Tanto la extinción como la privación de la patria potestad se refieren a la titularidad, mientras que la suspensión se refiere a su ejercicio y/o a la guarda y custodia de los menores. Tanto la titularidad como la suspensión del ejercicio de la patria potestad, como no puede ser de otra manera, se ven directa y gravemente afectadas en los supuestos de violencia de género. Finalmente advertir, que tanto la privación como la suspensión de la patria potestad son recuperables a fin de prevenir el posible riesgo en los derechos de los menores que pudieran verse afectados por dichas medidas.

Refiriéndonos ya a la privación de la patria potestad, hemos dicho ya que el Código civil no enumera sus causas, exigiéndose legalmente la concurrencia de una sentencia judicial firme dictada en un proceso civil o penal, conforme a lo dispuesto en el artículo 170 del Código civil, norma que ha sido modificada por la Ley 4/2023, de 8 de febrero para la igualdad real y efectiva de las personas transexuales y para la garantía de los derechos de las personas LGTBI. Con mayor detalle cabe referirse a los tres requisitos que se exigen legalmente: El incumplimiento, debidamente acreditado, grave o reiterado de los deberes inherentes a la responsabilidad parental, según la apreciación judicial que se realice en atención a las circunstancias concretas del caso, siempre atendido el beneficio e interés del menor. En segundo lugar, la exigencia legal de una resolución judicial mediante la que se acuerda la privación y, por último, la razonable necesidad, oportunidad y conveniencia de su adopción con la única finalidad de salvaguardar el interés exclusivo del menor afectado por esta medida[143].

Se ha planteado si la privación de la patria potestad, como medida excepcional, participa de una naturaleza puramente sancionadora o responde directamente a la necesidad de proteger al menor. Cuando la privación de la patria potestad se produce en un contexto de violencia de género, ambos aspectos están indefectiblemente ligados. ya que concurre, por un lado, el incumplimiento doloso o culpable de los deberes parentales, por tanto, reviste una clara naturaleza sancionadora cuyo reflejo se extiende incluso a las causas de desheredación de los padres y del cónyuge según se disponen los arts. 854.1 y 855.2 del Código civil, respectivamente; por otro, se trata de una medida excepcional que responde a la finalidad última de proteger el interés superior del

143 La STS 621/2015 de 9 de noviembre, contiene una síntesis de la doctrina del TS en esta materia y a la que se remiten las STS 291/2019 de 23 de mayo y STS 514/2019 de 1 de octubre.

menor, preservándole de las conductas lesivas del padre, generadoras de un daño físico, psíquico o moral, siempre desde la consideración del incumplimiento grave de los deberes genéricos que acompañan el adecuado ejercicio de la patria potestad, velando por los hijos, teniéndolos en su compañía, alimentándolos y educándolos, procurándoles una formación integral, conforme a lo dispuesto en el art. 154 del Código civil.

Las causas más frecuentes de privación de la patria potestad se sustancian en su mayoría en la jurisdicción penal en contextos de violencia de género, con motivo de la comisión de delitos de lesiones o contra la indemnidad sexual. Muy frecuentemente los daños físicos se ven acompañados de tratos vejatorios y denigrantes, como insultos o amenazas, en muchas ocasiones, los hijos presencian directa o indirectamente la violencia que se infringe sobre la madre, circunstancia que genera un daño moral indescriptible, susceptible de ser indemnizado.

La privación de la patria potestad se decreta judicialmente a través de tres vías: mediante sentencia dictada en causa penal por haberse cometido delitos relacionados con la violencia de género[144]. Mediante sentencia firme recaída en causa matrimonial de nulidad, separación o divorcio, apreciada la causa de privación de oficio, cuando se revela en el procedimiento, de conformidad con lo dispuesto en el art. 92.3 del Código civil, con arreglo al procedimiento que regulan los arts. 770 a 777 LEC[145]. Finalmente, mediante sentencia de privación de la patria potestad en pro-

144 El art. 39. b) del Código Penal incluye entre las penas privativas de derechos a la inhabilitación para el ejercicio de la patria potestad, cuyo alcance se concreta en el art. 46 del Código Penal cuando establece que: «La inhabilitación especial para el ejercicio de la patria potestad, tutela, curatela, guarda o acogimiento, priva a la persona condenada de los derechos inherentes a la primera, y supone la extinción de las demás, así como la incapacidad para obtener nombramiento para dichos cargos durante el tiempo de la condena. La pena de privación de la patria potestad implica la pérdida de la titularidad de esta, subsistiendo aquellos derechos de los que sea titular el hijo o la hija respecto de la persona condenada que se determinen judicialmente. La autoridad judicial podrá acordar estas penas respecto de todas o algunas de las personas menores de edad o personas con discapacidad necesitadas de especial protección que estén a cargo de la persona condenada.

Para concretar qué derechos de las personas menores de edad o personas con discapacidad han de subsistir en caso de privación de la patria potestad y para determinar respecto de qué personas se acuerda la pena, la autoridad judicial valorará el interés superior de la persona menor de edad o con discapacidad, en relación con las circunstancias del caso concreto.

A los efectos de este artículo, la patria potestad comprende tanto la regulada en el Código Civil, incluida la prorrogada y la rehabilitada, como las instituciones análogas previstas en la legislación civil de las comunidades autónomas».

Resulta evidente que el último párrafo se encuentra ahora referido exclusivamente a la patria potestad de los hijos menores, dada supresión legal que se ha operado en las otras dos modalidades de patria potestad, tanto la prorrogada como la rehabilitada, tras la reforma operada en el Código civil con motivo de la Ley 8/2021, de 2 de junio.

145 Apunta DÍEZ GARCÍA, H.: «Comentario al artículo 170 del Código civil», *Comentario al Código civil*, T. II (arts. 152 a 360), dir. Bercovitz Rodríguez-Cano, Tirant lo Blanch, Valencia, 2013, p. 1756, que la aplicación de las normas sobre los procesos matrimoniales a las parejas de hecho permiti-

cedimiento iniciado *ad hoc*. Están legitimados para el ejercicio de esta acción, los familiares de los progenitores cuando detectan el incumplimiento de los deberes parentales por parte de ambos progenitores; el otro progenitor ante el incumplimiento de los deberes paternos y, en última instancia, se reconoce la legitimación pública del Ministerios Fiscal.

Cabe precisar que cuando un procedimiento penal está abierto por una causa de violencia de género, el Juez del proceso civil deberá inhibirse a favor de los Juzgados de Violencia sobre la Mujer. Esto se debe a la competencia exclusiva y excluyente de estos Juzgados en el orden civil, según lo establecido en el art. 49 bis LEC. Pasada la fase del juicio oral, el Juez deberá seguir con la tramitación del procedimiento. Finalmente, y por lo que se refiere a la tercera vía apuntada, la privación de la patria potestad se puede acordar mediante sentencia dictada en juicio ordinario iniciado *ad hoc*, en el que se solicita precisamente la privación total de la patria potestad.

4.1. *Privación de la patria potestad por abandono, desinterés y falta de apego del padre respecto a sus hijos menores*

Por la novedad que ha supuesto, nos referimos seguidamente al pronunciamiento del TS 106/2024 de 30 de enero. En ella se estima un recurso de casación interpuesto por la madre de un menor contra la sentencia de la Audiencia Provincial de Madrid, dimanante de las actuaciones de juicio ordinario del Juzgado de Primera Instancia de Móstoles, sobre privación total de la patria potestad. En ambas instancias no se acuerda judicialmente la privación[146].

Se trataba de un supuesto de total desatención del menor por parte del padre desde su nacimiento, limitándose a reconocer su paternidad al tiempo del nacimiento, habiendo desaparecido completamente de sus vidas a partir de ese momento. La Sala Primera del TS no comparte el criterio mantenido por las sentencias de instancia, por considerar que se ha generado una situación de incertidumbre y de inseguridad, tanto para la madre como para terceros, en todos los supuestos en los que deba oírse al padre para conocer su opinión respecto de todas aquellas decisiones que afectan a la vida del menor, lo que claramente no redunda en su beneficio, pues el padre no cono-

---

rá también privar de la patria potestad al padre maltratador cuando en el procedimiento civil se revele causa para ello.

146 En primera y segunda instancia se acuerda atribuir la guarda y custodia a favor de la madre, la cual ejercerá la patria potestad en exclusividad, pero se mantiene compartida la titularidad, al considerarse que la madre no encuentra dificultades para adoptar decisiones en la vida cotidiana del menor en áreas relativas a su salud o educación, por lo que se estima que no procede privar de la patria potestad al padre, sino solo atribuir a la madre el ejercicio cotidiano y ordinario de dicha patria potestad.

ce al menor, ni tampoco sus necesidades personales ni afectivas, ni su personalidad, ni ninguna de las circunstancias que le rodean. En esta misma línea se apunta a que la suspensión el ejercicio de la patria potestad obliga al progenitor que ejerce en exclusiva dicha potestad a poner automáticamente en conocimiento del otro progenitor los hechos relevantes que se produzcan durante la guarda del hijo/a, dando periódicamente información general sobre su vida cotidiana, toda vez que deberá conocerse la opinión del padre en todas aquellas decisiones que afectan directamente al menor.

La STS tiene gran relevancia en tanto que abre paso a la posibilidad de privar de la patria potestad primando el interés de los hijos frente a progenitores que voluntariamente muestran un total desinterés por estos, impidiendo así que interfieran en el ejercicio de la patria potestad. En este sentido cabe recordar que el abandono y desatención total de uno de los progenitores es causa de privación de la patria potestad que se contemple expresamente[147].

El ejercicio de la patria potestad trasciende más allá del ámbito meramente personal, tratándose de una materia propia del orden jurídico público familiar, sustancialmente obligatorio e indisponible y, por tanto, su titularidad se encuentra al margen de cualquier posibilidad de acuerdo suscrito entre los progenitores, sin que tenga cabida la renuncia o delegación exclusiva y de forma indefinida a favor de uno solo de ellos, debiendo ser declarado radicalmente nulo cualquier pacto que a tal efecto hubieran podido suscribir sus titulares entre sí y sin que tenga cabida legal, ni la renuncia ni la transacción en relación con su titularidad y ejercicio[148].

En cuanto a los efectos de la privación por causa de violencia de género, esta conlleva la atribución de la patria potestad exclusiva a favor de la madre. El progenitor que hubiese sido legalmente privado de la patria potestad queda además inhabilitado para el ejercicio de la tutela de menores, tal y como se dispone en el art. 216 del Código civil, cuando señala que no podrán ser tutores quienes hayan sido privados de la patria potestad o, total o parcialmente, de los derechos de guarda y protección, al tiempo que no se considera idóneo para adoptar en los términos que exige el art. 176.3 del Código civil.

Como consecuencia de la privación, dejará de requerirse legalmente el asentimiento del progenitor privado de la patria potestad en relación con el procedimiento de adopción de sus hijos, cuando estos hubieran quedado huérfanos de madre, conforme a lo dispuesto en el art. 177.2. 2º del Código civil[149]. Tampoco podrá be-

147 A diferencia de lo prescrito en el art. 191. d) del Código de las Familias de la República de Cuba.

148 MÚRTULA LAFUENTE, V.: *El interés superior del menor y las medidas civiles a adoptar sobre la violencia de género*, Dykinson, 2016, p. 98, al poner de manifiesto la nulidad de cualquier tipo de pacto que tenga por finalidad privar total o parcialmente de la potestad a cualquiera de los progenitores, incluida la transacción que pudiera hacerse sobre la misma.

149 El art. 177.2 del Código civil establece que: «Deberán asentir la adopción: 2.º Los progenitores del adoptando que no se hallare emancipado, a menos que estuvieran privados de la patria potestad

neficiarse de la posibilidad de mantener con ellos algún tipo de relación, comunicación o contacto, cuando estos hubieran sido adoptados, al amparo de lo dispuesto en el art. 178.4 del Código civil, referido a la llamada adopción abierta.

La privación no afecta a la filiación del hijo, de manera que conserva sus apellidos, salvo que fuera necesario un cambio de identidad por motivos de seguridad, dificultando así la posibilidad de que sean localizados, por mediar acoso moral o físico, o porque realmente no quiera seguir llevando el apellido del padre. La privación no implica la extinción de la relación paterno filial, ya que el progenitor continúa ostentando el deber legal de velar por su hijo y de prestarle alimentos, contenido que es propio de la filiación y no de la patria potestad (arts. 39 CE y 110 del Código civil)[150].

5. EJERCICIO UNILATERAL DE LA PATRIA POTESTAD Y SUPUESTOS DE SUSPENSIÓN DE SU EJERCICIO

Distinto del ejercicio unilateral de la patria potestad es la suspensión de su ejercicio, considerada como una medida cautelar de naturaleza punitiva pero también de protección del menor por cuanto que se adopta atendido su concreto interés.

5.1. Supuestos de ejercicio unilateral de la patria potestad

El ejercicio unilateral de la patria potestad supone una excepción a la regla general de su ejercicio conjunto, como sucede en los supuestos en los que progenitores viven separados, ejerciéndose por aquel que convive con el menor, pudiéndose, no obstante, solicitar judicialmente la distribución de las funciones inherentes al mismo (art. 156.5 del Código civil). Una de las causas más frecuentes del ejercicio unilateral de la patria potestad por uno de los progenitores obedece a la aparición de desacuerdos reiterados en el ejercicio de la patria potestad, pudiéndose atribuir la facultad de decidir sobre determinadas cuestiones relacionadas con el menor, a uno solo de ellos, posibilidad que contempla el art. 156.3 del Código civil.

---

por sentencia firme o incursos en causa legal para tal privación. Esta situación solo podrá apreciarse en el procedimiento judicial contradictorio que se tramitará conforme a la LEC.

«Tampoco será necesario el asentimiento de los progenitores que tuvieren suspendida la patria potestad cuando hubieran transcurrido dos años desde la notificación de la declaración de situación de desamparo, en los términos previstos en el artículo 172.2, sin oposición a la misma o cuando, interpuesta en plazo, hubiera sido desestimada».

150 STS 106/2024 de 30 de diciembre, F.J.4º.

No cabe duda de que la diversidad, como nota esencial que caracteriza nuestra sociedad actual en base a su multiculturalidad, las distintas creencias religiosas o su inexistencia, hace que hagan mucho más evidente los desacuerdos entre los progenitores, sobre todo si están separados o divorciados, en orden a la toma de decesiones en relación, por ejemplo, con el derecho a la salud de sus hijos menores, como ha sucedido recientemente con la administración de la vacuna del Covid-19[151], o en torno a la educación religiosa que deben o no recibir los hijos menores, poniendo de manifiesto discrepancias irreconciliables entre los progenitores.

Precisamente en torno a las disconformidades surgidas entre ambos progenitores en relación con la educación religiosa o laica que cada uno de ellos desea para sus hijos, vinculado al derecho de estos a su libertad religiosa, cabe referirse a dos pronunciamientos recientes pronunciamientos del TC.

En primer lugar, nos referiremos a la STC 5/2023 de 20 de febrero (Sala Segunda), con motivo de la interposición de un recurso de amparo promovido por uno de los progenitores frente a las resoluciones judiciales dictadas por el Juzgado de Majadahonda y la Audiencia Provincial de Madrid en procedimiento de jurisdicción voluntaria en relación con la autorización judicial para la administración del bautismo y para asistir a la asignatura de religión del menor. En este supuesto el TC no entra en el fondo del asunto, pues tras comprobar la vulneración del derecho a la tutela judicial efectiva y del derecho de defensa, se procede a otorgar parcialmente el amparo, anulando los autos de Primera Instancia y de la Audiencia Provincial de

---

151 Precisamente la vacunación del Covid suministrada a los menores ha sido objeto de fuertes discrepancias entre los progenitores que han requerido intervención judicial por el desacuerdo que la administración de la vacuna en sus hijos menores ha provocado ha dado origen a diversas resoluciones judiciales a favor y en contra de la administración de la vacunación, así como la formulación de numerosos recursos de amparo en base a una supuesta vulneración de los derechos fundamentales a la integridad física y a la tutela judicial sin indefensión frente a distintas resoluciones judiciales que habían acordado la administración de dicha vacuna respecto a los menores. Entre ellas, es preciso referirse a la STC 14/2024 de 29 de enero; 5/2024 de 15 de enero; 4/2024 de 15 de enero; 148/2023 de 6 de noviembre y 186/2023 de 11 de diciembre. En todas ellas se desestima el recurso de amparo aplicando la doctrina constitucional expuesta en la STC 148/2023, de 6 de noviembre que ha servido de base para fundamentar la decisión de muchos de los recursos de amparo que han sido formulados. El TC rechaza la vulneración del art. 15 CE en base a considerar que la Ley 41/2002, de 14 de noviembre, básica reguladora de la autonomía del paciente y de derechos y obligaciones en materia de información y documentación clínica, admite la prestación del consentimiento por representación que se otorgará por los progenitores de mutuo acuerdo o por la autoridad judicial en el caso de desacuerdo, habiéndose cumplido también el requisito de la motivación de las resoluciones judiciales ya que tuvieron como fundamento esencial el interés superior del menor y la protección de su derecho a la salud, teniendo en cuenta las recomendaciones de las autoridades sanitarias, proclives a la vacunación de las personas menores, haciendo una ponderación entre los riesgos del suministro de la vacuna y sus beneficios. Sobre el particular MORENO SOLER, V.: «La vacunación contra el Covid-19 en menores de edad ante la discrepancia de los progenitores», Actualidad Civil Iberoamericana, núm. 23, febrero, 2024.

Madrid, desestimando este el recurso de apelación, y la retroacción de actuaciones a los efectos de la indefensión producida por no haber dado la preceptiva audiencia al menor, al que le faltaban pocos días para cumplir los siete años, por lo que las resoluciones judiciales desconocieron la opinión y preferencia de este, quedando marginado el interés del menor. Lo cierto es que, respecto a los hechos relatados, han transcurrido ya más de cinco años, por lo que actualmente el menor cuenta con más de doce años, que fue bautizado a pesar de los fundamentos esgrimidos en la solicitud basados en la resistencia y rechazo del menor a asistir a las celebraciones religiosas y su deseo de asistir a la asignatura de «valores cívicos y sociales».

Especial atención merece la STC (Pleno) 26/2024 de 14 de febrero[152]. El TC se pronuncia en el sentido de que la decisión judicial en estos casos debe participar del deber de neutralidad del Estado, como principio que se deriva del art. 16.3 CE. Se sostiene que: «Frente a la opción de un colegio religioso, cuyo proyecto pedagógico general está explícitamente dirigido a la formación en una concreta fe, el colegio público no confesional resulta más acorde para favorecer el libre desarrollo de las convicciones de la menor desde una posición de neutralidad con respecto a las divergentes posiciones de sus progenitores. De este modo se atiende al interés superior de esta a formar sus propias creencias en materia religiosa a través de una información y un conocimiento transmitidos de manera objetiva, crítica y plural, permitiendo que pueda desarrollar una opinión críticas en el seno de una familia caracterizada por la diversidad sobre esta materia». Continúa argumentado que: «En definitiva, las resoluciones judiciales han soslayado el verdadero conflicto de derechos fundamentales de los padres y, ante el desacuerdo de ellos, no han identificado correctamente el objeto del debate, que no es otro sino el conflicto entre los derechos fundamentales de ambos progenitores reconocido en el art. 27.3 CE, el cual ha quedado desplazado por una comparación entre las prestaciones ofrecidas por cada centro educativo [...]. Continua el TC en su pronunciamiento señalando que, «dada la inmadurez de la menor para el pleno ejercicio de su libertad religiosa,

152 Muy brevemente, en cuanto al supuesto de hecho de da origen a la STC: El padre solicita intervención judicial ante el desacuerdo irreconciliable que existe entre los progenitores en el ejercicio de la patria potestad, al amparo del art. 86 LJV y 156 del Código civil, en relación con el centro educativo en el que quería escolarizar a su hija, que contaba entonces la edad de cuatro años, y que se encontraba en un régimen de custodia compartida por semanas alternas y mitad de vacaciones. El padre proponía un colegio religioso concertado en el barrio en el que había nacido la menor, reconocido por sus amplias instalaciones, porque en él se imparte todos los ciclos de enseñanza, así como por la gran variedad de actividades extraescolares que en el mismo se ofertan. Argumenta que el carácter religioso resulta plenamente coherente con sus creencias religiosas y con las de su familia, permitiendo a la menor garantizar su derecho fundamental a la educación religiosa conforme a lo dispuesto en el art. 37.3 CE. Con disparidad de criterio la madre, de la que estaba divorciado, manifiesta su propósito de enviar a la menor a un centro público laico situado en un entorno con el que la menor carece de arraigo y de reciente creación.

su interés superior debió identificarse con la obligación de atender a que sus convicciones religiosas pudieran formarse o adquirirse sin predeterminaciones escolares, esto es, en un entorno decente neutral desde la perspectiva religiosa». En base a esta fundamentación, el TC estima el recurso de amparo interpuesto por la madre, haciéndose constar la emisión del voto particular formulado por tres magistrados, muy interesante para ser analizado[153].

Asimismo, cabe referirse a los supuestos de ejercicio unilateral de la patria potestad por parte de uno solo de los progenitores ante la aparición de cualquier circunstancia que dificulte gravemente un ejercicio conjunto, pudiéndose entonces atribuir total o parcialmente a uno solo de los progenitores o proceder a la distribución de las funciones propias de su ejercicio entre ambos progenitores. Esta medida tendrá vigencia desde que se fije judicialmente, sin que pueda exceder de un plazo máximo de dos años (art. 156.2 del Código civil). Por su parte, la ausencia o imposibilidad del ejercicio por parte de uno de los progenitores constituirá un supuesto de ejercicio unilateral a favor del progenitor que no esté imposibilitado, pasando a ser ejercida de forma exclusiva por el otro progenitor (art. 156.4 del Código civil). Si concurriese un interés opuesto al del hijo por parte de uno solo de los progenitores, corresponde al otro progenitor la representación del menor no emancipado, así como completar su capacidad sin necesidad de nombramiento por aplicación de lo dispuesto en el art. 163.2 del Código civil. De concurrir en ambos progenitores un interés opuesto al del hijo, se procederá a nombrar a un defensor judicial según lo dispuesto en los arts. 235 y 236 del Código civil.

Por último, hay que añadir que en los supuestos de violencia de género la atribución judicial del ejercicio en exclusividad a la madre se ha utilizado como un recurso para no acudir a la privación de la patria potestad cuando no tiene la oposición del padre en la toma de decisiones que afectan a su vida diaria al menor. Sin embargo, ya hemos analizado que a tenor de la TS 106/2024 de 30 de junio se ha producido un importante cambio en el sentido de considerar, que la total despreocupación por el menor durante un tiempo prolongado, dejando toda la responsabilidad a la madre, genera una situación de incertidumbre e inseguridad en la madre y en los terceros que se relacionan con ella, sobre los supuestos en los que debería oírse al padre para conocer su opinión en todas aquellas decisiones que afectan al menor, lo que en nada redunda en su beneficio. Por ello, el TS entiende que el beneficio del menor exige la privación de la patria potestad de un padre que nunca ha tenido relación con él, que no se ha hecho cargo de sus cuidados y manutención, ni ha velado en ningún momento por su protección, imponiendo –añado– el ejercicio de una monomarentalidad obligada que no puede verse condicionada por una titularidad compartida

153 Voto particular de los magistrados D. Ricardo Enríquez Sancho Dña. Concepción Espejel Jorquera y Cesar Tolosa Tribiño.

que realmente no se ha ejercido nunca. No cabe olvidar que la privación de la patria potestad supone la extinción de la representación legal del menor y administración de sus bienes, toda vez que tiene importantes repercusiones en el ámbito sucesorio, por cuanto que el padre queda incurso en justa causa de desheredación (art.854.1 del Código civil). La privación se hace efectiva desde la firmeza de la sentencia. En este sentido el art. 236-6-2 del Código civil de Cataluña relativo a la persona y a la familia que establece que: «3. La privación de la potestad parental debe decretarse en un proceso civil o penal y es efectiva desde que la sentencia deviene firme, sin perjuicio de que pueda acordarse cautelarmente suspender su ejercicio».

5.2. Situaciones que dan lugar a la suspensión del ejercicio de la patria potestad o de la custodia

Tras la reforma operada por Ley 13 de mayo de 1981, de reforma del Código civil en materia de filiación, patria potestad y régimen económico del matrimonio, se suprimen las normas contenidas en los artículos 170 y 171 del Código civil que específicamente regulaban la suspensión de la patria potestad[154], dando lugar a la figura del titular no ejerciente de la patria potestad[155]. Actualmente no existe un régimen jurídico específico referido a la suspensión del ejercicio de la patria potestad, no obstante, lo cual, el Código civil se refiere a esta medida en distintos preceptos, refiriéndose, en otras tantas, al ejercicio de la patria potestad de forma parcial que parece asimilada legalmente a la suspensión. Se trata de una medida sancionadora del incumplimiento de la responsabilidad parental con un alcance más leve que la corresponde a la privación[156]

Las situaciones que dan origen a la suspensión en el ejercicio de la patria potestad no están determinadas de forma específica en el Código civil, pudiéndose decretar judicialmente a través de diferentes vías: mediante sentencia dictada en un

154 El art. 170 del Código civil se refería a la suspensión del ejercicio de la patria potestad con motivo de la incapacidad o ausencia del padre, o en su caso de la madre, declarada judicialmente. También se suspendía por la interdicción civil conforme a lo dispuesto en el art. 170 *in fine*. Por su parte, el art. 171 atribuía a los Tribunales la facultad de decretar la suspensión del ejercicio de la patria potestad, junto a la facultad de decretar su privación. De este modo las conductas previstas en el art. 171 del Código civil podían ser consideradas como causa tanto de privación como de suspensión, atendidas las circunstancias concurrentes en el caso.

155 SEISDEDOS MUIÑO, A.: «Suspensión *versus* privación de la patria potestad. Reflexiones al hilo de las sentencias del T.S. de 20 de enero de 1993 y 24 de mayo de 2000», Revista de Derecho Privado, julio-agosto, no 85, 2001, p. 564, nota 32.

156 BERROCAL LANZAROT, A.I.: «La patria potestad, modificación, suspensión, privación, exclusión, recuperación y extinción», Revista Crítica de Derecho Inmobiliario, N.º 723, 2011, p. 490.

proceso de separación judicial, divorcio o nulidad, cuando la sentencia civil así lo acuerde (art. 92.4 del Código civil). También puede adoptarse en sede de medidas provisionales, una vez haya sido admitida la demanda de separación, divorcio o nulidad, (art. 103.1 del Código civil). Asimismo, procederá acordar la suspensión en sede de medidas provisionalísimas en los términos que se determinan en el art. 104 del Código civil.

La suspensión del ejercicio de la patria potestad es la consecuencia legalmente establecida para los supuestos de asunción por parte de la Entidad Pública de la tutela del menor, tal y cómo se establece legalmente en lo dispuesto en el art. 172.1 del Código civil cuando dispone que: «La asunción de la tutela atribuida a la Entidad Pública lleva consigo la suspensión de la patria potestad o de la tutela ordinaria».

El art. 65 de la LO 1/2004, dentro del Capítulo V dedicado a las medidas judiciales de protección y de seguridad a las víctimas, se refiere a la suspensión de la patria potestad para el inculpado por violencia de género, así como a la suspensión del ejercicio de la guarda y custodia, acogimiento, tutela o guarda de hecho respecto a los menores que dependan de él. Es preciso apuntar que, en el actual contexto legal y tras la LO 13/2015, de 5 de octubre, de Modificación de la Ley de Enjuiciamiento Criminal para el fortalecimiento de las garantías procesales y la regulación de las medidas de investigación tecnológica, el término inculpado está referido a la persona investigada por un delito de violencia de género. Si no se acordara la suspensión, el juez deberá pronunciarse sobre la forma en que ha de ejercerse la patria potestad o en su caso la guarda y custodia, así como el resto de las medidas sobre la guarda del menor, adoptando aquellas medidas que sean necesarias para garantizar la seguridad, integridad y recuperación de los menores y de la mujer, realizando un seguimiento periódico de su evolución. Finalmente, cabe decretar judicialmente de forma cautelar la suspensión del ejercicio de la patria potestad al amparo de lo dispuesto en el art. 158.6º del Código civil.

5.3. *Medidas urgentes para la protección del menor adoptadas al amparo del art. 158 del Código civil. La suspensión cautelar del ejercicio de la patria potestad y/o del ejercicio de la guarda y custodia establecidos mediante resolución judicial o convenio aprobado judicialmente*

El art. 158 del Código civil[157] diseña un conjunto de medidas excepcionales para la protección de las menores basadas en la inmediatez propia de los incidentes cau-

157 En la redacción que le ha sido dada por la Disposición final segunda de la Ley 8/2021, de 4 de junio, de Protección integral a la infancia y a la adolescencia frente a la violencia, de modificación del Código civil.

telares. En dichas medidas se incluye la suspensión cautelar del ejercicio de la patria potestad y/o del ejercicio de la guarda y custodia establecidos mediante resolución judicial o por convenio regulador aprobado judicialmente. La norma está dirigida tanto al menor, víctima de malos tratos, como a aquellos que se encuentran en una situación de riesgo. La norma habilita además dos nuevos mecanismos de protección: la prohibición de aproximación y de comunicación con el menor por parte de los progenitores, tutores, otros parientes o terceras personas[158].

Un análisis general de la norma permite apreciar el establecimiento de un amplio elenco de medidas excepcionales con la finalidad de hacer efectiva la protección de los menores, que se activan también judicialmente en situaciones de riesgo o de peligro para el menor, con motivo de su convivencia con aquel de los progenitores que incumple gravemente los deberes propios a su responsabilidad parental. La naturaleza excepcional en la adopción de dichas medidas resulta de la consideración de que todas y cada una de ellas, interfieren claramente en las facultades que son propias de los titulares de la patria potestad, siempre bajo la perspectiva de prevenir toda interferencia innecesaria en la vida del menor (art. 13. 3 in fine LOPJM), lo cual contrasta significativamente con la amplia legitimación que se reconoce legalmente para solicitarlas[159], dado que la adopción judicial de dichas medidas corresponde al Juez de oficio o a instancia del propio menor o de cualquier pariente, incluido el otro progenitor, persona interesada o del Ministerio Fiscal *ex* art. 158 del Código civil en relación con el art. 87.3 LJV. Cabe también referirse al 13 LOPJM cuando dispone que: «Toda persona o autoridad, especialmente aquellas que por su profesión, oficio o actividad detecten una situación de riesgo o posible desamparo de una persona menor de edad, lo comunicarán a la autoridad o sus agentes más próximos, sin perjuicio de prestarle el auxilio inmediato que precise».

La adopción de cualquiera de estas medidas responde a los principios de necesidad, urgencia e inmediatez y que, con pleno respeto al principio de proporcionalidad, se adoptan valorado siempre el concreto interés del menor, apreciadas, por tanto, sus circunstancias concretas. De este modo, legalmente se articulan distintas

---

158 La Ley 26/2015, de 28 de julio, de Modificación del Sistema a la Infancia y a la Adolescencia, modifica el apartado cuarto e incorpora los apartados 5º y 6º. Según justifica su Exposición de Motivos, se trata de medidas impuestas por aplicación de los principios de agilidad e inmediatez propios de los incidentes cautelares que afectan a menores. Su finalidad es prevenir perjuicios innecesarios para el menor como consecuencia de las rigidices procesales, permitiendo adoptar mecanismos de protección en relación con las menores víctimas de malos tratos o respecto de aquellos que se encuentran en una situación de riesgo.

159 YZQUIERDO TOLSADA, M.: «La patria potestad», *Tratado de Derecho de la Familia*. Vol. VI. Las relaciones paternofiliales (II). La protección penal de la familia, Dir. Mariano Yzquierdo Tolsada/Matilde Cuena Casas, Thomson Reuters Aranzadi, Cizur Menor, Navarra, 2017, p. 103.

medidas de muy diversa naturaleza[160] y con distintas finalidades, cuya enumeración carece de carácter tasado, tal y como se desprende de lo dispuesto en el apartado sexto del art. 158 del Código civil, cuando declara que: «y, en general, las demás disposiciones que considere oportunas, a fin de apartar al menor de un peligro o evitarle perjuicios en su entorno familiar o frente a terceras personas».

Se ha destacado la gran utilidad práctica que la adopción de este amplio elenco de medidas ha tenido a lo largo de toda su aplicación[161] para afrontar las situaciones de riesgo de los menores, bien en el marco de las relaciones familiares, bien tras producirse una ruptura de la convivencia en pareja, particularmente efectivas en supuestos de violencia familiar y siempre que no sea posible acudir a la adopción de otras medidas pensadas para las situaciones de crisis en pareja[162]. Hay que matizar que estas situaciones de riesgo se refieren exclusivamente a la persona del menor, excluyéndose el riesgo puramente patrimonial, puesto que esta circunstancia se encuentra prevista en el art. 167 del Código civil, en virtud del cual se permite la adopción de medidas específicas para aquellos supuestos en los que la administración de

---

160 Entre las medidas que se contienen en el art. 158 del Código civil, cabe referirse a aquellas que se encuentran dirigidas a garantizar el pago de la prestación de alimentos, así como proveer las futuras necesidades de los menores ante el incumplimiento de esta obligación por parte de los progenitores. Estas medidas pueden consistir en la constitución de garantías, depósitos, retenciones o cualquier otro tipo de medida cautelar que el juez determine para asegurar la efectividad del pago de la pensión de alimentos.

También se previene la adopción de medidas concretas frente al riesgo de secuestro del menor por uno de sus progenitores, de consecuencias particularmente graves cuando se trata de un secuestro internacional. Entre estas medidas se incluye la prohibición de salida del menor del territorio nacional sin previa autorización judicial; la prohibición de expedición de pasaporte o retirada del mismo cuando ya hubiera sido expedido o la sujeción a previa autorización judicial el cambio de domicilio del menor por decisión unilateral de uno de los progenitores. Asimismo, cabe solicitar judicialmente la prohibición de aproximarse al menor o el acercamiento a su domicilio, centro educativo, lugares que se frecuentan habitualmente por el menor, así como la prohibición de comunicación o visitas con aquel progenitor con el que el menor no convive, prohibición que se extiende tanto al progenitor como a terceras personas y que incluye cualquier contacto visual, verbal o por escrito con el menor a través de medios informáticos o telemáticos. Todas estas restricciones se adoptan según el principio de proporcionalidad. Conforme a lo dispuesto en el art. 88 LJV, si el Juez estimare procedente la adopción de medidas, resolverá lo que corresponda designando persona o institución que, en su caso, haya de encargarse de la custodia del menor o del apoyo a la persona con discapacidad, adoptando las medidas procedentes en el caso conforme a lo establecido en la legislación civil aplicable y podrá nombrar, si procediere, un defensor judicial.

161 La norma ha sido modificada por LO 9/2002, de 10 diciembre, de modificación de la LO 10/1995, de 23 de noviembre del Código Penal, y del Código civil, sobre sustracción de menores. Se modifica el apartado cuarto y se incorporan los números 5º y 6º, por el art. 2, apartado nueve, de la Ley 26/2015, de 28 de julio, de Modificación del Sistema de Protección a la Infancia y a la Adolescencia.

162 MÚRTULA LA FUENTE, V.: cit. p. 68.

los titulares de la patria potestad pone en peligro el patrimonio del menor, incluyéndose entre ellas, el nombramiento de un administrador[163].

Para los supuestos en los que se requiere apartar al menor de una situación de riesgo o a fin de evitarle perjuicios dentro de su entorno familiar o frente a terceras personas, puede activarse, en base al art. 158.6º del Código civil, la suspensión cautelar del ejercicio de la patria potestad, que resulta de plena aplicación también en los supuestos de violencia de género. Según lo dispuesto en el art. 17 de la LOPJM se consideran situaciones de riesgo para el menor: «aquella en la que, a causa de circunstancias, carencias o conflictos familiares, sociales o educativos, la persona menor de edad se vea perjudicada en su desarrollo personal, familiar, social o educativo, en su bienestar o en sus derechos de forma que, sin alcanzar la entidad, intensidad o persistencia que fundamentarían su declaración de situación de desamparo y la asunción de la tutela por ministerio de la ley, sea precisa la intervención de la administración pública competente, para eliminar, reducir o compensar las dificultades o inadaptación que le afectan y evitar su desamparo y exclusión social, sin tener que ser separado de su entorno familiar». Ha de tomarse también en consideración lo dispuesto en el art. 70.3 de la Ley 4/2023, de 28 de febrero, para la igualdad real y efectiva de las personas trans y para la garantía de los derechos LGTBI, en cuya virtud, la negativa a respetar la orientación e identidad sexual de los menores, expresión de género o características sexuales de una persona menor, como componente fundamental de su desarrollo personal, deberá tenerse en cuenta a efectos de valorar una situación de riesgo, de acuerdo con lo dispuesto en el art. 17 de la LO 1/1996, de 15 de enero.

La suspensión del ejercicio de la patria potestad puede adoptarse en un procedimiento de separación, nulidad o divorcio que se sustanciará por los trámites del juicio verbal, en procedimiento penal[164] o en sede de un expediente de jurisdicción voluntaria conforme a lo dispuesto en los arts. 87 y 88 de la Ley 15/2015, de 2 de julio, de la Jurisdicción Voluntaria, bajo la rúbrica «De las medidas de protección relativas al ejercicio inadecuado de la guarda», en relación con las previsiones comunes que establece la propia Ley, entre otros, los arts. 17 y 18 LJV, siendo competente el Juez de Primera Instancia del domicilio o, en su defecto, de la residencia del menor o persona con discapacidad.

En supuestos de violencia de género procede activar la suspensión cautelar del ejercicio de la patria potestad al amparo de lo dispuesto en el art. 158.6º del Código

163 YZQUIERDO TOLSADA, M.: cit. p. 110.

164 Art. 226 CP impone la pena de prisión de tres a seis meses o multa de seis a 12 meses a quienes dejaren de cumplir los deberes legales de asistencia inherentes a la patria potestad, tutela, guarda o acogimiento familiar o de prestar la asistencia necesaria legalmente establecida para el sustento de sus descendientes, ascendientes o cónyuge, que se hallen necesitados.

civil, acompañada de la suspensión de la guarda y custodia del menor respecto al progenitor con quien convive, con la finalidad de evitarle un peligro o determinados perjuicios en el entorno familiar o frente a terceras personas, pudiéndose referir este último inciso a la pareja del progenitor o a los parientes con quienes el menor convive. La suspensión del ejercicio y de la guarda del menor se adopta judicialmente como medida cautelar urgente, entretanto se adopta otra medida definitiva, como la privación de la patria potestad, teniendo en cuenta la gravedad de los delitos cometidos[165], como sucede en los supuestos de crímenes machistas, en los que la sentencia condenatoria penal firme establece la privación de la patria potestad del inculpado, procediéndose entonces a constituir la tutela de estos menores, huérfanos de madre, a favor de los abuelos o de otros parientes cercanos idóneos, conforme al orden de delación que determinan los arts. 213 y 214 del Código civil.

En aquellos supuestos en los que la tutela queda vacante, bien porque no existan personas aptas o personas dispuestas a asumirla, se procederá a la declaración administrativa de desamparo de los menores con las consecuencias jurídicas que de la misma se derivan.

El último apartado del art. 158 del Código civil, determina que, en el caso de que el menor se encontrase en una situación de desamparo en los términos del artículo 172 del Código civil, el Juzgado comunicará las medidas que fueren adoptadas a la Entidad Pública competente. Conforme a la obligación de las autoridades y servicios públicos de prestar atención inmediata que precise el menor, la Entidad Pública podrá asumir la guarda provisional del menor al amparo de lo dispuesto en el art. 172.4 del Código civil.

En esta misma línea, el artículo 65 de la LOVG, se refiere a la suspensión del ejercicio de la patria potestad y/o de la guarda y custodia de los menores respecto al inculpado de violencia de género, así como a la situación de acogimiento, tutela, curatela o guarda de hecho de los menores, adoptando las medidas necesarias que garanticen la seguridad, integridad y recuperación de los menores y de la mujer, imponiéndose un seguimiento periódico de su evolución.

Se advierte de que la adopción de todas las medidas que se contemplan en el art. 158 del Código civil conllevan una amplia discrecionalidad judicial, por lo que no son susceptibles de revisión casacional, al tiempo que han de ponerse en relación con lo dispuesto en los arts. 65 y 66 LOVG, que prevén la adopción de las medidas referidas a la suspensión del ejercicio de la patria potestad y del régimen de visitas por parte del agresor.

165 MURTULA LAFUENTE, V.: cit, p. 122.

6. EFECTOS COMUNES Y NO COMUNES A LA PRIVACIÓN DE LA PATRIA POTESTAD Y A LA SUSPENSIÓN DE SU EJERCICIO

La privación de la patria potestad lleva consigo la pérdida de los derechos y deberes propios de la patria potestad a excepción de la obligación de prestar alimentos. Esto significa que el titular privado de la patria potestad queda excluido de todas las funciones tuitivas, así como de todos los derechos que se le confieren legalmente respecto al hijo y sus descendientes o de sus herencias, a excepción de la obligación de prestarle alimentos, que persiste. De conformidad con lo dispuesto en el art.856 del Código civil la privación de la patria potestad es causa de desheredación. Además, si hubiera sido condenado por alguno de los delitos que se especifican el art. 756.1.2 del Código civil sería indigno para suceder al hijo y sus descendientes.

La privación lleva consigo la extinción de la representación legal y administración de los bienes de los hijos, tal y como se deduce *a sensu contrario* de lo dispuesto en los arts. 162 y 164.1 del Código civil. Parece lógico presumir *iure et de iure* que el progenitor que se ha visto privado de la patria potestad no es la persona adecuada para asumir la representación legal de los intereses de sus hijos o para administrar diligentemente sus bienes, dado que el incumplimiento de sus deberes parentales resulta totalmente incompatible con una parentalidad responsable. Este es el fundamento que justifica la previsión legal que realiza la Disposición adicional primera de la LO 1/2004 cuando establece que no será abonable, en ningún caso, la pensión de orfandad de la que pudieran ser beneficiarios los hijos, al condenado por un delito de homicidio doloso en cualquiera de sus formas o de lesiones cuando la ofendida por el delito fuera la pareja o expareja. La privación de la patria potestad conlleva su atribución en exclusiva a la madre.

Por el contrario, el progenitor suspendido del ejercicio de la patria potestad mantiene la representación del menor, así como la administración de sus bienes. Esta afirmación se sostiene legalmente en lo previsto en el art. 172 del Código civil cuando dispone que: «La asunción de la tutela atribuida a la Entidad Pública lleva consigo la suspensión de la patria potestad o de la tutela ordinaria. No obstante, serán válidos los actos de contenido patrimonial que realicen los progenitores del menor que sean en interés de este. La Entidad Pública y el Ministerio Fiscal podrán promover, si procediere, la privación de la patria potestad y la remoción de la tutela».

En cuanto a los efectos comunes, tanto la privación como la suspensión de la patria potestad son reversibles, es decir, susceptibles de recuperación[166], tal y como

166 BERROCAL LANZAROT, A.I.: «La patria potestad», cit, p. 485, cuando apunta a que tanto la suspensión como la privación de la patria potestad conllevan la pérdida de su ejercicio de forma

se declara en el art. 170 del Código civil cuando determina que los Tribunales, pueden en beneficio del menor, acordar la recuperación de la patria potestad cuando hubiere cesado la causa que motiva la privación. Esto significa que, una vez que se produce la cesación de las causas que las originaron, para que se lleve a efecto la recuperación de la patria potestad, se necesita que sea declarada judicialmente a instancia del interesado, atendido el interés del menor, siendo imprescindible que el progenitor esté dispuesto al cumplimiento responsable de los deberes inherentes a la patria potestad. Cabe advertir, no obstante, que, en los supuestos de violencia de género de mayor gravedad, como los supuestos de feminicidio, no existe esta posibilidad, salvo los supuestos de absolución[167].

En efecto, en los supuestos de violencia de género más cruentos y de mayor gravedad, como los feminicidios, también en grado de tentativa, –nuestro Código Penal no tipifica como delito el feminicidio–, se ha optado legislativamente por imponer la pena de privación de la patria potestad de pleno derecho como sanción inherente a la responsabilidad penal. La privación de la patria potestad afecta a los hermanos de la víctima cuando esta fuera hijo o hija del autor de los delitos de homicidio o asesinato[168].

El art. 170 del Código civil establece la causa de privación de la patria potestad de forma general en base al incumplimiento de los deberes parentales. A mi juicio, para clarificar el régimen jurídico de la privación de la patria potestad no estaría de más incorporar en el Código civil las causas de privación automática de la patria potestad relacionadas directamente con los supuestos de violencia de género de máxima gravedad, entre las cuales, debería incluirse la condena por sentencia firme por la comisión de delitos dolosos graves contra la persona del otro progenitor y/o del hijo/a (homicidio, asesinato, lesiones graves, maltrato psicológico o agresiones sexuales). Estos supuestos deberían constituir una excepción legal a la regla general de que es siempre necesario valorar el alcance del incumplimiento de los deberes

---

temporal dado que es posible su recuperación cuando se produce la cesación de la causa que lo motiva.

167 En el supuesto que da origen a la STS 251/2016 de 13 de abril, el padre había sido denunciado por la madre por malos tratos habituales y amenazas, delitos por los que finalmente fue absuelto. El TS se pronuncia en el sentido de que «dicha absolución constituye un cambio significativo de las circunstancias, dado que fue uno de los elementos que motivaron la denegación de la custodia compartida por aplicación del art. 92.7 del C. Civil».

168 Artículo 140 bis.

1. A las personas condenadas por la comisión de uno o más delitos comprendidos en este título se les podrá imponer además una medida de libertad vigilada.

2. Si la víctima y quien sea autor de los delitos previstos en los tres artículos precedentes tuvieran un hijo o hija en común, la autoridad judicial impondrá, respecto de este, la pena de privación de la patria potestad.

La misma pena se impondrá cuando la víctima fuere hijo o hija del autor, respecto de otros hijos e hijas, si existieren.

parentales, que conlleva, por tanto, la facultad discrecional por parte del juez para su apreciación teniendo en cuenta las circunstancias del caso.

Finalmente hay que decir que no se dará publicidad sin previa autorización especial, tanto de las causas de privación como de suspensión de la patria potestad según lo dispuesto en el art. 21.3 RRC. El apartado segundo de la norma mencionada dispone en este sentido que: «La autorización se concederá por el Juez Encargado y sólo a quienes justifiquen interés legítimo y razón fundada para pedirla. La certificación expresará el nombre del solicitante, a los solos efectos para que se libra y la autorización expresa del Encargado. Este, en el registro directamente a su cargo, expedirá por sí mismo la certificación».

7. COMO CAUSA DE DENEGACIÓN O SUSPENSIÓN DEL RÉGIMEN DE VISITAS, ESTANCIA, COMUNICACIÓN O RELACIÓN DEL MENOR CON EL PROGENITOR INCURSO EN UN PROCESO PENAL POR VIOLENCIA DE GÉNERO O CUANDO SE ADVIERTA JUDICIALMENTE LA EXISTENCIA DE INDICIOS FUNDADOS DE VIOLENCIA DE GÉNERO. LA CONSTITUCIONALIDAD DEL ARTÍCULO 94.4 DEL CÓDIGO CIVIL Y LA POSIBILIDAD DE QUE LA MADRE PUEDA DECIDIR EL TRATAMIENTO PSICOLÓGICO DE SUS HIJOS (ARTÍCULO 156.2 DEL CÓDIGO CIVIL). LA STC 106/2022, DE 13 DE SEPTIEMBRE

En cuanto al régimen de visitas, estancias, comunicaciones o relación establecido con el menor y uno de sus progenitores, se considera como un derecho básico del menor subordinado a su propio interés.

El Tribunal Constitucional, respecto al referido art. 94 del Código civil, afirma en STC 176/2008 de 22 de diciembre, que «se trata en realidad, de un derecho tanto del progenitor como del hijo, al ser manifestación del vínculo filial que une a ambos y contribuir al desarrollo de la personalidad efectiva de cada uno de ellos. Sin embargo, la necesaria integración de los textos legales con los instrumentos internacionales sobre protección de menores, contemplan el reconocimiento del derecho a la comunicación del progenitor con el hijo, como derecho básico de este último, salvo que debido a su propio interés tuviera que acordarse otra cosa […]».

Ahondando en la protección reforzada que se articula en favor de los menores víctimas de violencia de género, el párrafo cuarto del art. 94 del Código civil, en la nueva redacción que le ha sido dada por la Ley 8/2021, de 2 de junio[169], dispone que: «No procederá el establecimiento de un régimen de visita o estancia, y si existiera se suspenderá, respecto del progenitor que esté incurso en un proceso penal iniciado por atentar contra la vida, la integridad física, la libertad, la integridad moral o la libertad e indemnidad sexual del otro cónyuge o sus hijos. Tampoco procederá cuando la autoridad judicial advierta, de las alegaciones de las partes y las pruebas practicadas, la existencia de indicios fundados de violencia doméstica o de género. No obstante, la autoridad judicial podrá establecer un régimen de visita, comunicación o estancia en resolución motivada en el interés superior del menor o en la voluntad, deseos y preferencias del mayor con discapacidad necesitado de apoyos y previa evaluación de la situación de la relación paternofilial»[170].

A tenor de su nueva redacción, queda claro que la autoridad judicial puede limitar o suspender el régimen de visitas, estancias y comunicación cuando se dieran circunstancias relevantes que así lo aconsejen o se incumplan grave o reiteradamente los deberes impuestos por la resolución judicial. Se incorporan dos excepciones a tenor del Pacto de Estado contra la violencia de género, declarándose que no procederá el establecimiento de visita o estancia y, si existiera se suspenderá, cuando el progenitor esté incurso en un proceso penal iniciado por haber atentado contra

169 Inicialmente una de las principales críticas que ha recibido la reforma operada en el art. 94 del Código civil es que se hiciera en sede de una Ley dedicada a las personas con discapacidad, cuando lo coherente hubiera sido que se hiciera en la reforma operada dos días después con motivo de la LO 8/2021, de 4 de junio, de Protección Integral de la Infancia y la Adolescencia frente a la violencia y cuyo contenido resultaba mucho más acorde con la materia. De hecho, a través de esta Ley 8/2021, de 4 de junio, se modifican los arts. 92, 154, 158, 172.5 del Código civil, así como el art. 544.7 de la Ley de Enjuiciamiento Criminal referido a las medidas civiles adoptadas respecto a los menores con motivo de la adopción de una orden de protección. En este sentido, GARCÍA MAYO, M.: «Interés superior del menor y régimen de visitas tras la reforma operada por la Ley 8/2021, de 2 de junio», La Ley Derecho de Familia, no 40, Sección A Fondo, tercer trimestre de 2023, La Ley 13694/2023.

170 En el mismo sentido, La Ley Vasca de Relaciones Familiares, Ley 7/2015, de 30 de junio, en sus numerales 3, 4 y 5 del art. 11, en relación con lo dispuesto en la Ley 71 de la Ley Foral 21/2019, de 4 de abril, de modificación y actualización de la Compilación del Derecho Civil Foral de Navarra o Fuero Nuevo, en la que se determina que: «No procederá la atribución de la guarda y custodia a uno de los progenitores, ni individual ni compartida, cuando se den estos dos requisitos conjuntamente: a) Esté incurso en un proceso penal iniciado por atentar contra la vida, la integridad física, la libertad, la integridad moral o la libertad e indemnidad sexual del otro progenitor o de los hijos o hijas. b) Se haya dictado resolución judicial motivada en la que se constaten indicios fundados y racionales de criminalidad. Tampoco procederá la atribución cuando el Juez advierta, de las alegaciones de las partes y de las pruebas practicadas, la existencia de indicios fundados y racionales de violencia doméstica o de género. Las medidas adoptadas en estos dos supuestos serán revisables a la vista de la resolución firme que, en su caso, se dicte al respecto en la jurisdicción penal. La denuncia contra un cónyuge o miembro de la pareja no será suficiente por sí sola para concluir de forma automática la existencia de violencia, de daño o amenaza para el otro o para los hijos, ni para atribuirle a favor de este la guarda y custodia de los hijos».

la vida, la integridad física, la libertad, la integridad moral o la libertad o indemnidad sexual del otro cónyuge o sus hijos. Tampoco procederá el régimen de visitas y estancias cuando existan indicios fundados de violencia de género o violencia doméstica, considerando como indicios racionales la existencia de una orden de protección o que se encuentre cumpliendo prisión provisional por delitos relacionados con la violencia de género. La denuncia por parte de las víctimas es un elemento probatorio más para tener en cuenta por el juez en la valoración de la existencia de tales indicios.

A pesar del tono imperativo que aparentemente imprime la norma, el legislador elude ese aparente automatismo impuesto *ex lege* que la misma sugiere, permitiendo acomodar la respuesta judicial en función de dos parámetros muy concretos: el interés superior del menor y la voluntad, deseos y preferencias de los hijos mayores con discapacidad con necesidad de una medida de apoyo judicial y en la previa evaluación de la situación de la relación paternofilial. La referencia al interés del menor conduce a considerar que, aunque exista un supuesto de violencia familiar, puede que esta no se proyecte de forma tan relevante para el menor[171], si bien la regla general ha de ser la suspensión del régimen de estancias, visitas y comunicaciones, en los supuestos de violencia de género, salvo que, de forma excepcional, mediante resolución judicial se motiven las razones, basadas en el interés superior del menor, que motivan el apartamiento de la regla general, tras llevar a cabo una valoración adecuada de la relación paternofilial, tal y como se expone en las Conclusiones del XVII Seminario de fiscales delegados en violencia sobre la mujer, 28 y 29 de noviembre de 2022. En idéntico sentido se muestra el art. 233-11-3 del CCat.

7.1. *La improcedencia de establecer un régimen de visitas del menor respecto al progenitor que cumple condena por delitos de violencia de género conforme a lo dispuesto en el art. 94.5 del Código civil*

Hasta las reformas operadas en 2015, Ley Orgánica 8/2015, de 22 de julio y Ley 26/2015, de 28 de julio, de modificación del sistema de protección a la infancia y a la adolescencia, la violencia de género no había sido un factor definitivo para denegar o restringir el régimen de visitas, estancias, comunicaciones o contactos de los hijos. En múltiples ocasiones el derecho de los progenitores a relacionarse con sus hijos frente al derecho del menor a una vida familiar sin violencia se había resuelto a favor del progenitor maltratador.

171 SILLERO CROVETO, B.: «Régimen de estancias, visitas, comunicaciones y relación con los menores tras la Ley 8/2021, de 2 de junio», Actualidad Jurídica Iberoamericana, núm. 16 bis, junio 2022, p. 1642.

Basta recordar la STS 309/2016 de 13 mayo, en la que se confirma el régimen de visitas atribuido a favor del padre maltratador por la Audiencia Provincial de Madrid. El padre, condenado por delitos de violencia de género, permanece en prisión, imponiéndose a los menores de muy temprana edad un régimen de visitas mensual en el centro penitenciario en el que cumple condena su padre, pese a haber presenciado la violencia infringida a su madre. Se argumenta que: «se considera desproporcionado supeditar la posibilidad de alterar el sistema de comunicaciones, a la plena libertad del recurrente, pues habrá de permitirse que pueda instarlo desde que consiga el tercer grado y/o la libertad condicional. En caso contrario, no podría ver a los menores en el centro penitenciario (en el que ya no estaría), ni mediante otro sistema de visita. Y por la misma razón, procede dejar sin efecto la suspensión del ejercicio de la patria potestad, desde que el recurrente disfrute de libertad condicional, pues en dicho momento cesará el internamiento (completo o parcial) que justificaba la imposibilidad del ejercicio».

Frente al sinsentido de los argumentos esgrimidos en esta sentencia, el Auto del TS de 6 de noviembre, inadmite el recurso de casación declarando la firmeza de la SAP de Jaén en relación con el régimen de visitas respecto a un padre incurso en un procedimiento penal violencia de género. En el caso, se atribuye la patria potestad de forma exclusiva a la madre, estimándose que dicha medida resulta necesaria a fin de evitar que la ausencia del padre pueda impedir la realización de ciertas gestiones que requieren de su consentimiento, toda vez que, en relación con el régimen de visitas, atendido exclusivamente el interés del menor, se sostiene que un centro penitenciario no es el lugar más idóneo para un menor, determinándose la suspensión transitoria del régimen de vistas en tanto el padre continua en prisión.

La prohibición que contiene el art. 94.5 del Código civil, afecta exclusivamente a los presos preventivos o ya condenados por alguno de los delitos relacionados con la violencia de género[172]. El delito de quebrantamiento de la orden de protección del art. 468.2 del Código Penal no está incluido, por lo que este precepto no resulta aplicable en dichos supuestos sin perjuicio de que para mejorar la protección de las mujeres y de sus hijos e hijas, proceda declarar la suspensión o no autorización de dicha comunicación[173].

---

172 El art. 233-11-3 dispone que: «3. En interés de los hijos e hijas, no se puede atribuir la guarda al progenitor, ni se puede establecer ningún régimen de estancias, comunicación o relación, o si existen se tienen que suspender, cuando haya indicios fundamentados de que ha cometido actos de violencia familiar o machista. Tampoco se puede atribuir la guarda al progenitor, ni se puede establecer ningún régimen de estancias, comunicación o relación, o si existen se tienen que suspender, mientras se encuentre incurso en un proceso penal iniciado por atentar contra la vida, la integridad física, la libertad, la integridad moral o la libertad y la indemnidad sexual del otro progenitor o sus hijos o hijas, o esté en situación de prisión por estos delitos y mientras no se extinga la responsabilidad penal».

173 Así se recoge en Conclusiones del XVII Seminario de Fiscales delegados en Violencia sobre la mujer, punto 4.2. Presos preventivos y condenados por violencia de género y régimen de visitas, celebradas en Madrid, los días 28 y 29 de 2022, p. 22.

Si la situación de prisión provisional o por condena por alguno de los delitos previstos en el apartado cuarto del art. 94 del Código civil, se produce estando vigente un régimen de visitas, sin perjuicio de los procedimientos que insten las partes para modificar las medidas acordadas previamente, el Fiscal deberá interesar, de conformidad con el art. 158.6 CC, la suspensión del régimen de visitas. El Juzgado de Vigilancia Penitenciaria carece de competencia para resolver sobre la suspensión o no autorización de visitas en el centro penitenciario de conformidad con los arts. 94.5 CC y 233-11-3 CCCat, tal y como se indica en el punto 4.2.9 de las Conclusiones del XVII Seminario de Fiscales delegados en violencia sobre la mujer de noviembre de 2022.

Especial interés merece la STS 625/2022 de 6 de septiembre en la que se acuerda la suspensión del régimen de visitas al progenitor, programado una vez salga del centro penitenciario en el que se haya cumplido condena por haber perpetrado distintos delitos de violencia de género de manera reiterada. El régimen de visitas consistía en dos visitas semanales a desarrollar en un punto de encuentro, con una duración entre una hora y hora y media, según se indicase por el Punto de Encuentro. La suspensión del régimen de visitas establecido se fundamenta en el perjuicio que se causa a la menor, al desinterés parental que el progenitor ha venido demostrando, a su personalidad violenta, a sus evidentes desajustes psicológicos, a sus evidentes carencias para asumir las funciones parentales, así como a la falta de madurez de la menor para asumir los contactos programados con su progenitor, al tratarse de una menor de cuatro años.

Especial interés merece la STC 53/2024 de 8 de abril, que ha concedido el amparo a un padre interno en un centro penitenciario en un contexto de violencia de género, aunque cumplía condena por otro delito, en base a considerar la insuficiente motivación de las sentencias impugnadas, que han considerado la situación de prisión del padre no custodio como causa automática de privación del derecho de visitas, en contradicción con la normativa aplicable en el momento en que fueron dictadas, pues en aquella fecha aún estaba vigente la redacción del art. 94 CC anterior a la reforma efectuada por la Ley 8/2021, de 2 de junio. El TC considera que la restricción total de las visitas de las hijas en tanto dura el internamiento, debió haber sido objeto de una motivación que, ponderando las distintas circunstancias del caso, explicitara los criterios que llevaron al órgano judicial a concluir que dicha medida era necesaria y proporcionada para proteger el concreto interés superior de las hijas, pues en atención a la normativa aplicable al caso, atendidas las circunstancias fácticas concurrentes, no puede acordarse la restricción total del derecho de visitas a favor del padre por el mero hecho de encontrarse en prisión.

Cabe referirse finalmente a la posibilidad de fijar un régimen de visitas respecto a los progenitores privados de libertad al amparo de lo dispuesto en el art. 160

del Código civil. La norma reconoce el derecho de los hijos menores a relacionarse con sus progenitores, aunque no ejerzan la patria potestad, salvo que otra cosa se disponga por resolución judicial o por la Entidad Pública para los menores se encuentren en situación de desamparo. Asimismo admite el establecimiento de un régimen de visitas a los progenitores que estuvieran privados de libertad siempre que se cumplan determinadas condiciones, fijadas legalmente: que el interés superior de los menores lo recomiende; que la Administración el traslado acompañado del menor al centro penitenciario, ya sea por un familiar designado por la Administración como competente o ya sea por un profesional que vela por la preparación del menor para efectuar la visita, que no podrá afectar al horario escolar y que se llevará a cabo en un entorno idóneo para el menor.

Al amparo de lo dispuesto en el párrafo quinto del art. 94 del Código civil, no puede establecerse, en ningún caso, un régimen de visitas respecto al progenitor en situación de prisión provisional o por sentencia firme acordada en un procedimiento penal por delitos de violencia de género. Se trata de una excepción legal insalvable que se establece como criterio general, en virtud del cual, se considera que un régimen de visitas en tales circunstancias nunca resulta positivo para los menores, toda vez que ello supondría minimizar los efectos de la violencia de género infringida frente a ellos mismos y frente a la madre, máximo referente para ellos, negándoles valores básicos que deben ser en todo caso preservados.

La interpretación conjunta de los preceptos analizados nos conduce a concluir diciendo que se admite la fijación de un régimen de visitas a favor del progenitor privado de libertad, siempre y cuando se cumplan dos condiciones legales: que el progenitor hubiera sido condenado por ilícitos penales que no estén relacionados con la violencia de género y que el interés del menor no se vea perjudicado.

7.2. *El recurso de inconstitucionalidad interpuesto contra el artículo 94.4 del Código civil y su desestimación por STC 106/2022 de 13 de septiembre*

Este precepto ha sido objeto de la interposición del recurso de inconstitucional, núm. 5570-2021, interpuesto por cincuenta y dos diputados del Grupo Parlamentario Vox en el Congreso de los Diputados contra el artículo 2, apartados décimo y decimonoveno, de la Ley 8/2021, de 2 de junio.

Se considera que dicho precepto vulnera los artículos 117.3 CE (principio de exclusividad jurisdiccional), en relación con lo dispuesto en el artículo 39 CE y la tutela judicial efectiva *ex* artículo 24.1 CE. Tal infracción resulta de privar al progenitor de los derechos de estancia o de visita de modo automático, por imposición legal, sin opción a que el juez pueda pronunciarse de modo distinto, valorando lo más conveniente para los hijos. En idéntico sentido se muestra el segundo inciso de este mismo precepto, al declarar que tampoco procederá el establecimiento de dicho régimen cuando la autoridad judicial advierta de las alegaciones de las partes y de las pruebas practicadas la existencia de indicios fundados de violencia de género, pues la privación de tales derechos opera de forma automática o *ex lege*, sin que la autoridad judicial pueda resolver a favor de la mejor opción para el interés del menor, es decir, en base a las circunstancias concretas del caso.

Siguiendo los argumentos esgrimidos en el F.J.3º de la STC 106/2022 de 13 de septiembre, se aprecia que, cuando entra en juego el interés del menor debe huirse de decisiones regladas o uniformes, –incluso en aquellos supuestos especialmente graves en los que el cónyuge esté incurso–, y que deberán tenerse en cuenta en el momento de atribuirse la custodia compartida, descartándose que del artículo 39 CE resulte la constitucionalización de un específico límite al legislador vinculado a la exclusividad jurisdiccional en la determinación del régimen de custodia compartida, resultando que no todos los delitos tienen la misma relevancia, gravedad y alcance sobre las relaciones paternofiliales, sino que atendidas las concretas circunstancias del caso, la gravedad y naturaleza del delito perpetrado, la culpabilidad del autor y de las personas directamente afectadas por el mismo, revelarán si el interés del menor impone un régimen de custodia único, de manera que, quede totalmente justificada la atribución de la custodia a favor de la madre para los casos de violencia de género de mayor gravedad, en atención a su especial naturaleza o cuando las circunstancias concurrentes así lo aconsejen, utilizándose la norma como límite infranqueable, según el caso.

El F.J.3º de la STC, Pleno, núm. 106/2022 de 13 de septiembre, se expresa en los siguientes términos: «que debe descartarse que del artículo 39 CE resulte la constitucionalización de un específico límite al legislador vinculado a la exclusividad jurisdiccional, en la determinación del régimen de estancia y visitas de los hijos con sus padres, puesto que el legislador ha de establecer una regulación que garantice los derechos fundamentales de las personas menores entre los que se encuentra el derecho a la vida y la integridad física y moral (artículo 15 CE), que la norma cuestionada trata de preservar, pudiendo establecer no solo acciones positivas o de promoción, sino también implementar prohibiciones o limites que traten de salvaguardar dichos derechos fundamentales u otros bienes dignos de protección constitucional. Será, en su caso, a este tribunal a quien le corresponda enjuiciar si la concreta regulación legal ha respetado el interés superior del menor, los derechos fundamentales o los principios constitucionales, o ha sido irrazonable, desproporcionada o arbitraria por suponer una restricción carente de justificación, en atención a la finalidad de protección del interés del menor. Esto es, cuando está en juego el interés del menor debe huirse de decisiones regladas o uniformes incluso en aquellos supuestos especialmente graves y que deberán ser tenidos en cuenta en el momento de estipular los derechos de visita relativos a los hijos, en que un progenitor esté incurso en un proceso penal, por atentar contra el otro progenitor o contra sus hijos, o existan indicios fundados de ello».

Todo ello nos hace pensar que el TC se aleja de una interpretación literal y rígida, para dar paso a un enfoque casuístico cuando se comprueba que el interés del menor no se ha visto vulnerado por tratarse de episodios basados en meras diferencias de caracteres entre los progenitores.

7.3. *Consentimiento de la madre para que los hijos menores puedan recibir atención psicológica. El recurso de inconstitucionalidad interpuesto contra el párrafo segundo del art. 156 del Código civil*

El art. 156 del Código civil posibilita, en la redacción que le ha sido dada por Real Decreto Ley 9/2018, de 3 de agosto, de Medidas Urgentes para el desarrollo del Pacto de Estado contra la violencia de género[174] que, para que los hijos víctimas de violencia de género puedan acceder a la atención y asistencia psicológica que estos requieran como consecuencia de la traumática experiencia vivida, sea suficiente con el consentimiento de la madre, obligada a informar previamente al otro progenitor.

Ciertamente la aparición de desacuerdos entre los titulares de la patria potestad en relación con la toma de decisiones sobre la vida de sus hijos menores en el ámbito de la salud, educación, elección del centro escolar o formación que deban recibir, puede ser causa de importantes desacuerdos, habida cuenta de que los valores y las convicciones morales o religiosas de los progenitores no tienen por qué ser coincidentes en una sociedad tan diversa.

Los desacuerdos entre los progenitores pueden llegar a ser persistentes e irreconciliables, como sucede en un contexto de violencia en la pareja. Sucede que para el caso de que las menores víctimas de violencia necesiten ayuda psicológica para superar la traumática experiencia vivida, legalmente se dispone que, para acceder a este tipo de tratamientos bastará con el consentimiento de la madre. Se prescinde

174 Como se apunta en su Preámbulo, con la modificación del párrafo segundo del artículo 156 del Código civil, se pretende desvincular la intervención psicológica con menores expuestos a violencia de género del ejercicio de la patria potestad. El Preámbulo se pronuncia en los siguientes términos: «En concreto la reforma que afecta al artículo 156 del Código civil tiene como objetivo que la atención y asistencia psicológica quede fuera del catálogo de actos que requieren una decisión común en el ejercicio de la patria potestad, cuando cualquiera de los progenitores esté incurso en un proceso penal iniciado por atentar contra la vida, la integridad física, la libertad, la integridad moral o la libertad e indemnidad sexual del otro progenitor o de los hijos e hijas de ambos».

legalmente del consentimiento paterno en el caso de que exista una sentencia condenatoria por delitos de violencia de género y, en tanto no se extinga la responsabilidad penal, pero también cuando se haya iniciado un procedimiento penal contra el otro progenitor por los mismos delitos. Para la operatividad de esta norma no se exige legalmente la previa denuncia de la víctima, siempre y cuando la mujer haya sido beneficiaria de algún tipo de servicio especializado de violencia de género o se haya emitido por este informe en tal sentido, quedando en ambos casos acreditada. Si la asistencia terapéutica se prestara a los hijos menores de dieciséis años solo se precisará su consentimiento, de conformidad con lo establecido en el art. 9.4 de la Ley de Autonomía del Paciente, Ley 41/2002 de 14 de noviembre básica reguladora de la autonomía del paciente y de derechos y obligaciones en materia de información y documentación clínica. En él se dispone que no cabe el consentimiento previamente informado por representación cuando se trata de menores emancipados o de menores mayores de dieciséis años.

La finalidad es que los menores reciban la ayuda psicológica que necesitan a la mayor brevedad, sorteando el consentimiento del padre en previsión de su oposición, en tanto conserven la titularidad de la patria potestad y la representación legal sobre sus hijos, impidiendo que puedan acceder a ella. No cabe olvidar que los hijos víctimas de violencia de género, como colectivo particularmente vulnerable, merecedor de una atención preferente, deberán recibir el apoyo psicológico personalizado que demanden sin que la intervención del agresor se convierta en un auténtico obstáculo.

El párrafo segundo del art. 156 del Código civil ha sido también el objeto de interposición del recurso de inconstitucionalidad núm. 5570-2021, que ha sido desestimado por STC 106/2022 de 13 de septiembre. El recurso se fundamenta en la omisión legal del consentimiento para la prestación de atención y asistencia psicológica a los menores de edad, del progenitor que hubiera sido condenado por sentencia firme, en tanto no se extinga su responsabilidad penal por la comisión de alguno de los delitos relacionados con la violencia de género, así como respecto a quien se hubiera iniciado el procedimiento penal por alguno de estos delitos, a participar en la toma de la decisiones que son propias en el ejercicio de la patria potestad. Aunque aparentemente se prescinde del consentimiento de forma automática, se mantiene, no obstante, el deber de informar al otro progenitor previamente.

El TC advierte que, el primer y último inciso del párrafo segundo del artículo 156 del Código civil no ha experimentado modificación alguna por la reforma operada por la Ley 8/2021, de 2 de junio, puesto que ambos párrafos fueron introducidos por el Real Decreto-ley 9/2018, de 3 de agosto, de Medidas Urgentes para el Desarrollo del Pacto de Estado contra la violencia de género. De manera que solo el segundo inciso del párrafo segundo del artículo 156 ha sido introducido por la mencionada Ley 8/2021, de 2 de junio, declarando que: «Lo anterior será igualmente aplicable, aunque no se haya interpuesto denuncia previa, cuando la mujer esté recibiendo asistencia en un servicio especializado de violencia de género, siempre que medie informe emitido por dicho servicio que acredite dicha situación». El TC pone de manifiesto que: «De este modo, podría inferirse que los recurrentes han aprovechado la modificación parcial del artículo 156 del Código civil, operada por la Ley 8/2021, para exigir la anulación de una regulación introducida por el Real Decreto-Ley 8/2018, eludiendo con ello el plazo de interposición del recurso de inconstitucionalidad del artículo 33 LOTC».

En relación con la cuestión planteada en torno a si la regulación impugnada supone la atribución unilateral de la decisión sobre la atención y asistencia psicológica de los menores, en este punto el TC determina que, por remisión a la doctrina expuesta en el F.J. 3º, reproducido ya, «cabe descartar que la atribución por dicho precepto a favor de uno de los progenitores de la facultad de decidir, en los supuestos que la norma establece, sobre la atención y asistencia psicológica de los hijos e hijas menores de edad, informando previamente al otro progenitor, sea contrario al principio de exclusividad jurisdiccional (art. 117.3 CE), máxime cuando dicha decisión no está exenta del control judicial».

7.4. *Las causas de denegación o suspensión del régimen de visitas, estancias, comunicaciones o contactos conforme a lo dispuesto en el artículo 94.4 del Código civil*

La primera causa prevista legalmente en el art. 94.4. del Código civil para la denegación o suspensión de las relaciones personales con el menor es que: «el progenitor esté incurso en un proceso penal iniciado por atentar contra la vida, la integridad física, la libertad, la integridad moral o la libertad e indemnidad sexual del otro cónyuge o sus hijos». Estar incurso en un proceso penal equivale a estar investigado o encausado[175] en alguno de los delitos relacionados con la violencia de género. La suspensión se contempla también en el artículo 66 LOVG, en la redacción que le ha sido dada por el apartado trece de la Disposición Final novena de la LOGILS, estableciendo que: «El Juez ordenará la suspensión del régimen de visitas, estancia, relación o comunicación del inculpado por violencia de género respecto de los menores que dependan de él. Si, en interés superior del menor, no acordara la

175 El término «investigado o «encausado», ha sido introducido en sustitución del término «imputado», conforme establece el número 2 del apartado veintiuno del artículo único de la Ley L.O. 13/2015, de 5 de octubre, de Modificación de la Ley de Enjuiciamiento Criminal para el fortalecimiento de las garantías procesales y la regulación de las medidas de investigación tecnológica.

suspensión, el Juez deberá pronunciarse en todo caso sobre la forma en que se ejercerá el régimen de estancia, relación o comunicación del inculpado por violencia de género respecto de los menores que dependan del mismo. Asimismo, adoptará las medidas necesarias para garantizar la seguridad, integridad y recuperación de los menores y de la mujer, a través de servicios de atención especializada, y realizará un seguimiento periódico de su evolución, en coordinación con dichos servicios». Manteniendo los criterios fijados en la Nota de Servicio 1/2021, *sobre criterios orientativos en la interpretación de la nueva redacción de los arts. 544 ter LECrim y 94.4 CC*, así como las acordadas en las conclusiones alcanzadas en el XVII seminario de Fiscales Delegados en Violencia sobre la Mujer, celebradas en el año 2021, la regla general es que se acuerde la denegación de las relaciones personales o la suspensión del régimen de estancias, visitas y comunicaciones si ya existiera, de manera que solo excepcionalmente se podrá instar de la autoridad judicial a través de una resolución judicial motivada que justifique adecuadamente cuáles son las razones que han de estar basadas exclusivamente en el interés superior del menor, que motiven el apartarse de la regla general, tras llevar a cabo una valoración adecuada de la relación paternofilial.

Surgen dudas en torno a la interpretación de la expresión «que dependan», pudiéndose referir a aquellos padres que habiendo sido condenados por delitos relacionados con la violencia de género no hayan sido privados de la patria potestad de sus hijos, estableciendo la obligación de los servicios públicos de garantizar la seguridad, integridad y recuperación de la mujer y los hijos, así como de realizar un seguimiento periódico de dicho régimen de visitas.

La segunda causa prevista en el artículo 94.4 del Código civil por la que se acuerda la denegación o suspensión del régimen de visitas, estancias, comunicaciones o contactos, opera cuando la autoridad judicial advierte de la existencia de indicios fundados de violencia de género o violencia doméstica, bien deducida de las alegaciones de las partes, bien de las pruebas practicadas. Se amplía así el ámbito de aplicación de la norma a todos aquellos supuestos en los que el agresor no ostenta la condición de investigado o encausado en un proceso penal por alguno de los delitos vinculados con la violencia de género, pero existen indicios fundados de la comisión de un delito contra la vida, integridad física o moral, libertad sexual, libertad o seguridad de alguna de las personas mencionadas en el artículo 173.2 del Código Penal, de los que resulta una situación objetiva de riesgo para la víctima que requiere la adopción de alguna de las medidas de protección establecidas legalmente. A tales efectos, se considera indicio fundado suficiente, la existencia de una orden de protección ((art. 544 ter.1 LECrim), con la que se pretende establecer un estatuto integral de protección a la víctima, en la que se comprende la adopción judicial de medidas cautelares, tanto en el orden penal, como en el orden civil y, de aquellas otras medidas de asistencia y protección social establecidas en el ordenamiento jurídico.

Las medidas cautelares de naturaleza civil han de ser solicitadas por las víctimas o sus representantes legales, o por el Ministerio Fiscal cuando existan hijos menores o personas con discapacidad con necesidad de apoyo judicial, sin perjuicio de la adopción de las medidas judiciales de carácter excepcional contenidas en el artículo 158 del Código civil.

Según lo dispuesto en el apartado séptimo del artículo 544 ter LECrim, las medidas civiles pueden consistir en la forma en que se ejercerá la patria potestad, acogimiento, tutela, curatela o guarda de hecho, atribución del uso y disfrute de la vivienda familiar, determinar el régimen de guarda y custodia, suspensión o mantenimiento del régimen de visitas, comunicación y estancia con los menores o personas con discapacidad necesitadas de especial protección, el régimen de prestación de alimentos, así como cualquier disposición que se considere oportuna a fin de apartarles de un peligro o de evitarles perjuicios.

Las medidas de carácter civil contenidas en la orden de protección tienen una vigencia de treinta días. Si dentro de este plazo fuese incoado a instancia de la víctima o de su representante legal un proceso de familia ante la jurisdicción civil, las medidas adoptadas permanecerán en vigor durante los treinta días siguientes a la presentación de la demanda. En este término las medidas deberán ser ratificadas, modificadas o dejadas sin efecto por el Juez de primera instancia que resulte competente (artículo 544 ter.7, apartado cuarto LECrim). La orden de protección implica el deber de informar a las víctimas de la situación procesal del investigado o encausado, así como del alcance y vigencia de las medidas cautelares adoptadas. La orden de protección deberá ser inscrita en el Registro Central para la Protección de las Víctimas de la Violencia doméstica y de Género (artículo 544 ter. 10 LECrim).

El régimen de visitas, comunicaciones o contactos ordenados judicialmente a favor de otros parientes podría verse también afectado, pudiendo ser objeto de suspensión o restricción, cuando el mantenimiento del menor en el entorno familiar paterno genere algún tipo de riesgo o cuando no quede suficientemente garantizado su bienestar general y su equilibrio emocional.

Como norma de cierre, se dispone que, no obstante, todo lo anterior, se permite acordar judicialmente, mediante resolución judicial motivada, el establecimiento de un régimen de visitas, comunicaciones o contactos en atención al interés del menor o en atención a la voluntad, deseos y preferencias del mayor con discapacidad necesitado de apoyos, previa evaluación de la situación de la relación paternofilial. Se deja así una puerta abierta a la valoración judicial, previa evaluación de las circunstancias concretas del caso, atendido el interés concreto del menor, en atención también a la voluntad del hijo mayor de edad con discapacidad psíquica o cognitiva que requiere de una medida de apoyo judicial.

Como se ha advertido, el párrafo cuarto del art. 94 del Código civil ha sido objeto de una cuestión de inconstitucionalidad resuelta por la STC 106/2022 de 13 de septiembre, que lo ha declarado constitucional, pronunciándose en el sentido de que la norma respeta el interés superior del menor en tanto que permite que la autoridad judicial, mediante resolución judicial motivada, el establecimiento de un régimen de visitas, comunicaciones o contactos en atención al interés superior del menor o en atención a la voluntad del mayor con discapacidad con necesidad de apoyo, previa valoración de la relación paternofilial. Estamos de acuerdo en que la valoración de la relación paternofilial ha de ser previa, pues sin ella, difícilmente podrá ser apreciado adecuadamente el interés superior concreto del menor[176].

Para terminar con este punto, nos hacemos eco de la jurisprudencia más reciente en torno al párrafo cuarto del art. 94 del Código civil, que asume la procedencia o improcedencia de la fijación de un régimen de visitas para los supuestos de violencia de género *ad casum*. En este sentido, en la STS 625/2022 de 26 de septiembre, se deniega el régimen de visitas respecto a una niña de cuatro años, atendidas las circunstancias siguientes: los episodios de violencia de género concretos, con agravante de reincidencia, contra la madre y también contra la niña; la personalidad del agresor con dificultades para el autocontrol y su reticencia a seguir posibles tratamientos; el manifiesto desinterés parental, así como la falta de madurez de la niña para asumir los contactos programados con su progenitor y para enfrentarse a las carencias del demandado como padre y las características de su personalidad. Se admite, no obstante, el régimen de visitas a favor del progenitor no custodio en la STS 729/2021 de 27 de octubre, pese a la condena del progenitor por violencia de género, por advertir de los hechos probados que no existe riesgo para su integridad, haber sucedido hace tiempo y no haber constancia de nuevas condenas ni denuncias. En todo caso, es indispensable que, además de la ponderación de las circunstancias del caso, se tome en consideración la opinión de los menores y su derecho a ser oídos siempre que tengan un grado mínimo de madurez , así como tener en cuenta la incoercibilidad de su cumplimiento y por resultar inexigible una actitud favorecedora por parte de la madre en contextos de violencia de género. Así, la STC 115/2024 de 23 de septiembre concede el amparo a una madre a la que se culpa de no haber colaborado en el cumplimiento del régimen de visitas de la menor con su padre, al haber delegado la responsabilidad de la entrega de la menor al PEF en la abuela materna. El TC considera que las resoluciones judiciales no reflejan que el régimen de visitas se

176 SILLERO CROVETO, B.: cit. p. 1643, cuando pone de manifiesto que la evaluación de la relación paternofilial es una exigencia previa a la valoración del interés del menor, pues difícilmente puede entenderse qué demanda si no se examina cuál es su relación con sus progenitores.

desarrolla en un contexto de violencia de género, exigiendo a la madre una actitud que propicie la relación de la hija con su padre, exigencia que, con independencia de la concurrencia o no de incidentes de violencia de género, desborda las obligaciones de la madre en el cumplimiento del régimen de parentalidad. El TC considera que requerir judicialmente a la madre una actitud que favorezca el cumplimiento del régimen de visitas y/o estancias en un proceso de violencia contencioso, contraviene el canon de motivación exigido por el art. 24 CE, que ha de ser reforzado cuando quedan afectados derechos fundamentales o valores superiores del ordenamiento jurídico. Concluye que, con exigir judicialmente una actitud proactiva en favor de su presunto agresor, desconociendo con ello la vulneración de derechos que lleva aparejada cualquier episodio de violencia de género, se incurre en una conculcación del deber de motivación reforzada que exige el art. 24.1 CE.

8. COMO CAUSA DE EXCLUSIÓN LEGAL DE LA GUARDA Y CUSTODIA COMPARTIDA CONFORME A LO DISPUESTO EN EL ARTÍCULO 92.7 DEL CÓDIGO CIVIL. LA APARENTE IMPERATIVIDAD Y AUTOMATISMO EN LA APLICACIÓN DE ESTA NORMA

Comenzaremos diciendo que los términos que utiliza el párrafo cuarto del art. 94 del Código civil, referido al régimen de visitas, estancias y comunicación con los menores respecto al progenitor incurso en un procedimiento penal por delitos graves relacionados con la violencia de género o cuando existan indicios fundados de violencia doméstica o de género, son muy similares a los que emplea el art. 92.7 del Código civil, si bien en este último no se alude expresamente a la posibilidad de que la autoridad judicial establezca dicho régimen de visitas, estancia y comunicación mediante resolución judicial motivada en el interés del menor o en la voluntad, deseos y preferencias del mayor con discapacidad necesitado de una medida judicial de apoyo. Tal diferencia en la dicción de ambas normas hace pensar si la ponderación judicial de las circunstancias del caso que solo se reconocen legalmente en relación con el régimen de visitas, estancia y comunicación, no se admite en relación con la custodia compartida.

El primer inciso del art. 92.7 del Código civil, en la redacción que le ha sido dada por la Ley 16/2022, de 5 de septiembre[177], de reforma del Texto Refundido de la

177 Estas normas ha sido objeto de reformas constantes. Su redacción originaria procede de la Ley 15/2005, de 8 de julio, por la que se modifica el Código civil y la Ley de Enjuiciamiento Civil en materia de separación y divorcio. Posteriormente ha sido modificada por la LO 8/2021, de 4 de junio, de Protección Integral a la Infancia y a la Adolescencia frente a la violencia. Poco tiempo después ha sido modificada por la Ley 17/2021, de 15 de diciembre, de modificación del Código civil, Ley Hipotecaria y

Ley Concursal, establece la improcedencia legal de atribuir la custodia compartida, cuanto más la custodia exclusiva, cuando cualquiera de los «progenitores»[178] se encuentre incurso en un procedimiento penal iniciado por atentar contra la vida, la integridad física, la libertad, la integridad moral o la indemnidad sexual del otro cónyuge o de los hijos que convivan con ambos. Estar incurso, tras las últimas reformas procesales operadas en el ámbito penal por LO 13/2015, de 5 de octubre, de Modificación de la LECrim[179], equivale ahora a tener la condición de investigado o acusado[180]. Se añade también como causa de denegación de la custodia compartida la circunstancia de que se advierta judicialmente, de las alegaciones de las partes y las pruebas practicadas, la existencia de indicios fundados de violencia doméstica o de género. Aunque la norma extiende su ámbito de aplicación a ambos progenitores, lo cierto es que resultará mayoritariamente aplicable a quienes están acusados por alguno de los delitos relacionados con la violencia de género.

Inmediatamente se nos plantea la cuestión de sí la improcedencia legal de la atribución de la custodia compartida se refiere solo a delitos tasados, particularmente graves, que se describen en la norma, como los tipificados en los artículos 138 y ss., 147 y ss., 163 y ss. y 173 CP, o a otros delitos menos graves relacionados también con la violencia de género, como amenazas, coacciones o acoso familiar o stalking, tipificado en el art. 172 ter del Código Penal. Desde luego, la naturaleza del delito y su gravedad son elementos determinantes en la valoración judicial que se realiza sobre la aplicación de lo dispuesto en la norma. Cabe pensar al respecto que, dada la

---

Ley de Enjuiciamiento Civil, sobre el régimen jurídico de los animales. Nuevamente ha sido objeto de reforma por Ley 6/2022, de 5 de septiembre, por la que se reforma el Texto Refundido de la Ley Concursal. Una reforma que no tiene mucho sentido, tanto en relación con su contenido, que es inapreciable, como por el marco legal escogido para incorporar su modificación. En todo caso, cabe advertir que las constantes modificaciones experimentadas por esta norma han generado una gran dosis de incertidumbre, al tiempo que se ha cuestionado su constitucionalidad como posteriormente veremos.

178 La sustitución del término padres por el de progenitores ha tenido lugar con motivo de la Disposición Final primera de Modificación del Código civil, por Ley 6/2022, de 5 de septiembre, por la que se reforma el Texto Refundido de la Ley Concursal. La norma dispone que: «7. No procederá la guarda conjunta cuando cualquiera de los progenitores esté incurso en un proceso penal iniciado por intentar atentar contra la vida, la integridad física, la libertad, la integridad moral o la libertad e indemnidad sexual del otro cónyuge o de los hijos que convivan con ambos. Tampoco procederá cuando el juez advierta, de las alegaciones de las partes y las pruebas practicadas, la existencia de indicios fundados de violencia doméstica o de género. Se apreciará también a estos efectos la existencia de malos tratos a animales, o la amenaza de causarlos, como medio para controlar o victimizar a cualquiera de estas personas».

179 Ley Orgánica13/2015, de Modificación de la Ley de Enjuiciamiento Criminal para el fortalecimiento de las garantías procesales y las medidas de investigación tecnológicas.

180 PICONTÓ NOVALES, T., «Los derechos de las víctimas de violencia de género: las relaciones de los agresores con sus hijos», Derechos y libertades: Revista de Filosofía del Derecho y Derechos humanos, núm. 38, 2018, p. 127.

interpretación restrictiva que la norma merece, estará referida exclusivamente a las conductas delictivas mencionadas en ella.

La fórmula aparentemente imperativa empleada por este artículo 92.7 CC cuando declara que: «*No procederá*», plantea, igual que ha sucedido en relación con las normas contenidas en los artículos 94.4 y 156.2 del Código civil, si el dictado que contiene se configura como una auténtica prohibición legal de la atribución de la custodia compartida que opera por imperativo legal o de forma automática[181].

En virtud de la norma, la improcedencia legal de dicha atribución no solo opera cuando el proceso penal está iniciado, sino también cuando se aprecie judicialmente indicios fundados de violencia de género sobre la pareja, como aquellos que se derivan, tanto de las alegaciones de las partes, como de las pruebas practicadas. La comprobación de una actuación antijurídica o la existencia de indicios fundados, no permite atribuir judicialmente la custodia compartida de los menores, aun cuando los progenitores la hubiesen acordado en convenio regulador, si ello va en contra del interés del menor, principio de orden jurídico público familiar de carácter indisponible del que puede resultar la denegación de la custodia compartida cuando el interés superior del menor así lo exige, aun mediando el acuerdo de los progenitores[182]. Por otra parte, cabe señalar que el conflicto interparental no es por sí mismo suficiente para excluir la custodia compartida, pero si puede serlo cuando este trasciende a los hijos y les afecta negativamente o les causa un perjuicio[183]. En tales

---

181 Cierto sector de la doctrina ha mostrado su inclinación por esta interpretación. En tal sentido, MURTULA LA FUENTE, V, cit. p. 163 cuando pone de relieve que: «La manera en que viene redactado el art. 92.7 CC, así como en general el resto de las leyes autonómicas [...] nos hace pensar que estamos ante normas imperativas que no dejan margen de discrecionalidad al juez y deberán ser aplicadas cuando se constaten los requisitos señalados en ellas, sin que el juez pueda entrar en valorar la entidad de los hechos imputados o la incidencia de los mismos en el desarrollo de los menores. El legislador ha optado claramente por un modelo de custodia compartida en el que no le deben quedar dudas al juzgador sobre las buenas relaciones de los padres o al menos que la conflictividad que suele ser habitual en los casos de ruptura no llega a ser extrema y desde luego lo será cuando el padre está incurso en un proceso penal [...]. Este automatismo evidentemente puede llevar a alguna consecuencia injusta, en particular en los casos de episodios de violencia muy puntuales y de mayor levedad, donde bajo mi punto de vista el juez deberá tener mayor poder de decisión».

182 El Pleno del Consejo General del Poder Judicial ha publicado la *Guía de criterios de actuación en materia de custodia compartida*. Téngase en cuenta lo dispuesto en el artículo 2 de la LOPJM, referido a los criterios de interpretación y aplicación en cada caso del interés superior del menor.

183 STS 729/2021 de 27 de octubre (F.J.7) declara que: «la existencia de desencuentros propios de la crisis de convivencia no justifica per se que se desautorice el sistema de custodia compartida. Pero la custodia compartida conlleva como premisa la necesidad de que entre los padres exista una relación de mutuo respeto que permita la adopción de actitudes y conductas que beneficien al menor, que no perturben su desarrollo emocional y que, pese a la ruptura efectiva de los progenitores, se mantenga un marco familiar de referencia que sustente un crecimiento armónico de su personalidad». En el supuesto juzgado el padre había sido condenado por un delito de violencia de género art. 153. 1 y 3 del Código Penal y por un delito leve continuado de vejaciones injustas del art. 173. 4 del Código Penal. Ante tales hechos, se

supuestos habrá que analizar con detalle la relación conflictiva, su carácter, duración y sobre todo la falta de capacidad para preservar a los hijos de ella. En relación con todo lo anterior podemos concluir diciendo que, si la custodia compartida se fundamenta básicamente en una buena actitud de cooperación y en la capacidad para preservar la relación de los hijos con el otro progenitor, es evidente que estos dos elementos desaparecen por completo en los supuestos de violencia de género.

8.1. La cuestión de inconstitucionalidad planteada al artículo 92.7 del Código civil por ATS 581/2023 de 11 de enero[184]

Contra la norma contenida en el artículo 92.7 del Código civil español se ha planteado recientemente una cuestión de inconstitucionalidad por la Sala Primera del Tribunal Supremo, al considerar que su aplicación puede ser contraria al predominante interés superior del menor, «consideración primordial» para los Estados, bien constitucional y principio que integra el orden jurídico público familiar. El Pleno del Tribunal Constitucional ha admitido a trámite esta cuestión de inconstitucionalidad por providencia de 7 de marzo de 2023, número 899-2023, planteada por la Sala de lo Civil del Tribunal Supremo, en el recurso de casación núm. 8870-2021, en relación con el artículo 92.7 del Código Civil, por posible vulneración de los arts. 10.1 y 39 CE, y de los arts. 8 CEDH, 24.2 CDFUE y 3.1 de la Convención sobre Derechos del Niño de 1989, aplicables conforme al art. 10.2 CE, y, de conformidad con lo dispuesto en el artículo 10.1 c) LOTC, reservar para sí el conocimiento de la presente cuestión.

El ATS de 11 de enero de 2023 considera que la actual regulación del precepto no permite al Tribunal valorar la gravedad, naturaleza y alcance del delito que se atribuyen a uno o a ambos progenitores, ni el efecto que desencadena en las relaciones con los hijos menores, puesto «que opera con carácter imperativo y automático». El procedimiento se inicia a través de la demanda interpuesta por la madre, solicitando la custodia exclusiva sin perjuicio del derecho de visitas a favor del padre. El Juzgado número 3 de Palma de Mallorca declara la procedencia del régimen de custodia compartida en base a un completo dictamen pericial psicológico emitido a

---

considera que la custodia compartida no es un sistema idóneo para los menores, a cuyo interés y necesidades debe atenderse de manera primordial a la hora de adoptar el régimen de guarda. En el caso queda acreditado que el desprecio del padre hacia la madre, el tono humillante y vejatorio que utiliza, por lo que resulta inimaginable cualquier tipo de comunicación entre los progenitores y es impensable que se de el necesario intercambio de información sobre las cuestiones que afectan a los hijos comunes, ni el apoyo y el respeto mutuo, ni la comunicación a los hijos, propio de un clima de lealtad mutua.

184 ATS (Sala de lo Civil, Sección 1ª) de 11 de enero de 2023, ECLI: ECLI.ES: TS: 2023: 581ª. Recurso de Casación 8870/2021. Ponente: Excmo. Sr. José Luis Seoane Spielberg.

petición del órgano judicial. Durante la sustanciación del procedimiento en primera instancia, la madre presenta una denuncia por haber sufrido una supuesta agresión física por parte del otro progenitor. Respecto a este suceso se incoaron las correspondientes diligencias previas por el Juzgado de Violencia de genero número 1, que dictó el archivo de la causa. Contra dicha resolución, se interpone recurso de apelación por la madre denunciante, que fue estimado por la AP de Palma de Mallorca, entendiendo que la valoración de las declaraciones contradictorias entre las partes debía someterse a examen en el juicio oral.

La madre interpone recurso de casación en base a la vulneración del art. 92.7 del Código civil y a la jurisprudencia que interpreta la norma. El Ministerio Fiscal apoya el recurso, al considerar que debía ser estimado en atención al auto dictado en vía penal por la AP de Palma de Mallorca en el que indiciariamente se hace constar que las partes se encontraban en el colegio del hijo menor y en las inmediaciones del vehículo de la mujer, mantuvieron un forcejeo por la mochila que pertenecía al hijo común, propinando el padre varios golpes en el antebrazo de la mujer, aunque sin causarle lesión alguna. Iniciado el proceso penal, el Ministerio Fiscal considera que no resulta procedente atribuir la custodia compartida por aplicación de lo dispuesto en el art. 92.7 del Código civil.

La Sala Primera del TS acuerda plantear una cuestión de inconstitucionalidad en relación con el art. 92.7 del Código civil, dada su eventual contravención con diversos artículos de la CE, del Convenio Europeo de Derechos Humanos (art.8), la Convención de los Derechos del Niño y la Carta Europea de Derechos Fundamentales. Considera el TS que la formulación de denuncia por parte de la madre en relación con los supuestos golpes sufridos en el antebrazo izquierdo, pendiente de enjuiciamiento, supone «un óbice irremediable para el mantenimiento de un régimen de custodia compartida, que se ha reputado, en sendas resoluciones judiciales y el informe de especialista, más beneficioso para el interés superior del menor». Incluso llega a considerar: «[...] que existen otras medidas alternativas menos gravosas para la consecución de la finalidad legítima perseguida, como es el prudente arbitrio judicial para evitar situaciones como las que el precepto quiere prevenir, siendo desproporcionada la norma cuestionada, en tanto no permite aplicar el principio del interés superior del menor de máximo rango constitucional, al no preverse excepciones al régimen imperativo del art. 97.2.CC y no ofrecer opciones resolutivas, como si hace el art. 94 del Código civil». El TS pone de relieve que: «El art. 92.7. del CC, en su redacción vigente, no permite al tribunal valorar la gravedad, naturaleza o alcance del delito que se atribuye a uno o a ambos progenitores, ni el efecto que desencadena en la relación con los hijos o hijas menores de edad, tampoco contempla su carácter doloso o culposo, ni las concretas circunstancias concurrentes que exijan un específico tratamiento individualizado. Opera, por el contrario, con carácter imperativo y automático, sin admitir excepción alguna. Incluso basta que cualquiera de los progenitores esté incurso en un proceso penal, todavía no enjuiciado, para que se vede la custodia compartida».

El TS se pronuncia finalmente declarando que las dudas que se suscitan en torno a la inconstitucionalidad del precepto no suponen, en ningún caso que, en la determinación de la custodia compartida, este órgano no haya tenido presente las desagradables situaciones de violencia de género, o sobre los menores, o las dificultades de las malas relaciones entre los propios progenitores.

8.2. *La STC (Pleno) 98/2022 de 12 de julio*

La Sentencia del Pleno del TC ha desestimado la cuestión de inconstitucionalidad planteada por el Juzgado de Violencia sobre la mujer núm. 1 de Jerez de la Frontera en relación con el primer inciso del art. 92.7 del Código civil por indebida formulación del juicio de relevancia.

Los progenitores habían optado por un sistema de custodia conjunta, régimen que no ha sido desfavorable para los menores, quienes quieren continuar con dicho régimen. Ambos progenitores tenían la condición de investigados por un delito de violencia de género y violencia doméstica respectivamente. El órgano judicial que plantea la cuestión de inconstitucional se pronuncia en el sentido de considerar que el único modo plausible de interpretar la norma es considerar que el legislador ha querido prohibir de manera absoluta la custodia compartida cuando alguno de los progenitores esté incurso en un proceso penal por alguno de los delitos relacionados con violencia de género.

El juzgado que plantea la cuestión considera, además, que el inciso primero del artículo 92.7 CC es inconstitucional, porque vulnera el principio de protección del interés superior del menor que consagra el artículo 39 CE en sus apartados, 1, 2 y 4, y supone una injerencia desproporcionada en la vida familiar, que es contraria al artículo 10.1 CE en relación con el artículo 8 CEDH; en la vida privada, que infringe el principio que garantiza el libre desarrollo de la personalidad (artículo 10.1 CE) y artículo 8 CEDH y en el derecho a la intimidad personal y familiar. Junto a ello se invoca el artículo 3.1 de la Convención sobre los derechos del niño que dispone que «todas las medidas concernientes a los niños que tomen las instituciones públicas o privadas de bienestar social, los tribunales, las autoridades administrativas o los órganos legislativos, una consideración primordial a que se atenderá será el interés superior del niño» y el artículo 24.2 de la Carta de Derechos fundamentales que recoge este mismo principio. Se cita, asimismo, jurisprudencia del Tribunal Europeo de Derechos Humanos, en la que resuelve el caso tomando en consideración el principio que exige actuar de acuerdo con el interés superior del menor (SSTEDH de 7 de marzo de 2017, asunto *R.L. y otros c. Dinamarca*, §66; de 10 de febrero de 2015, asunto *Penchevi c. Bulgaria*, § 75, y de 8 de julio de 2003, asunto *Sahin c. Alemania*, §66).

A juicio del órgano judicial que plantea la cuestión de inconstitucional, aunque la norma encuentra su fundamento, por un lado, en la necesidad de preservar a los hijos de cualquier forma de violencia, y por otro, en proteger a las víctimas de violencia de género, no es aceptable colocar a la víctima en un régimen de igualdad con su victimario, pues no establecer ninguna excepción a la prohibición de establecer la custodia compartida en los casos de violencia familiar podría ser contraria al principio que obliga a actuar conforme al interés superior del menor y al principio que garantiza el libre desarrollo de la personalidad.

El TC tras examinar la norma se pronuncia desestimando la cuestión de inconstitucionalidad por «insuficiencia del juicio de relevancia realizado por el órgano que plantea la cuestión ya que el órgano judicial no incluye argumentación alguna –a los efectos del juicio de relevancia que formula– en relación con la existencia y efectos de las referidas medidas cautelares de carácter penal. Si, como se afirma en el auto de planteamiento, tales medidas siguen vigentes, no es posible atribuir a los padres la custodia compartida. Como ha declarado reiteradamente la jurisprudencia del Tribunal Supremo (entre otras muchas, SSTS 23/2017 de 17 de enero, F.J.8, y 729/2021 de 27 de octubre, F.J.7, para que este régimen pueda acordarse es preciso que los progenitores puedan tener comunicación entre ellos, pues solo de este modo pueden adoptarse las decisiones consensuadas que esta forma de custodia demanda.

En consecuencia, continua el pronunciamiento del TC, resulta inevitable concluir diciendo que la resolución que haya de dictarse en el proceso *a quo* no depende de la constitucionalidad del artículo 92.7 del Código civil, pues el juzgado no ha dilucidado si la imposibilidad de acordar la custodia compartida deriva de lo previsto en esta norma o surge forzosamente de la existencia de unas medidas de protección adoptadas en el proceso penal iniciado por la denuncia formulada por la madre de los menores contra el padre de estos –proceso que se tramita en ese mismo juzgado–. Estas medidas conllevan no solo la prohibición de que el señor C.M. –padre de los menores– pueda aproximarse a la señora V.C. –madre de los menores– a menos de 300 de metros, sino también la prohibición de comunicarse con ella por cualquier medio».

Para terminar este punto cabe precisar que la improcedencia legal de acordar judicialmente la custodia compartida en supuestos de violencia de género, –cuanto más de la custodia en exclusiva a favor del agresor–, prevista en el art. 92.7 del Código civil, se sustenta en dos requisitos: que el progenitor este incurso en un procedimiento penal por la perpetración de los delitos que se enuncian en la norma o que existan indicios fundados de violencia de género, atendidas no solo las alegaciones de las partes, sino de la valoración de las pruebas practicadas[185]. Ha de tenerse en cuenta también las relaciones del progenitor con los hijos en común o que convivan con él, elemento fundamental, al que se alude en el art. 92.6 del Código civil, oído siempre los menores, de conformidad con lo dispuesto en el art. 770.4 LEC para los procesos contenciosos, estableciendo la obligatoriedad de la audiencia a los menores con suficiente juicio y, en todo caso, de los menores de doce años[186]. También deberán ser oídos cuando necesiten de apoyo para el adecuado ejercicio de su capacidad jurídica y este sea prestado por los progenitores, así como los hijos con discapacidad, cuando se discuta el uso de la vivienda familiar y se esté usando.

8.3. *A los efectos de la atribución de la guarda conjunta se apreciará la existencia de mal trato en los animales*

El último inciso del artículo 92.7 del Código civil dispone que: «Se apreciará también a estos efectos la existencia de malos tratos a animales o la amenaza de causarlos, como medio para controlar o victimizar a cualquier de estas personas».

El precepto ha sido incorporado por la Ley 17/2021, de 15 de diciembre, de modificación del Código civil, Ley Hipotecaria y LEC, sobre el régimen jurídico de los animales. Su fundamento reside en reconocer explícitamente una expresión más de la violencia de género, causando daño o amenazas de causarlo a los animales que conviven con la familia, utilizados como instrumento de dominación, con el único propósito de menoscabar y victimizar a la mujer y/o a los hijos, teniendo en cuenta la importancia que los animales tienen hoy en día para la familia y la convivencia generalizada que actualmente se tiene con ellos. A menudo, este tipo de episodios violentos con las mascotas se encuentran inescindiblemente vinculados a supuestos de violencia de género, que, valorados judicialmente, constituyen un medio suficiente para constatar el ambiente familiar en el que se vive, evidenciando un posible maltrato psicológico hacia la mujer o hacia los hijos, utilizando como canal de este maltrato a los animales que conviven con ellos[187]. Al respecto se apunta a que, la

185 En el supuesto que da origen a la STS 251/2016 de 13 de abril, el padre había sido denunciado por la madre por malos tratos habituales y amenazas, delitos por los que finalmente fue absuelto. El TS se pronuncia en el sentido de que «dicha absolución constituye un cambio significativo de las circunstancias, dado que fue uno de los elementos que motivaron la denegación de la custodia compartida por aplicación del art. 92.7 del C. Civil».

186 A diferencia de lo dispuesto en el art. 777.5 LEC en el no se exige obligatoriamente la audiencia de los menores, dejándose al arbitrio judicial cuando se estime necesario de oficio o a instancia del propio menor, los progenitores, del Ministerio Fiscal o del equipo técnico judicial.

187 El preámbulo de la Ley 17/2021, de 15 de diciembre lo explica con el siguiente tenor: «Por otro lado, atendiendo al vínculo existente y la concurrencia entre los malos tratos a animales y la vio-

circunstancia de maltrato animal o la amenaza de causarlo debe concurrir con una situación de violencia de género o en el caso de concurrir solo el maltrato animal o la amenaza de causarlo, debe ser utilizado como instrumento para controlar o dañar psicológicamente a los miembros de la familia, constituyéndose en un factor a tener en cuenta por el juez para la atribución de la guarda y custodia de los hijos menores de edad, a favor de uno u otro progenitor, así como para la adopción de cualquier tipo de medida[188].

8.4. *La cuestión de inconstitucionalidad planteada al apartado sexto del artículo 80 del Código Foral de Aragón*

En esta aparente cascada de cuestiones de inconstitucionalidad que se han venido planteado, el Pleno del Tribunal Constitucional ha acordado admitir a trámite la cuestión de inconstitucionalidad número 5636-2021, planteada por el Juzgado de Primera Instancia núm. 16 de Zaragoza, en el procedimiento Familia, Guarda y Custodia núm. 607/2020, en relación con el apartado 6 del artículo 80 del Código de Derecho Foral de Aragón por providencia de 7 de octubre de 2021 («B.O.E.» 16 octubre)[189] en relación con los arts. 10.3 y 39 CE. La cuestión de inconstitucionalidad se justifica en las «*serias y profundas dudas*» que se le suscitan a la Magistrada a la hora de decidir sobre las medidas a adoptar sobre la guarda y custodia de los hijos, menores de edad, de una pareja de hecho en proceso de ruptura, porque su aplicación podría suponer «una clara colisión con el interés y el beneficio superior de los menores y en consecuencia con preceptos constitucionales».

---

lencia doméstica y de género y el maltrato y abuso sexual infantil, se contemplan limitaciones a la guarda y custodia en casos de antecedentes por maltrato animal ejercido como forma de violencia o maltrato psicológico contra aquellos». Según MARÍN SALMERÓN, A.: «El respeto y protección del interés superior del menor en la guarda y custodia compartida en supuestos de violencia de género», La Ley Derecho de Familia, núm. 40, Sección A Fondo, tercer trimestre de 2023, La Ley 13698/2023, «El legislador atiende aquí al posible vínculo existente entre los menores y sus mascotas, por lo que entre las limitaciones a la guarda y custodia incluye la concurrencia de malos tratos a animales pues en muchas ocasiones dicho maltrato se ejerce como forma de violencia o maltrato psicológico».

188 BERROCAL LANZAROT, A.I.: «Guarda y custodia de los menores de edad no emancipados: situaciones de violencia de género y vicaria y de sustracción internacional de menores», Revista Crítica de Derecho Inmobiliario, N.º 794, 2023 p. 479.

189 La norma dispone: «Artículo 80. Guarda y custodia de los hijos. 80.6. No procederá la atribución de la guarda y custodia a uno de los progenitores, ni individual ni compartida, cuando esté incurso en un proceso penal iniciado por atentar contra la vida, la integridad física, la libertad, la integridad moral o la libertad e indemnidad sexual del otro progenitor o de los hijos, y se haya dictado resolución judicial motivada en la que se constaten indicios fundados y racionales de criminalidad. Tampoco procederá cuando el Juez advierta, de las alegaciones de las partes y las pruebas practicadas, la existencia de indicios fundados de violencia doméstica o de género».

Lo singular del caso reside en que no se trataba propiamente de un supuesto de violencia de género, puesto que es la madre la persona condenada por un delito de violencia doméstica con lesiones y maltrato familiar, cuya conducta antijurídica consistió en golpear a su pareja con un móvil ocasionándole un eritema en el cuello y en la cara, por lo que por imperativo legal se estima que no puede atribuirse la custodia a la madre, ni compartida ni de forma individual. La Magistrada considera que, atendidas las circunstancias y los horarios laborales de ambos progenitores para atender los horarios de los menores, la aplicación de la norma del CDFA podría suponer una «clara colisión con el interés y el beneficio superior de los menores y en consecuencia con preceptos constitucionales y en su virtud con derechos de los mismos recogidos en la Constitución». Asimismo, manifiesta que la aplicación «automática y taxativa» de dicho artículo del Derecho foral aragonés obliga al juzgador a decidir sin ninguna otra consideración, lo que podría ocasionar un grave perjuicio para los menores, conculcando sus derechos fundamentales. Se invoca también lo dispuesto en el art. 76.2 del CDFA cuando determina que «toda decisión, resolución o medida que afecte a los hijos menores de edad se adoptará en atención al beneficio e interés de los mismos», lo que en principio podría no quedar plenamente garantizado con la aplicación automática del aparatado sexto del art. 80 CDFA[190].

Todo ello nos conduce a concluir diciendo que la previsión es que ambas cuestiones de inconstitucionalidad planteadas, tanto al artículo 92.7 del Código civil, como al apartado sexto del artículo 80 del Código Foral de Aragón, serán desestimadas. No cabe olvidar la declaración de constitucionalidad del párrafo cuarto del art. 94 del Código civil, redactado en términos muy similares a los que se establecen en el art. 97.2 del Código civil, aunque referido al régimen de visitas, sino porque el TC ha desestimado ya otra cuestión de inconstitucionalidad planteada por el

190 Resulta interesante traer a colación la interpretación que han realizado las SAP Tarragona 546/2021 de 28 de julio y SAP Tarragona 651/2021 de 13 de octubre de 2021, en las que se atribuye la custodia compartida pese a que el padre hubiera sido condenado por sentencia firme, en el primer caso, por un delito de maltrato de obra atenuado sobre la mujer, habiendo sido condenado a una pena levísima consistente en 21 días de trabajos para la comunidad. En el segundo caso, por un delito de acoso o «stalking». En ambas sentencias prevalece el interés concreto de los menores, al no haberse podido acreditar que estos hayan sido víctimas de violencia de género de forma directa o indirecta, insistiéndose en que se trata de episodios aislados de importancia relativa e incluso leve, debidos más bien a los problemas caracterológicos de ambos cónyuges o a la propia confrontación o divergencia relacional entre los progenitores. De este modo, la conflictividad surgida entre ambos cónyuges no se considera en ambos casos causa suficiente para desestimar la atribución de la custodia compartida. Evidenciando el avance que se ha venido produciendo en la práctica judicial para el reconocimiento de la incompatibilidad la violencia de género con la custodia compartida, cabe destacar las STS 175/2021 de 29 de marzo; STS 372/2021 de 31 de mayo y STS 729/2021 de 27 de octubre. De todas ellas se deduce, que no es suficiente la mera denuncia, pero sí que el agresor tenga la condición de investigado o acusado de alguno de los delitos relacionados con la violencia de género.

Juzgado de la Violencia sobre la Mujer núm. 1 de Jerez de la Frontera mediante STC 98/2022 de 12 de julio. No obstante, es cierto, que la omisión que se hace en el art. 97.2 de la posible ponderación de las circunstancias *ad casum* podría justificar el planteamiento de la cuestión de inconstitucionalidad del TS, pues si bien no plantea ningún problema los supuestos de violencia manifiesta, existirán supuestos en los que la ponderación de las circunstancias sea necesaria.

9. LA PROHIBICIÓN LEGAL DE ACUDIR A LA MEDIACIÓN EN SUPUESTOS DE VIOLENCIA DE GÉNERO *EX* ART. 44.5 LOVG

La LOVG, en su art. 44.5 excluye la mediación en todos los procesos tramitados en los Juzgados de Violencia sobre la mujer, tanto en el ámbito civil como penal, en consonancia con lo dispuesto en el apartado 5 del art. 87 ter, apartado 5º LOPJ[191]. Ratifica esta exclusión legal de acudir a la mediación en los supuestos de violencia de género, el art. 3.1 de la Ley 4/2015, del 27 de abril, del Estatuto de la víctima del delito cuando declara que: «En todo caso estará vedada la mediación y la conciliación en supuestos de violencia sexual y de violencia de género vetando la mediación para los supuestos de violencia de género». Asimismo, algunas leyes autonómicas excluyen de la mediación familiar los casos en los que exista violencia sobre la pareja, los hijos o cualquier miembro de la unidad familiar, o cualesquiera otras actuaciones que puedan ser objeto de un ilícito penal[192].

La situación excepcional generada con motivo de este tipo de violencia nos lleva a afirmar que estas situaciones no constituyen el escenario más apropiado para resolver los conflictos, ya que este instrumento se fundamenta en la voluntariedad, igualdad y equilibrio entre las partes, por lo que resulta inconcebible pensar en la operatividad de la mediación para este tipo de delitos, basados en la posición pre-

191 El precepto establece que: «Artículo 87 ter. 5. En todos estos casos está vedado la mediación». Para conocer el alcance del veto a la mediación en los supuestos de violencia de género y el debate que ha surgido en torno a la utilización de este mecanismo alternativo de resolución de conflictos para los supuestos de violencia de género menos graves, vid PÉREZ JARABA, M.ª D.: «Derechos fundamentales y mediación en violencia de género», Anuario de filosofía del derecho, 2019 (XXXV), pp. 155-179.

192 Art. 5.4 de la Ley 1/2008, de 8 de febrero, de Mediación del País Vasco. Asimismo, el art. 5.4. de la Ley 1/2011, de 28 de marzo, de mediación familiar en Cantabria, excluye directamente cualquier asunto en el que exista violencia o maltrato sobre la pareja o expareja, hijos o cualquier miembro de la familia o del grupo convivencial, por tanto, cualquier tipología de violencia de género o cualesquier otras actuaciones que permitan presumir que el consentimiento para dicha mediación no será real y voluntario.

dominante del hombre correlativa a la posición de sumisión a la que la mujer se encuentra sometida. No cabe duda de que la voluntariedad de la víctima se ve altamente comprometida, sino anulada, pues la víctima no está en condiciones de adoptar soluciones que satisfagan convenientemente sus propios intereses. Por otra parte, la mediación pretende una resolución consensuada difícilmente alcanzable en los supuestos de violencia de género, pues la falta de respeto hace que las víctimas ocupen la posición de la parte más débil.

Se añade a todos estos argumentos aquel que sostiene que la prohibición legal de acudir a la mediación penal no es una medida acorde con la alarma social que este tipo de delitos generan y con los enormes esfuerzos económicos, formativos o intelectuales que se ponen en práctica para lograr su erradicación, prevención y sanción. Se apunta a que esta prohibición legal responde a una mera coherencia legislativa, pues cabe sin duda cuestionarse qué eficacia tendría la mediación en supuestos en los que se hubiera dictado una orden de protección para solventar un conflicto o para negociar el resarcimiento de las victimas, «pues qué justificación tendría el hecho de que, por un lado el Estado considere necesario garantizar a estas víctimas un distanciamiento personal y físico (además comunicativo e incluso visual en su caso) y que, por otro, reconozca como plausible un mecanismo de solución del conflicto en el que víctima y agresor se sienten privadamente y a solas (bajo la sola presencia de un mediador a negociar sobre el posible resarcimiento de la víctima»[193].

Por todo ello, la exclusión de la mediación para los supuestos de violencia de género constituye una opción legislativa tuitiva de aplicación obligatoria cuando haya acontecido algún episodio de violencia de género en cualquiera de sus formas.

En esta misma línea se muestra el Code civil francés cuando dispone en su art. 255 Code civil que el juez podrá proponer a los cónyuges una medida de mediación a menos que uno de ellos alegue violencia contra el otro o contra el hijo, o salvo que exista control manifiesto de uno de los cónyuges sobre su cónyuge. Asimismo, la posibilidad de que el juez ordene a los cónyuges reunirse con un mediador familiar para que les informe sobre la finalidad y progreso de la mediación, se excepciona cuando uno de los cónyuges alegue violencia contra el otro o contra el hijo, o cuando exista control manifiesto de uno de los cónyuges sobre su cónyuge[194].

---

193 FUENTES SORIANO, O.: «Sobre la mediación penal y su prohibición en la violencia de género», *Estudios sobre mediación y arbitraje desde una perspectiva procesal*, Dir. Gemma García-Rostán Calvin, coord. Rafael Castillo Felipe, Salvador Tomás Tomás, Julio Sigüenza López, Thomson Reuters Aranzadi, Cizur Menor, Navarra, p. 271.

194 El art. 255 del Code civil, modificado por el art. 5 de la Loi nº 2020-936 du 30 juillet 2020 visant à proteger les victimes de violence conjugales, dispone: «Article 255: Le juge peut notamment:

1° Proposer aux époux une mesure de médiation, sauf si des violences sont alléguées par l'un des époux sur l'autre époux ou sur l'enfant, ou sauf emprise manifeste de l'un des époux sur son conjoint, et, après avoir recueilli leur accord, désigner un médiateur familial pour y proceder;

2° Enjoindre aux époux, sauf si des violences sont alléguées par l'un des époux sur l'autre époux ou sur l'enfant, ou sauf emprise manifeste de l'un des époux sur son conjoint, de rencontrer un médiateur familial qui les informera sur l'objet et le déroulement de la médiation». Esta regulación resulta plenamente coherente con lo dispuesto en el art. 41-1. 5º del Code de procédure pénale francés cuando dispone en su último inciso que: «En cas de violences au sein du couple relevant de l'article 132-80 du code pénal, il ne peut pas être procédé à une mission de médiation».

V
Repercusiones jurídicas en el ámbito sucesorio. La violencia de género como causa de desheredación y de indignidad para suceder

I. LA VIOLENCIA DE GÉNERO COMO CAUSA DE DESHEREDACIÓN DEL CÓNYUGE EN VIRTUD DE LO DISPUESTO EN EL ARTÍCULO 855.4 DEL CÓDIGO CIVIL

El Derecho de Familia y el Derecho sucesorio están muy interrelacionados. Tras analizar las repercusiones que la violencia de género tiene en el ámbito familiar, seguidamente se procede a examinar la violencia de género como causa de desheredación e indignidad sucesoria.

Si la víctima de violencia de género está divorciada o separada legalmente o de hecho de su maltratador, siendo esta la hipótesis más deseable, no tendrá este ningún derecho sucesorio respecto a la herencia de su víctima, incluido su derecho a la legítima por aplicación de lo dispuesto en los arts. 834 del Código civil y 945 del Código civil. El supuesto de hecho que tiene cabida en esta causa de desheredación es el siguiente: que el atentado contra la vida se produzca, bien antes de iniciar el procedimiento de separación o divorcio, bien una vez iniciado, pero antes de que se haya decretado la separación o el divorcio. Producido de forma efectiva el fallecimiento de la víctima, esta ha hecho constar esta causa de desheredación en su testamento.

No cabe olvidar que son muchas las mujeres que viven en un clima de violencia tal, que, durante un tiempo más o menos prolongado, no logran tomar la decisión de separarse o divorciarse de su maltratador, iniciando los trámites de separación o divorcio. En los casos en los que todavía el matrimonio está en vigor, la violencia de género se contempla expresamente como justa causa para desheredar, quedando integrada en la causa del artículo 855.4º del Código civil: «*Haber atentado contra la vida del cónyuge testador, siempre que no hubiere habido reconciliación*». Es suficiente la concurrencia de un solo episodio para que tenga operatividad. No se exige la concurrencia de una sentencia firme condenatoria, a diferencia de lo que sucede con la causa de indignidad prevista en el primer ordinal del artículo 756 del Código civil. Mientras que el testamento en el que se contiene la desheredación del cónyuge no haya sido anulado y se contradiga la causa de desheredación, el desheredado carece de cualquier derecho sobre la herencia del causante. No obstante, cuando la causa de desheredación se niega por el desheredado, corresponderá a los herederos probar la certeza de la desheredación, circunstancia que no está exenta de dificultades, a no ser que exista una sentencia condenatoria sobre los hechos que justifican la desheredación.

La reconciliación de los esposos es causa excluyente de la desheredación justa, al tiempo que ya no se podrá desheredar por esta misma causa, aun cuando dicha ofensa se repitiera. No cabe duda de que la norma puede mejorarse valorando positivamente la ineficacia de la reconciliación entre los cónyuges para los supuestos de violencia de género. Finalmente, cuando se trate de malos tratos físicos o psíquicos o de cualquier otra conducta antijurídica relacionada con la violencia de género, estas conductas antijurídicas constituyen causa de desheredación prevista en el artículo 855.1 del Código civil, referida al incumplimiento grave y reiterado de los deberes familiares.

2. DESHEREDACIÓN DEL PADRE POR HABER ATENTADO CONTRA LA VIDA DEL OTRO PROGENITOR *EX* ARTÍCULO 854.3 DEL CÓDIGO CIVIL. LA RECONCILIACIÓN DE LOS PROGENITORES COMO CAUSA EXCLUYENTE DE LA DESHEREDACIÓN

La norma dispone que: «Serán justas causas para desheredar a los padres y ascendientes, además de las señaladas en los numerales del art. 756 del Código civil 1.º, 2º, 3º, 5º y 6º, haber sido privado de la titularidad de la patria potestad por sentencia firme dictada en procedimiento penal o civil o por haber sido suspendido de su ejercicio, todo ello en base al incumplimiento de los deberes parentales, sin que se establezca los efectos de una posterior recuperación como causa de la ineficacia de la desheredación ya realizada. Asimismo, constituye causa suficiente de desheredación el incumplimiento injustificado de la obligación de prestar alimentos a los hijos o descendientes, es decir, cuando el alimentante está en condiciones de prestarlos y, finalmente, haber atentado uno de los padres contra la vida del otro, si no hubiese mediado entre ellos reconciliación. No se exige legalmente la condena firme por haber atentado contra la vida del otro progenitor para poder desheredar por esta causa. Para que tenga eficacia no basta con cualquier tipo de agresión o maltrato, sino solo la que resulte suficiente para poner en peligro la vida de la pareja o expareja, aunque no se haya causado efectivamente la muerte.

Si ha habido reconciliación entre los progenitores, como sucede en los supuestos de reanudación de la convivencia, la causa de desheredación queda excluida y, por tanto, la hace inoperante. Presume el legislador que la reconciliación entre los progenitores lleva de suyo la reconciliación del padre con el hijo, incluso en aquellos supuestos en los que el hijo no se hubiera reconciliado con su padre, lo que debería hacernos concluir que la reconciliación es totalmente personal, entre padre e hijo, de modo que la reconciliación entre los progenitores no debería excluir la eficacia de esta causa de desheredación, «máxime si tenemos presente que los intereses que fundamentan ambas relaciones son distintos»[195]. Efectivamente, si el ataque al otro progenitor constituye en sí misma una justa causa para desheredar al padre, correspondería exclusivamente al hijo desheredante la facultad de perdonarle. Tengo claro que el legislador ha tenido presente como objeto de protección solo a la mujer, obviando la condición de víctima que también ostenta los hijos.

Desde mi consideración, la norma debería ser objeto de una profunda revisión. En primer lugar, integrando de forma expresa no por la remisión que la norma realiza a las causas de indignidad como justa causa de desheredación el que la víctima de violencia de género lo sea el propio hijo. En segundo lugar, para que en este caso concreto la desheredación siga surtiendo efecto a pesar de que hubiera tenido lugar la reconciliación entre los progenitores. A mi juicio, la reconciliación de los padres como causa de ineficacia de la desheredación de un hijo respecto del padre que atenta contra la vida de su madre, no debería tener ninguna operatividad, pues el daño moral y psicológico que se ha ocasionado al hijo que deshereda permanece con independencia de la reconciliación entre sus progenitores. La reconciliación exige bilateralidad por parte de quien deshereda y no únicamente el perdón del agraviado hacia quien se produce la ofensa.

195 REPRESA POLO, P., *La desheredación en el Código civil*, Reus, 2016, p.172.

3. LA PÉRDIDA DE LOS DERECHOS SUCESORIOS DEL CONDENADO POR SENTENCIA FIRME POR HABER ATENTADO CONTRA LA VIDA DE LA CAUSANTE DE LA SUCESIÓN, CÓNYUGE O CONVIVIENTE, O A PENA GRAVE POR HABER EJERCIDO HABITUALMENTE VIOLENCIA FÍSICA O PSÍQUICA EN EL ÁMBITO FAMILIAR, AL CÓNYUGE O CONVIVIENTE. NATURALEZA DE ESTA CAUSA DE INDIGNIDAD. LA DESEABLE INOPERATIVIDAD DEL PERDÓN POR PARTE DE LA VÍCTIMA

El artículo 756.1 del Código civil establece como presupuesto la condena por sentencia firme por haber incurrido en violecia de género o violencia familiar, es decir, por haber atentado contra la vida de la causante, cónyuge o conviviente, sus ascendientes o descendientes, –en cuyo caso estaríamos ante un supuesto de violencia intrafamiliar– o haber sido condenado a pena grave por lesiones o haber infringido habitualmente violencia física o psíquica contra el cónyuge o conviviente o ascendientes o descendientes. Aunque la norma no se refiere expresamente a los supuestos de violencia de género, lo cierto es que la misma da pleno cobijo legal a esta particular causa de indignidad.

La indignidad sucesoria se configura legalmente una auténtica sanción civil que conduce a la pérdida de los derechos sucesorios en base a una conducta particularmente reprochable desde el punto de vista moral y social. Se apunta la necesidad de construir un Derecho de sucesiones basado en el adecuado comportamiento del sucesor, de un modo bidireccional, es decir, tanto para sancionar aquellas conductas contrarias al principio de solidaridad familiar y a los deberes propios de las relaciones familiares, como para premiar la conducta de entrega, sacrificio y dedicación al causante de la sucesión[196].

En cuanto a las mejoras que podrían hacerse en la norma a fin de adaptarla a la realidad del tiempo que vivimos, señalaremos, en primer lugar, que debería dejarse claro que el efecto fundamental de la concurrencia de esta gravísima causa de indignidad sucesoria debería ser la de privar al indigno de su derecho hereditario de forma definitiva, dejando sin efecto la delación hereditaria a su favor, tanto por lo que se refiere a la sucesión testada como a la intestada. Es sabido que la doctrina bascula entre la tesis de que el indigno es incapaz para suceder como heredero o legatario,

196 PÉREZ GALLARDO, L.B., «Violencia familiar e incapacidades para suceder (a propósito de la reforma del derecho familiar cubano. Especial referencia al artículo 469 del código civil)», *Las recientes reformas al Código civil cubano. (A propósito de la ley nº 156/2022, de 22 de julio, Código de las Familias)*, coord. Pérez Gallardo, Olejnik, Santiago de Chile, p. 190.

no siendo llamado a la herencia, por lo que no se requiere la declaración judicial de indignidad y aquella tesis que sostiene que pudiendo heredar, lo hace de forma claudicante, puesto que puede interponerse una acción para declarar judicialmente la indignidad. Lo cierto es, que salvo el reconocimiento expreso de la causa de indignidad por el agresor, –lo que no sucederá con suma frecuencia[197], mucho menos cuando se trata de supuestos de violencia de género, dada la catadura personal de quien la ejerce–, será necesaria la declaración judicial de indignidad y la consiguiente reclamación de los bienes hereditarios de los que se hubiese posesionado, con el consiguiente perjuicio patrimonial para los hijos de la madre fallecida a manos de su padre o de quien fuera su pareja, que además de la tragedia vivida, se verán envueltos inevitablemente en un procedimiento judicial si se discute la causa de indignidad. Asumir legalmente de forma precisa para estos supuestos, cuanto más cuando se trata de huérfanos menores de edad, que se prescinde en todo caso de la declaración judicial de indignidad, facilitaría mucho los trámites sucesorios a los huérfanos y a sus familias por la pérdida de sus madres. En este sentido el Preámbulo de la LO 2/2022, de 21 de marzo, de mejora de la protección de las personas víctimas de violencia de género, advierte de las trabas que encuentran los herederos para hacer valer sus derechos sucesorios, así como para regularizar lo antes posible la situación patrimonial que resulte de la muerte de sus madres. No obstante, señala, que: «*debe tenerse en cuenta que, en supuestos de crímenes de violencia de género, que son los que nos ocupan, existe una causa de incapacidad para que el cónyuge superviviente pueda heredar, por indignidad conforme los artículos 852, 855.4 y 756.1 del Código Civil, al haber atentado contra la vida del cónyuge causante y desde el momento en que sea condenado por sentencia firme. Por tanto, nada habrá que debatir con este en relación con la herencia. Además, puede que el resto de los herederos no tengan discrepancias en el reparto de la herencia y no sea necesario efectuar un procedimiento judicial al efecto, siendo únicamente necesario llevar a efecto la liquidación de la sociedad de gananciales con el cónyuge o excónyuge investigado o condenado*». Desde mi consideración, la imprecisión conceptual en la que incurre el legislador es evidente, pues

---

197 VELA SÁNCHEZ, A.J., «La indignidad sucesoria por ofensas post mortem al causante en el Código civil español», ADC, tomo LXXIV, 2021, fasc. II, p. 365, cuando pone de manifiesto que: «*A mi modo de ver, salvo reconocimiento expreso del indigno, lo que seguramente no sucederá con frecuencia, la declaración judicial de indignidad será necesaria para evitar la delación hereditaria a favor del presunto indigno y que éste entre en la posesión material y efectiva de los bienes hereditarios, así como para reclamar su devolución en el supuesto de que el heredero o legatario actuante tuviera ya tal verdadera posesión. La indignidad sucesoria no opera automáticamente, ex lege o ipso iure, sino que debe proclamarse o pronunciarse judicialmente, ex officio iudicis, a reclamación de los interesados o legitimados activamente, y previa comprobación de la concurrencia de alguna de las causas establecidas en el estudiado artículo 756 CC, pues no resultan imaginables fácilmente situaciones de indignidad para suceder que no precisen previa intervención judicial*».

se refiere a la desheredación e indignidad, al tiempo que desconoce su operatividad práctica pues serán muchos los supuestos en los que se requerirá la intervención judicial. Asimismo, debemos reiterar las dificultades a las que se enfrentan los hijos para acceder a las indemnizaciones que les corresponden con ocasión de la responsabilidad civil derivada de los delitos relacionados con la violencia de género.

El segundo aspecto que debe revisarse es la incorporación legal de la imposibilidad de que esta causa de indignidad quede sin efecto cuando medie el perdón de la víctima y, ello no solo por la gravedad de los hechos en sí mismos considerados, sino por el firme compromiso que debe asumir el legislador frente a esta execrable lacra social, haciendo inoperante lo dispuesto en el artículo 757 del Código civil para esta concreta causa de indignidad. Definitivamente en supuestos tan acusadamente graves debería valorarse la declaración de ineficacia de la rehabilitación del indigno por parte de la víctima, pues en muchos casos no será esta una decisión libremente tomada. Por ello, se ha propuesto que su tenor literal debería entonces expresarse en los siguientes términos: «Las causas de indignidad dejan de surtir efectos cuando el testador las conocía al tiempo de hacer testamento, o si sabiéndolo después, las remitiere en documento público. Se excepcionan los supuestos de violencia de género graves sobre la pareja y los hijos, que privarán definitivamente del derecho a suceder a las víctimas del maltrato»[198]. Por último, la mera apreciación judicial de la existencia indicios fundados de haberse producido algún tipo de violencia de género en cualquiera de sus manifestaciones sobre la mujer o sus hijas e hijos, debería resultar suficiente para incurrir en causa de indignidad sin necesidad de una previa sentencia penal firme por alguno de los delitos que integran la categoría de ilícitos penales relacionados con la violencia de género. Se trata de hacer prevalecer la gravedad y el daño que acompañan siempre a este tipo de conductas, frente a la exigencia legal de una sentencia penal firme.

Con identidad de razón dispone el artículo 92 de la Ley de Contrato de seguro[199] que: «*La muerte del asegurado, causada dolosamente por el beneficiario, privará a éste del derecho a la prestación establecida en el contrato, quedando ésta integrada en el patrimonio del tomador*». La norma es consecuente con la imposibilidad de que ordenamiento jurídico de amparo legal a quien ha causado el siniestro, en este caso, la muerte del asegurado, manteniéndole en su derecho a obtener la indemnización pactada.

Finalmente resulta muy interesante referirse a la Disposición Final Decimocuarta de la Ley No. 156 del Código de las Familias, que ha modificado el artículo 469 del Código civil cubano. De este modo el artículo 469.1.f) dispone ahora que son inca-

198 VELA SÁNCHEZ, J.A, *Las consecuencias civiles de la violencia de género. Estudio doctrinal y jurisprudencial*, Bosch editor, 2022, p. 237.

199 Ley 50/1980, de 8 de octubre, de Contrato de Seguro.

paces para suceder como herederos o legatarios «*los que hayan incurrido en situación de violencia familiar o violencia de género, en cualquiera de sus manifestaciones, sobre el causante de la sucesión*». Por su parte, el artículo 469.2 del Código civil establece asimismo que: «*En todos los supuestos enunciados, bastará la prueba de que la persona que ha incurrido en tales circunstancias le es imputable el hecho lesivo, sin necesidad de condena penal*». La *voluntas legislatoris* ha sido la de dotar de protección al causante como miembro integrante del núcleo familiar, cualquiera que sea la forma en que este se organice, brindando protección a las víctimas. Al mismo tiempo se apunta a la finalidad de prevenir este tipo de conductas plenamente reprobables[200]. A mi juicio, la principal aportación que realiza la norma es la declaración de indignidad del heredero o legatario que haya incurrido en violencia familiar o de género, sin necesidad de sentencia condenatoria firme, siempre que existan indicios suficientes. Ello incluye aquellas situaciones en las que el agresor está siendo investigado por este tipo de delitos, cumple condena provisional o se ha dictado una orden de protección.

200 MILÁN MORALES, N., «A propósito de las nuevas causales de incapacidad para suceder», *Las recientes reformas del Código civil cubano. (A propósito de la ley nº 156/2022, de 22 de julio, Código de las Familias)*, coord. Pérez Gallardo, Olejnik, 2023, p. 171-172.

VI
Apuntes finales en torno a la protección social de las víctimas de violencia de género tras la LO 2/2022, de 21 de marzo, de mejora de la protección de las personas víctimas de violencia de género

1. DERECHO A LA PENSIÓN DE VIUDEDAD A FAVOR DE LAS VÍCTIMAS DE VIOLENCIA DE GÉNERO

No queremos finalizar este estudio sin hacer referencia siquiera brevemente al derecho que tienen las víctimas de violencia de género a beneficiarse de un conjunto de prestaciones sociales adoptadas con la finalidad de mitigar la situación de vulnerabilidad en la que estas quedan. Entre ellas cabe referirse al reconocimiento legal de la pensión de viudedad a favor de las víctimas de violencia de género y correlativa pérdida de la condición del beneficiario al condenado por un delito de homicidio cuando es la víctima la causante de la sucesión, así como a la pensión de orfandad a favor de los hijos víctimas de violencia de género que ha sido recientemente objeto de ciertas mejoras.

El artículo 220.1 del Texto Refundido de la Ley General de la Seguridad Social, aprobado por Real Decreto Legislativo 8/2015, de 30 de octubre, reconoce el derecho a la pensión de viudedad a quienes sean o hayan sido cónyuge legítimo siempre que en ellos concurran los requisitos del artículo 219, en este último caso, siempre que no hubiera contraído nuevas nupcias o hubiera constituido una pareja de hecho en los términos a que se refiere el artículo siguiente. Además, se exige que las personas divorciadas o separadas judicialmente sean acreedoras de la pensión compensatoria a la que se refiere el artículo 97 del Código Civil. No obstante, el tercer párrafo del mencionado precepto dispone que: «En todo caso, tendrán derecho a la pensión de viudedad las mujeres que, aun no siendo acreedoras de pensión compensatoria, pudieran acreditar que eran víctimas de violencia de género en el momento de la separación judicial o el divorcio mediante sentencia firme, o archivo de la causa por extinción de la responsabilidad penal por fallecimiento; en defecto de sentencia, a través de la orden de protección dictada a su favor o informe del Ministerio Fiscal que indique la existencia de indicios de ser víctima de violencia de género, así como por cualquier otro medio de prueba admitido en Derecho».

El derecho a percibir la pensión de viudedad se venía ya reconociendo por la jurisprudencia social, tal y como sucede en la STS 709/2017 de 26 de septiembre, en relación con una mujer divorciada víctima de malos tratos por parte de su exmarido, a pesar de no habérsele reconocido el derecho a percibir pensión compensatoria, como exige el artículo 220.1 II del Texto Refundido de la Ley General de la Seguridad Social[201].

El reconocimiento del derecho a percibir la pensión de viudedad es precisamente la cuestión que se plantea en relación con una pareja de hecho del pasado que había sufrido violencia de género. En la STS 716/2023 de 4 octubre, de la Sala de lo Social, (Recurso núm. 1352/2021) se discute, si con anterioridad a la reforma operada por la Ley 21/2021, de 28 de diciembre, de garantía del poder adquisitivo de las pensiones y otras medidas de refuerzo de la sostenibilidad financiera y social del sistema público de pensiones, tenía derecho a percibir la pensión de viudedad una mujer que cumplía con los requisitos legalmente exigidos para devengar la pensión de viudedad como pareja de hecho excepto la convivencia con el causante al tiempo de su fallecimiento, convivencia a la que se había puesto fin con motivo de la violencia que el causante infringía a su pareja. El causante había fallecido el 10 de agosto 2017, por tanto, antes de la entrada en vigor de la Ley 21/21 de 28 de diciembre, por lo que la citada norma no resultaba de aplicación. La mencionada sentencia se pronuncia en el sentido de considerar que, no obstante, la doctrina jurisprudencial había interpretado la normativa anterior a la Ley 21/2021 en el sentido de que, si se acreditaba la violencia de género en parejas de hecho históricas, debía reconocérseles tam-

201 En el que se dispone que: «En todo caso, tendrán derecho a la pensión de viudedad las mujeres que, aun no siendo acreedoras de pensión compensatoria, pudieran acreditar que eran víctimas de violencia de género en el momento de la separación judicial o el divorcio mediante sentencia firme, o archivo de la causa por extinción de la responsabilidad penal por fallecimiento; en defecto de sentencia, a través de la orden de protección dictada a su favor o informe del Ministerio Fiscal que indique la existencia de indicios de ser víctima de violencia de género, así como por cualquier otro medio de prueba admitido en Derecho».

bién su derecho a percibir la pensión de viudedad (STS 908/2020, de 14 de octubre; 272/2023, de 13 de abril y 480/2023, de 5 de julio). La Sala cuarta argumenta que no puede ser exigible legalmente la convivencia entre los miembros de una pareja en los supuestos de violencia de género, al tiempo que la protección que requiere la víctima exige precisamente el cese inmediato de la misma con la finalidad de impedir que esta siga sufriendo violencia, siendo así que la convivencia no solo no es deseable, sino que debe evitarse, sabiendo, además, que el final de dicha convivencia no procede de la voluntad de la mujer, sino que es consecuencia de la propia violencia que se ejerce sobre ella. A esta misma interpretación conduce la propia LOVG cuando extiende su ámbito de protección, tanto a las mujeres que sufren violencia machista por parte de sus cónyuges, como de sus parejas o exparejas, aun cuando no exista convivencia entre ellos, al tiempo que debe aplicarse analógicamente a la pensión de viudedad en favor de las parejas de hecho, la regulación prevista para los supuestos tanto de divorcio como de separación en los que la mujer haya sido víctima de violencia de género. A idéntica conclusión, continúa argumentando, se llega desde una perspectiva de género conforme a lo dispuesto en los arts. 4 y 15 de la LO 3/2007, de 22 de marzo, para la igualdad efectiva de mujeres y hombres y arts. 4.4 y 7 de la Ley 15/2022, de 12 de julio, integral para la no discriminación de hombre y mujeres.

La STS 300/2024 de 20 de febrero resuelve favorablemente un recurso de casación para la unificación de la doctrina, denunciando que la sentencia infringe el art. 174.2 LGSS[202] (actualmente art. 220.1 LGSS). En ella se reconoce la pensión de viudedad a favor de una mujer divorciada, sin pensión compensatoria, víctima de violencia de género, con una edad inferior a los 65 años. El divorcio había sido declarado por el Juzgado de Violencia sobre la Mujer nº 1 de Coslada en 2012, habiendo fallecido su excónyuge en 2013. La actora solicita una pensión de viudedad, denegada por el INSS, por no tener reconocida la pensión compensatoria prevista en el art. 97 del Código civil y por tener una edad inferior a los 65 años al tiempo de la solicitud. El TS se pronuncia en el sentido de considerar que la norma establece una regla general para todos los supuestos de violencia de género acredita, al tiempo que el artículo 4 de la LO 3/2007 de 22 de marzo, para la igualdad efectiva de mujeres y hombres, sobre «integración del principio de igualdad en la interpretación y aplicación de las normas», establece que «la igualdad de trato y de oportunidades entre

202 El artículo 174.2 LGSS disponía (como se ve en redacción actual inalterada) que: «En todo caso, tendrán derecho a la pensión de viudedad las mujeres que, aun no siendo acreedoras de pensión compensatoria, pudieran acreditar que eran víctimas de violencia de género en el momento de la separación judicial o el divorcio». Respecto a esta norma el TS se pronuncia declarando que a la vista de la redacción del precepto más que una excepción se trata de la regla general para los supuestos de violencia de género ya que así lo evidencia la expresión «En todo caso».

mujeres y hombres es un principio informador del ordenamiento jurídico y, como tal, se integrará y observará en la interpretación y aplicación de las normas jurídicas». Además, su artículo 15 dispone que «el principio de igualdad de trato y oportunidades entre mujeres y hombres informará, con carácter transversal, la actuación de todos los Poderes Públicos. (…)». «La interpretación de la norma desde una perspectiva de género. conduce, reforzando en este caso la literalidad de la norma, a interpretar el artículo 174.2 LGSS de 1994 (actual 220. 1 LGSS de 2015) en el sentido de que, si cumple todos los demás requisitos comunes de la prestación, la mujer que, por razón de violencia de género, estaba separada o divorciada del causante en el momento de su fallecimiento, sin ser acreedora de pensión compensatoria, tiene derecho a la pensión de viudedad». Todo lo expuesto conduce a la estimación del recurso y consiguiente casación de la sentencia recurrida, revocando la sentencia de instancia estimar la demanda y reconocer a la actora el derecho a percibir la pensión de viudedad desde la fecha de su solicitud, tal como interesa la recurrente, sin condena en costas de conformidad con lo previsto en el artículo 235 LRJS.

2. PÉRDIDA DE LA CONDICIÓN DE BENEFICIARIO DE LA PENSIÓN DE VIUDEDAD AL CONDENADO POR UN DELITO DE HOMICIDIO CUANDO LA VÍCTIMA ES LA CAUSANTE DE LA PENSIÓN

La pérdida de la condición de beneficiario de la pensión de viudedad por el condenado por sentencia firme por un delito de homicidio se contemplaba ya en la Disposición Adicional Primera de la LO 1/2004, que disponía que, quien fuera condenado, por sentencia firme, por la comisión de un delito doloso de homicidio en cualquiera de sus formas o de lesiones, perderá la condición de beneficiario de la pensión de viudedad que le corresponda dentro del sistema público de pensiones cuando la víctima de dichos delitos fuera la causante de la pensión, salvo que hubiera mediado reconciliación entre ellos.

La pérdida de este beneficio se recoge en el artículo 231.1 del Texto Refundido de la Ley General de la Seguridad Social aprobado por Real Decreto Legislativo 8/2015, de 30 de octubre, cuando determina que no podrá tener la condición de beneficiario de las prestaciones de muerte a quien fuera condenado por sentencia firme por la comisión de un delito doloso de homicidio en cualquiera de sus formas, cuando la víctima fuera sujeto causante de la prestación. Asimismo, la norma contenida en el artículo 232 de la LGSS posibilita la suspensión cautelar del abono de las prestaciones por muerte cuando recaiga resolución judicial de la que se deriven indicios racionales de que el sujeto investigado es responsable de un delito doloso de homicidio, en cualquiera de sus formas, si la víctima fuera el sujeto causante de la prestación, con efectos desde el día primero del mes siguiente a aquel en que le sea comunicada tal circunstancia.

3. EL DERECHO A PERCIBIR LA PENSIÓN DE ORFANDAD POR PARTE DE LOS HIJOS VÍCTIMAS DE VIOLENCIA DE GÉNERO TRAS LA LO 2/2022, DE 21 DE MARZO DE MEJORA DE LA PROTECCIÓN DE LAS PERSONAS HUÉRFANAS VÍCTIMAS DE VIOLENCIA DE GÉNERO

La LO 2/2022, de 21 de marzo, de mejora de la protección de las personas huérfanas víctimas de la violencia de género, protege a más de los 300 hijos menores huérfanos por violencia de género desde el 2013. En su virtud se da un nuevo contenido a los arts. 216.3[203] y 224.2 del Texto Refundido de la Ley General de la Seguridad Social, para garantizar el acceso a un mayor número de personas huérfanas, sobre todo a aquellas que se encuentran en una situación de pobreza y mayor vulnerabilidad. Recientemente se ha reconocido el derecho a la pensión de orfandad y prestación de orfandad en el art. 54 de la LOGILS para los supuestos de feminicidio sexual.

Se reconoce la prestación de orfandad incluso para los supuestos de la adopción de los hijos e hijas de la causante fallecida por violencia sobre la mujer, cuando el nivel de renta de la familia adoptiva no supere en cómputo anual el 75% del SMI vigente en cada momento, excluida la parte proporcional de pagas extras. En los supuestos en los que se mantenga el percibo de la pensión o prestación de orfandad, a pesar de la adopción de las hijas o hijos de la víctima, la nueva pensión o prestación de orfandad que se generase con motivo del fallecimiento de uno de los adoptantes, será incompatible con la pensión o prestación de orfandad que se estuviera percibiendo, debiendo los beneficiarios optar por una de ellas. Se contempla también el reconocimiento del derecho a la pensión de orfandad con el incremento que correspondiese o, en su caso, la prestación de orfandad, en los casos en los que la muerte por violencia contra la mujer hubiera sido producida por un agresor distinto del progenitor de los hijos e hijas de la causante, exigiéndose en este caso que los rendimientos de la unidad de convivencia no superen el porcentaje señalado en

203 «Artículo 216. 3. Asimismo, en caso de muerte, tendrán derecho a una prestación de orfandad las hijas e hijos de la causante fallecida como consecuencia de violencia contra la mujer, en los términos en que se defina por la ley o por los instrumentos internacionales ratificados por España, siempre que se hallen en circunstancias equiparables a una orfandad absoluta, con las excepciones establecidas en los artículos siguientes, y que no reúnan los requisitos necesarios para causar una pensión de orfandad, en los términos establecidos reglamentariamente».

el punto anterior, procediéndose a la suspensión del derecho en otro caso. Del mismo modo cabe apuntar que el párrafo tercero del artículo 224 de la LGSS[204], ha sido modificado nuevamente por la Ley 10/2022, de 6 de septiembre de garantía integral de la libertad sexual, con la intención de incrementar la protección de las personas huérfanas como consecuencia de violencias sexuales.

Ha de tomarse en consideración como una de las principales aportaciones que se introducen con motivo de la Ley 26/2015, supliendo un importante vacío legal, es el reconocimiento a los menores que quedan huérfanos de madre, víctimas de violencia de género, del derecho al incremento previsto reglamentariamente para los casos de orfandad absoluta, cuando el progenitor hubiera sido condenado por sentencia firme por un delito de homicidio doloso y no tuviera derecho o hubiese perdido la pensión de viudedad. A tales efectos, se presume la orfandad absoluta cuando se ha producido el abandono de las responsabilidades parentales por parte del cónyuge supérstite y se hubiera procedido a la tutela o acogimiento de las hijas o hijos a favor de familiares o terceros (art. 224 TRLGSS).

La STS (Sala de lo Social) 700/2022 de 7 de septiembre, se pronuncia en el sentido de considerar que si bien la interpretación del término «orfandad absoluta» se refiere al menor al que se le ha muerto el padre y la madre, una interpretación finalista y analógica, así como a la luz del principio de interés del menor, ha de llevar a incluir los supuestos en que el progenitor no causante ha sido privado de la patria potestad, por ser una situación análoga a la del huérfano cuyo otro progenitor vivo ha sido condenado por violencia de género y, por tanto, no percibe pensión de viudedad, y la del huérfano de un solo progenitor conocido, previstas en el art. 38.2 del Reglamento general de prestaciones de la Seguridad Social.

---

204 La Disposición adicional tercera. Orfandad, del Proyecto de Ley de las Familias, publicado en el BOE de 14 de abril de 2023, establece que: «En el plazo máximo de un año desde la entrada en vigor de la presente ley, las administraciones públicas llevarán a cabo los análisis oportunos para valorar la extensión hasta los veintiséis años la edad máxima en la fecha del fallecimiento de la persona causante para ser beneficiario de la pensión o prestación por orfandad prevista en el artículo 224 del Texto Refundido de la Ley General de la Seguridad Social, aprobado por el Real Decreto Legislativo 8/2015, de 30 de octubre».

VII
A modo de propuesta final

La ineludible transversalidad que requiere la protección integral de las víctimas de violencia de género, también desde el ámbito del Derecho civil, aconseja proceder a una exhaustiva revisión de algunas de sus principales medidas de lucha contra la violencia de género. Con esta finalidad se sugiere el siguiente orden de reflexiones:

El análisis que se realiza de las repercusiones jurídico-civiles de la violencia de género no puede basarse en una visión homogénea de este fenómeno. El factor de vulnerabilidad de género interactúa con otros elementos que incrementan la vulnerabilidad de cada una de las víctimas. No todas ellas experimentan los mismos factores de vulnerabilidad ni sufren las mismas formas de violencia. Además, la afectación no es uniforme para todas ellas, puesto que no les afecta a todas por igual. Entre los factores que interactúan con el género se encuentra la avanzada edad, la minoría de edad, la racialidad, el estado de salud de las víctimas en situación de enfermedad, dependencia o discapacidad, así como la precariedad económica o la transexualidad. Estos factores multiplican exponencialmente los niveles de vulnerabilidad. Es importante considerar que la vulnerabilidad se intensifica en el contexto de la monomarentalidad por causa de violencia de género. Esta situación afecta a todo el entorno familiar, puesto que la crianza, educación y cuidados recaen exclusivamente sobre la madre, lo que produce importantes repercusiones en su esfera personal, económica, laboral y social.

A pesar de la descausalización propia de la separación y el divorcio tras la reforma operada por la Ley 15/2015, lo cierto es que la violencia de género, considerada como un atentado contra los Derechos humanos y las libertades fundamentales, impregna todo el Derecho civil tanto en el ámbito familiar como sucesorio. Tal es así que, aunque la separación y el divorcio hayan sido descausalizados legalmente, esta descausalización no se ha producido completamente, pues son muchas las previsiones legales y jurisprudenciales que toman en cuenta los efectos de la violencia de género en las crisis de pareja, no solo para la inaplicación del plazo mínimo de los tres meses que se señala legalmente para interponer la demanda de separación o divorcio en los supuestos descritos en el art. 81.2 del Código civil, sino principalmente en orden a la protección efectiva del interés superior de los menores, siendo causa de la privación o suspensión del ejercicio de la patria potestad. En palabras del TS: «¿Cómo puede reclamarse el derecho a mantener una patria potestad sobre unos hijos a los que se ha intentado dejar sin madre de forma cruel al intentar matarla delante de ellos mismos? Es por ello, por lo que la imposición de esta pena viene provocada por la anulación del ejercicio de la patria potestad, ante un acto de la crueldad como el descrito en los hechos probados. (...) Difícilmente, podamos encontrar en el texto penal una pena más proporcionada que la de la inhabilitación especial para el ejercicio de la patria potestad para el condenado por estos hechos»[205]. La privación de la patria potestad se fundamenta, no obstante, en una decisión judicial que atiende a las circunstancias concretas del caso, particularmente, en orden a la gravedad de los hechos y siempre desde la perspectiva del interés primordial del menor.

La violencia de género resulta incompatible con la atribución de la custodia compartida, considerada como una modalidad de ejercicio de la responsabilidad parental *ex* art. 92.7 del Código civil, al tiempo que los avances legislativos en aras a la protección jurídica reforzada de los menores han sido definitivos a partir de 2015, pues incluso cuando la acción violenta revista un carácter meramente puntual, menos grave o cuando quepa afirmar que los menores no han sido víctimas directas, las distintas resoluciones judiciales tienden a limitar su relación personal con su progenitor, las visitas y comunicaciones e introduce su supervisión a través de la intervención de los PEF.

Cabe aludir, asimismo, a la incidencia que este tipo de violencia genera en la regla general de la adopción conjunta de las decisiones que se adopten respecto a los hijos menores y la nueva redacción que le ha sido dada al art. 156.2 del Código civil, en virtud del cual se excluye legalmente al progenitor condenado o investigado por delitos encuadrados dentro de la violencia de género de la posibilidad de decidir sobre el tratamiento psicológico de los hijos e hijas, manteniendo, no obstante,

205 STS, Sala Segunda, de lo Penal, 452/2019 de 8 de octubre.

su derecho a ser informados. Finalmente, existen previsiones legales relativas a la indignidad sucesoria y desheredación en relación con el causante de esta violencia.

La aplicación de los criterios ordinarios para la atribución del uso de la vivienda familiar no siempre es posible, de manera que las criticas que ha recibido la norma contenida en el art. 96 del Código civil y las propuestas de reforma sugeridas deberían ser aprovechadas para que este tipo de violencia tuviera su reflejo legal en la norma.

Desde mi consideración cabe sugerir que, en los procesos de separación o divorcio en los que se aprecien indicios suficientes de violencia de género, se valora favorablemente redireccionar de manera expresa las crisis conyugales o de pareja siempre a la vía contenciosa, vetando legalmente la posibilidad de suscribir acuerdos entre los cónyuges o convivientes que se reflejen oportunamente en un Convenio regulador. Se trata de una medida que evita la suscripción de pactos irreflexivos que perjudican a las víctimas, consideradas en estos casos, como la parte más débil, ligados a la presión, intimidación, superioridad o situación de vulnerabilidad en la que estas se encuentran declarando la nulidad de dichos pactos en el caso de que existan. Dichos factores pueden hacer quebrar la voluntariedad en la toma de decisiones libremente adoptadas, esencia de este tipo de acuerdos, así como incidir muy negativamente en el cumplimiento efectivo de los mismos. Precisamente por esta razón, los supuestos de violencia de género se encuentran al margen de la mediación familiar según lo dispuesto en el artículo 44.5 de la LOVG, presupuesta la situación de desigualdad que vive la víctima, probablemente impedida para llegar a un acuerdo de mediación que dé una respuesta satisfactoria a sus intereses reales.

En este entramado legal articulado en aras a prevenir y erradicar este tipo de violencia, quedan muchos aspectos aun por revisar, como la necesidad de positivizar un principio general básico, según el cual, que es que el agresor no pueda, en ningún caso, beneficiarse económicamente del patrimonio o de la herencia de la víctima, incorporándose la imposibilidad legal de que reciba pensión compensatoria. Igualmente se precisa la adopción de medidas específicas dirigidas a las mujeres adultas de avanzada edad, que, con su particular problemática, necesitan medidas de apoyo concretas para lograr su recuperación e integración social, así como la necesidad de que la violencia de género tenga su correspondiente reflejo legal en sede de disolución y liquidación de los regímenes económicos.

Nuestro Código civil no establece las causas de privación de la patria potestad, a diferencia de lo que sucede, por ejemplo, en el CCat, reguladas de forma específica en el art. 236-6, dedicado a la privación de la potestad parental. En este sentido cabe valorar la inclusión específica de este tipo de violencia como causa de privación de la patria potestad. Puede apreciarse favorablemente la incorporación como causa de privación de la patria potestad, el haber sido condenado como autor, coautor inductor o cómplice de un delito de homicidio o asesinato contra el otro progenitor, incluyendo el grado de tentativa. La privación operaria también en el supuesto de haber sido condenado por delitos contra la integridad sexual de la madre, hijas o hijos, por maltratos físicos o psíquicos o cuando el hijo haya sido víctima directa o indirecta de la violencia machista. No cabe duda de que la gravedad de este tipo de conductas produce una conmoción psicológica en todos los miembros de la familia, que bien merece de la adopción de medidas que estén a la altura de la gravedad de los hechos. Por otra parte, merecería la pena intentar incluir como causa de privación de la patria potestad, el abandono, desapego y desafección con los menores[206].

En sede de desheredación convendría incluir como causa específica el que el hijo hubiera sido víctima directa o indirecta de este tipo de violencia, y dada la gravedad de la causa, resulta indispensable suprimir su ineficacia cuando los progenitores se hubieran reconciliado, pues el daño moral que se ha ocasionado a la hija o hijo es independiente a una posible reconciliación entre sus progenitores. Por otra parte, es necesario ampliar las causas de desheredación, más allá de haber atentado contra la vida de la madre, incluyéndose como justa causa el haber infringido cualquier forma de violencia física, psicológica o económica.

Para los supuestos de crímenes machistas, también en grado de tentativa, se propone que la causa de indignidad opere automáticamente o que se incluya legalmente de forma específica como una nueva causa de incapacidad absoluta para suceder en relación con el responsable penalmente de este tipo de delitos. En los supuestos de crímenes machistas o en grado de tentativa se propone además la inoperancia legal explícita de la rehabilitación del indigno.

Las medidas civiles adoptadas en relación con la denegación o suspensión del régimen de visitas o con la incompatibilidad de la custodia han generado serias dudas en cuanto a su constitucionalidad e interpretación. Pese a todo, la situación de vulnerabilidad de las víctimas y su derecho a recibir una protección integral, constituyen un reto ineludible que debemos acometer de forma efectiva, con la finalidad de sensibilizar, prevenir y detectar situaciones de violencia de género, garantizando suficientemente su derecho a ser reparadas, incluyendo el daño moral y la indemnización del perjuicio causado, así como la recuperación física, psíquica y social de las víctimas, de modo que se valora muy positivamente la incorporación de la individualización de los daños indemnizables en los arts. 28 bis y 28 ter de la LOVG, pues ello contribuye a fijar indemnizaciones más equitativas y reparadoras. Asimismo, consideramos necesario valorar la conveniencia de incluir explícitamente la impres-

206 El art. 191.d) del Código de las Familias de la República de Cuba dispone que es causa de la pérdida de la responsabilidad parental o suspensión de su ejercicio por sentencia firme, cuando ambos progenitores o uno solo de ellos abandonen n a la hija o el hijo, aunque se encuentre bajo la guarda y el cuidado de otra u otras personas.

criptibilidad del ejercicio de la acción civil para la reparación de los daños y perjuicios ocasionados por delitos de violencia sexual y/o machistas. Terminaré diciendo, que, aunque cabe reconocer que los esfuerzos legales para regular las consecuencias de la violencia de género han sido muy importantes, todavía quedan muchos aspectos en los que el tipo de violencia debe tener un mayor reflejo, dando la relevancia que este fenómeno social merece, también desde el ámbito del Derecho civil, desde cuyo ámbito se ordenan las relaciones personales, familiares y sucesorias de los de las víctimas afectadas por la violencia ejercida.

Finalmente, no cabe soslayar el importante papel que legalmente se ha atribuido a los distintos poderes públicos como garantes del derecho a la reparación de las víctimas de violencia de género en todas sus manifestaciones, consideradas como auténticas violaciones de los Derechos Humanos.

Bibliografía

ABAD ARENAS, E.: «Libertad matrimonial y matrimonio forzado», Diario LALEY, nº 8288, abril 2014, LA LEY 1607/2014.

— «El matrimonio forzado de menores: una mirada ausente a los conceptos más polémicos», *Protección de menores y discapacitados*, Dir. Mónica Herranz Ballesteros/ Nauber Febles Pozo, coord. Silvia Pereira Puigvert, pp. 117-132.

ALGARRA PRATS, E.: «Incumplimiento de deberes conyugales y responsabilidad civil», *La responsabilidad civil en las relaciones familiares*, coord. Juan Antonio Moreno Martínez, Dykinson, 2012, pp.11-60.

ÁLVAREZ ÁLVAREZ, H.: «La víctima de violencia de género y la atribución de la vivienda habitual», *Tutela jurisdiccional frente a la violencia de género: Aspectos procesales, civiles, penales y laborales*, Dir. Montserrat de Hoyos Sancho, Lex Nova, 2009, pp. 261-280.

ÁLVAREZ OLALLA, P.: *Violencia de género y responsabilidad civil*, Reus, 2020.

— «La responsabilidad civil en la violencia de género», Revista Crítica de Derecho Inmobiliario, núm.776. pp. 3108-3126.

— «Perspectiva de género en el ámbito del derecho civil, Economía. Revista en Cultura de la legalidad, 2023, 25 pp. 375-385.

ÁLVAREZ SUÁREZ, L.: «El resarcimiento del daño moral a las víctimas de delitos de violencia de género en el ordenamiento jurídico español», Revista de Ciencias Sociales: Facultad de Derecho, N.º 77, 2020, pp. 54-81.

BLADILO, A.: «Responsabilidad parental. Extinción, privación y suspensión en el derecho argentino», *Derecho de las familias contemporáneo. Avances y tensiones en el Código Civil y Comercial argentino y el Código de las familias cubano*, Dir. Marisa Herrera y Leonardo B. Pérez Gallardo. Coord. Camila Beguiristain, Natalia de la Torre y Federico Notrica, Editores del Sur, Argentina, 2023, pp. 541-573.

BERROCAL LANZAROT, A.I.: «Guarda y custodia de los menores de edad no emancipados: situaciones de violencia de género y vicaria y de sustracción internacional de menores», Revista Crítica de Derecho Inmobiliario, N.º 794, 2023, pp.441-539.

— «La identidad personal. El nombre y los apellidos. El interés superior del menor», Revista Crítica de Derecho Inmobiliario, núm. 760, marzo, 2017, pp. 937-975.

— «El maltrato de obra o psicológico como causa de revocación de la donación por ingratitud», Revista Aranzadi Doctrinal núm. 1/2026. BIB 20151821.

— «La patria potestad: modificación, suspensión, privación, exclusión, recuperación y extinción», Revista Crítica de Derecho Inmobiliario, núm. 723, 2011, pp. 479-535.

CARRIÓN VIDAL, M. A.: *La nulidad matrimonial civil*, Reus, Madrid, 2023.

CASADO CASADO, B.: «Violencia económica y relaciones en pareja. Los efectos de una violencia soterrada», Actualidad Civil, N.º 1, Sección Familia y Sucesiones, enero, 2024, LA LEY 2835/2024, pp. 1-26.

CASTELLANOS CÁMARA, S.: «Cambio de apellidos en circunstancias «excepcionales», Revista Cuadernos Civitas de Jurisprudencia Civil, núm. 122/2023, BIB 2023\1580.

DEL CARPIO FIESTA, V.: «El matrimonio secreto 40 años después de la reforma de 1981», *Fortalezas y debilidades del Derecho de familia contemporáneo. Liber amicorum en Homenaje al Profesor Carlos Lasarte Álvarez*, Tomo I, Dir. Fátima Yañez Vivero, Belén Sáinz-Cantero Caparrós, Francisco Javier Jiménez Muñoz, Araceli Donado Vara, Patricia López Peláez, Encarnación Abad Arenas, Dykinson, Madrid, 2023, pp. 91-104.

DE LA IGLESIA MONJE, M.ª I.: «El interés del menor y el orden de los apellidos sin acuerdo de los progenitores tras la determinación de la filiación de manera sobrevenida», Revista Crítica de Derecho Inmobiliario, núm. 761, mayo 2017, pp. 1433-1448.

— «La prevalencia del interés superior del menor en el otorgamiento de la custodia compartida aun tras la sentencia firme recaída sobre el progenitor por actos de violencia familiar o machista», Revista Crítica de Derecho Inmobiliario, núm789, 2022, pp. 421-439.

DE VERDA Y BEAMONTE, J.R.: La responsabilidad civil en el ámbito de las relaciones familiares" en AAVV, *Persona y familia. Secretos Selectos. Estudios de Derecho Comparado*, Dir. C. Lepín Molina), Hamurabi, Chile, 2018, pp. 217-227.

DÍAZ ALABART, S.: "El cambio de la mención registral de sexo de los menores en la Ley Trans de 2023", Revista de Derecho Privado, enero-febrero 2024, pp. 3-43.

DÍEZ GARCÍA, H.: «Comentario al artículo 170 del Código civil», *Comentario al Código civil*, T. II (arts. 152 a 360), Dir. Bercovitz Rodríguez-Cano, Tirant lo Blanch, Valencia, 2013, pp. 1748-1767.

DÍEZ MARTÍNEZ, A.: «Comentario al artículo 54 del Código civil», *Comentarios al Código civil,* Dir. Rodrigo Bercovitz Rodríguez-Cano, T I (arts. 1-151), Tirant lo Blanch, Valencia, 2013, pp. 702-704.

DOMINGUEZ YAMASAKI, I.: «Comentario al artículo 1343 del Código civil», *Comentarios al Código civil,* T.IV, (arts. 1156 a 1582), Dir. Ana Cañizares Laso, Tirant lo Blanch, Valencia, 2023, pp. 6119-6122.

DURÁN RIVACOBA, R.: «Comentario al artículo 54 del Código civil», *Comentarios al Código civil,* Dir. Cañizares Laso, T. I (Arts. 1-267), Tirant lo Blanch, Valencia, 2023, pp. 731-773.

FUENTES SORIANO, O.: «Sobre la mediación penal y su prohibición en la violencia de género», *Estudios sobre mediación y arbitraje desde una perspectiva procesal,* Dir. Gemma García-Rostán Calvin, coord. Rafael Castillo Felipe, Salvador Tomás Tomás, Julio Sigüenza López, Thomson Reuters Aranzadi, Cizur Menor, Navarra, pp. 239-280.

GARCÍA MAYO, M.: «Interés superior del menor y régimen de visitas tras la reforma operada por la Ley 8/2021, de 2 de junio», La Ley Derecho de Familia, nº 40, Sección A Fondo, tercer trimestre de 2023, La Ley 13694/2023, pp. 16-37.

HERNANDO GÓMEZ, M, LAESPADA MARTÍNEZ, M.T.: «Víctimas de violencia de género mayores de sesenta y cinco años: análisis interseccional de vulnerabilidades y nuevas formas de maltrato», Zerbitzuan: Gizarte zerbitzuetarako aldizkaria/Revista de servicios sociales, Nº 75, 2021, pp. 5-21.

HERAS HERNÁNDEZ, M.M.: «El principio de autodeterminación de género. Apuntes prácticos sobre el procedimiento de rectificación de la mención registral relativa al sexo», Actualidad Jurídica Iberoamericana, núm. 20 BIS, junio, 2024, pp. 524-553.

JARDÓN PARDO DE SANTAYANA, J.: «El alcance y la garantía del derecho a la reparación», Garantía y protección integral del derecho a la libertad sexual y la erradicación de todas las violencias sexuales, dir. Djamil Tony Kahale Carrillo, Ediciones Laborum, 2023, pp. 163-175.

MAGRO SERVET, V.: «El daño moral indemnizable en la violencia de género», Diario la Ley, nº 9015, 6 de julio de 2017, La Ley 7718/2017.

MARÍN SALMERÓN, A.: «El respeto y protección del interés superior del menor en la guarda y custodia compartida en supuestos de violencia de género», La Ley Derecho de Familia, núm. 40, Sección A Fondo, tercer trimestre de 2023, La Ley 13698/2023.

MARTÍN LÓPEZ, M.T.: «Explorando la violencia económica en la pensión de alimentos», La Ley Derecho de familia, N.º 39, Sección a Fondo, Tercer trimestre de 2023, La Ley 8852/2023.

MILÁN MORALES, N.: «A propósito de las nuevas causales de incapacidad para suceder», *Las recientes reformas del Código civil cubano. (A propósito de la ley nº 156/2022, de 22 de julio, Código de las Familias*), coord. Pérez Gallardo, Olejnik, 2023, pp. 161-175.

MORENO SOLER, V.: «La vacunación contra el Covid-19 en menores de edad ante la discrepancia de los progenitores», Actualidad Civil Iberoamericana, núm. 23, febrero, 2024.

MÚRTULA LAFUNTE, V.: *El interés superior del menor y las medidas civiles a adoptar sobre la violencia de género*, Dykinson, 2016.

MÚRTULA LAFUNTE, V.: *Mujeres mayores víctimas de violencia de género y tutela civil de sus derechos fundamentales*, Tirant lo Blanch, Valencia, 2024.

MÚRTULA LA FUENTE, V.: «El matrimonio como factor de mayor vulnerabilidad en las mujeres víctimas de violencia de género», *El derecho civil ante los retos actuales de la vulnerabilidad personal*, Dir. María Victoria Mayor del Hoyo/Sofia de Salas Murillo, Aranzadi, 2024, pp. 939-962.

MONTERO CASILLAS, M.: «El régimen económico de gananciales ante las situaciones de violencia de género», Diario la Ley, Nº 6923, Sección Tribuna, 11 de abril de 2008, LALEY 15866/2008.

PÉREZ GALLARDO, L.B.: «Violencia familiar e incapacidades para suceder (a propósito de la reforma del derecho familiar cubano. Especial referencia al artículo 469 del código civil)», *Las recientes reformas al Código civil cubano. (A propósito de la ley nº 156/2022, de 22 de julio, Código de las Familias*), Coord. Pérez Gallardo, Olejnik, Santiago de Chile, pp. 177-211.

PÉREZ JARABA, M.ª D.: «Derechos fundamentales y mediación en violencia de género», Anuario de filosofía del derecho, 2019 (XXXV), pp. 155-179.

PICONTÓ NOVALES, T.: «Los derechos de las víctimas de violencia de género: las relaciones de los agresores con sus hijos», Derechos y libertades: Revista de Filosofía del Derecho y Derechos humanos, núm. 38, 2018, pp.121-156.

REPRESA POLO, P.: *La desheredación en el Código civil*, Reus, 2016.

ROMERO, F.: «Civil remedies for victims of domestic violence: the innovations introduced by the legislative decree no. 149/2022», Actualidad Jurídica Iberoamericana, núm. 19, noviembre, 2023, pp. 72-82.

SANTOS MORÓN, M.J.: «A vueltas con la pérdida de oportunidad en la responsabilidad civil», Indret: Revista para el análisis del Derecho, N.º 2, 2024, pp. 1-44.

SEIJAS QUINTANA, J, A.: «Aspectos civiles de la violencia de género», Estudios jurídicos, núm. 2005, p. 1-11.

SEISDEDOS MUIÑO, A.: «Suspensión versus privación de la patria potestad. (Reflexiones al hijo de las sentencias del TS de 20 de enero de 1993 y 24 de mayo de 2000)», Revista de Derecho Privado, julio-agosto, nº 85, 2001, pp. 544-580.

SILLERO CROVETO, B.: «Régimen de estancias, visitas, comunicaciones y relación con los menores tras la Ley 8/2021, de 2 de junio», Actualidad Jurídica Iberoamericana, núm. 16 bis, junio 2022, pp. 1622-1651.

SLEAP, B.: «Tenemos las mujeres los mismos derechos. ¿Qué dicen las mujeres adultas mayores sobre su derecho a la no discriminación, a la igualdad, a vivir libres de violencia, abuso y negligencia en la vejez?, Londres, HelpAge International, 2017, «https://www.helpage.org/silo/files/tenemos los-mismos-derechos-pdf»

SOLÉ RESINA, J.: «Violencia económica contra la mujer. El impago de pensiones y la reparación integral del daño», La Ley Penal, N.º 161, Sección Estudios, marzo-abril 2023, La Ley 3448/2023.

TAMAYO HAYA, S.: «Matrimonio infantil y forzado como manifestación de las asimetrías de poder». *Mujer como motor de innovación jurídica y social*, coord. Gema Tomás Martínez, Ana Vidu Afloarei, Tirant lo Blanch, Valencia, 2021, pp. 935-969.

TENA PIAZUELO, I.: «Violencia económica por deudas de alimentos y su incidencia en las relaciones parentales», Revista de Derecho civil, vól. XI, núm. 2, (abril-junio, 2024), pp. 35-73.

VELA SÁNCHEZ, J.A: *Las consecuencias civiles de la violencia de género. Estudio doctrinal y jurisprudencial*, Bosch editor, 2022.

— «Violencia de género y daño social», Diario La Ley, núm. 10196, diciembre, 2022.

— «La indignidad sucesoria por ofensas *post mortem* al causante en el Código civil español», ADC, tomo LXXIV, 2021, fasc. II, pp. 355-406.

— «Violencia de género sobre la pareja y el derecho a cambiar el nombre y los apellidos», La Ley, núm. 9720, 21 de octubre de 2020.

— «Revocación de las donaciones matrimoniales por incumplimiento de los deberes conyugales y por violencia de género en la pareja», La Ley, núm. 8581, 13 de julio de 2015.

— «Claves para la indemnización por daño moral en la violencia de género sobre la pareja», Diario la Ley, nº 9774, enero 2021, La Ley 15078/2020.

VIDAL GALLARDO, M.: La protección integral a la infancia y la adolescencia frente a la violencia que representa el matrimonio forzado», Anuario de Derecho Eclesiástico, nº 38, 2022, pp. 279-317.

YZQUIERDO TOLSADA, M.: «La patria potestad», *Tratado de Derecho de la Familia*. Vol. VI. Las relaciones paternofiliales (II). La protección penal de la familia, Dir. Mariano Yzquierdo Tolsada/Matilde Cuena Casas, Thomson Reuters Aranzadi, Cizur Menor, Navarra, 2017, pp. 51-199.

Normativa

Ley Orgánica 4/2023, de 27 de abril, para la modificación de la Ley Orgánica 10/1995, de 23 de noviembre, del Código Penal, en los delitos contra la libertad sexual, la Ley de Enjuiciamiento Criminal y la Ley Orgánica 572000, de 12 de enero, reguladora de la responsabilidad penal de los menores.

Ley 4/2023, de 28 de febrero, de igualdad real y efectiva de las personas trans y para la garantía de los derechos de las personas LGTBI.

Decreto Legislativo 1/2023, de 16 de marzo, por el que se aprueba el Texto Refundido de la Ley para la Igualdad de Mujeres y Hombres y Vidas Libres de Violencia Machista contra las Mujeres de la Comunidad Autónoma del País Vasco.

Real Decreto Ley 6/2023, de 19 de diciembre, por el que se aprueban medidas urgentes para la ejecución del Plan de Recuperación, Transformación y Resiliencia en materia de servicio público de justicia, función pública, régimen local y mecenazgo.

Ley 15/2022, de 12 de julio, integral para la igualdad de trato y la no discriminación.

Ley 16/2022, de 5 de septiembre, de reforma del Texto Refundido de la Ley Concursal.

LO 10/2022, de 6 de septiembre, de garantía integral de la libertad sexual.

LO 2/2022, de 21 de marzo, de mejora de la protección de las personas huérfanas víctimas de violencia de género.

Ley 11/2022, de 20 de septiembre, contra la Violencia de Género de la Rioja.

Ley 21/21, de 28 de diciembre, de garantía del poder adquisitivo de las pensiones y otras medidas de refuerzo de la sostenibilidad financiera y social del sistema público de pensiones

LO 8/2021, de 4 de junio, de protección integral a la infancia y a la adolescencia frente a la violencia.

LO 3/2018, de 5 de diciembre, de Protección de Datos Personales y garantía de los derechos digitales.

Real Decreto-Ley 9/2018, de 3 de agosto, de medidas urgentes para el desarrollo del Pacto de Estado contra la violencia de género.

Ley Foral 21/2019, de 4 de abril, de modificación y actualización de la Compilación del Derecho Civil Foral de Navarra o Fuero Nuevo.

LO 1/2015, de 30 de marzo, por la que se modifica la LO 10/1995, de 23 de noviembre, del Código Penal.

Ley 4/2015, de 27 de abril, del Estatuto de la víctima del delito, modificada por la LO 10/2022, de 6 de septiembre, de garantía integral de la libertad sexual.

Ley Vasca de Relaciones Familiares, Ley 7/2015, de 30 de junio.

Ley 15/2015, de 2 de julio, Ley de la Jurisdicción Voluntaria.

LO 8/2015, de 22 de julio, de Modificación del Sistema de Protección a la Infancia y a la Adolescencia.

Ley 26/2015, de 28 de julio, de Modificación del Sistema de Protección a la Infancia y a la Adolescencia.

LO 13/2015, de 5 de octubre, de modificación de la Ley de Enjuiciamiento Criminal para el fortalecimiento de las garantías procesales y la regulación de las medidas de investigación tecnológica.

Real Decreto Legislativo 2/2015, de 23 de octubre, por el que se aprueba el Texto Refundido de la Ley del Estatuto de los Trabajadores.

Real Decreto Legislativo 8/2015, de 30 de octubre, por el que se aprueba el Texto Refundido de la Ley General de la Seguridad Social.

Ley 20/2011, de 21 de julio, de Registro Civil.

Ley 13/2010, de 9 de septiembre contra la violencia de género en Castilla León.

LO 3/2007, de 22 de marzo, para la igualdad efectiva de mujeres y hombres.

Real Decreto 1618/2007, de 7 de septiembre, sobre organización y funcionamiento del Fondo de Garantía del Pago de Alimentos.

Real Decreto 170/2007, de 9 de febrero, por el que se modifica el Reglamento del Registro Civil aprobado por Decreto de 14 de noviembre de 1958.

Texto refundido de la Ley sobre Responsabilidad Civil y Seguro en la Circulación de Vehículos a Motor, aprobado por el Real Decreto Legislativo 8/2004, de 29 de octubre, modificado por el Real Decreto 907/2022, de 25 de octubre.

LO 1/2004, de 28 de diciembre, de Medidas de protección integral contra la violencia de género, modificada por la LO 10/2022, de 6 de septiembre, de garantía integral de la libertad sexual.

Ley 27/2003, de 31 de julio, reguladora de la Orden de Protección de las víctimas de violencia doméstica.

Ley 41/2002, de 14 de noviembre, básica reguladora de la autonomía del paciente y de derechos y obligaciones en materia de información y documentación clínica.

LO 9/2002, de 10 diciembre, de modificación de la LO 10/1995, de 23 de noviembre del Código Penal, y del Código civil, sobre sustracción de menores.

Ley 1/2000, de 7 de enero, de Enjuiciamiento Civil.

Ley 35/1995, de 11 de noviembre, de Ayudas y Asistencia a las víctimas de delitos violentos y contra la libertad sexual.

Ley Orgánica 10/1995, de 23 de noviembre, del Código Penal.

Decreto de 14 de noviembre de 1958, por el que se aprueba el Reglamento para la aplicación de la Ley de Registro Civil.

Índice de sentencias

SENTENCIAS DEL TRIBUNAL CONSTITUCIONAL

STC 115/2024 de 23 de septiembre.
STC 53/2024 de 8 de abril.
STC (Sala Primera) 2/2024 de 15 de enero.
STC (Pleno) 26/2024 de 14 de febrero.
STC (Sala Segunda) 5/2023 de 20 de febrero.
STC 106/2022 de 6 de septiembre.
STC (Pleno) 45/2010 de 28 de julio.
STC 99/2019 de 18 de julio.
STC (Sala Segunda) 167/2013 de 7 de octubre.

SENTENCIAS DEL TRIBUNAL SUPREMO

STS 242/2024 de 17 de enero.
STS 106/2024 de 30 de enero

STS (Sala Segunda de lo Penal) 288/2024 de 21 de marzo.
STS (Sala de lo Social) 300/2024 de 20 de febrero.
STS (Sala Segunda de lo Penal) 242/2024 de 17 de enero.
STS 106/2024 de 30 de enero.
STS 44/2023 de 18 de enero.
STS 35/2023 de 26 de enero.
STS 625/2023 de 19 de julio.
STS (Sala Segunda de lo Penal) 544/2022 de 1 de junio.
STS (Sala Segunda de lo Social, sección 1ª) 700/2022 de 7 de septiembre.
STS 287/2022 de 5 de abril.
STS 464/2022 de 6 de junio.
STS 625/2022 de 26 de septiembre
STS 795/2022 de 21 de noviembre.
STS 923/2022 de 24 de noviembre.
STS (Sala Segunda de lo Penal) 239/2021 de 17 de marzo.
STS 175/2021 de 29 de marzo.
STS 372/2021 de 31 de mayo.
STS 729/2021 de 27 de octubre.
STS 136/2020 de 2 de marzo.
STS (Sala Segunda de lo Penal) 557/2020 de 20 de octubre.
STS (Sala Segunda de lo Penal) 643/2020 de 27 de noviembre.
STS (Sala Segunda de lo Penal) 348/2020 de 25 de junio.
STS 291/2019 de 23 de mayo.
STS 297/2019 de 28 de mayo.
STS 501/2019 de 27 de septiembre.
STS 514/2019 de 1 de octubre.
STS, (Sala Segunda de lo Penal), 452/2019 de 8 de octubre.
STS 251/2016 de 13 de abril.
STS 621/2015 de 9 de noviembre.
STS (Sala Segunda de lo Penal) 167/2013 de 7 de diciembre.
STS (Sala Segunda de lo Penal) 841/2007 de 22 de octubre.
STS (Sala Segunda de lo Penal) 1750/2003 de 18 de diciembre.
STS (Sala Segunda de lo Penal) 932/2003 de 27 de junio.

SENTENCIAS DE LAS AUDIENCIAS Y TRIBUNALES SUPERIORES DE JUSTICIA

STSJ País Vasco (Sala de lo Civil y Penal. Sección 1ª) 20/2024 de 20 de febrero.

STSJ Gal 276/2023 de 29 de marzo.

SAP Álava, Sección segunda, Sentencia 311/2017 de 28 de noviembre.

SAP de Murcia (Sección 3ª Penal) Sentencia 158/2019 de 7 mayo.

SAP de Badajoz 40/2019 de 2 de diciembre.

SAP de Valencia núm. 510/2019 de 4 de diciembre.

SAP de Málaga núm. 400/2014 de 30 de mayo.

50
ANIVERSARIO
Dykinson Libros
1973 - 2023